王康宁 著

道家 道德思想

及其德育价值阐释

——以《老子》为中心的考察

人民出版社

目　录

绪　言

一

　　无论时代如何发展，道德都是时代发展的重要力量。只有道德成为人们生活的基础与核心，个体、社会、国家的发展才有坚实的根基与厚重的力量。近人王国维在总结殷周朝代兴衰时明确指出，殷周之兴亡其实是有德与无德之兴亡。"夫商之季世，纪纲之废、道德之隳极矣……而周自大王以后，世载其德，自而士邦君，御事小子，皆克用之王教，至于庶民，示聪听祖考之彝逊。是殷周之兴亡，乃有德与无德之兴亡。故克殷之后，尤兢兢以德治为务必。"①作为华夏文明的源头，殷周时期的经济、政治、文化、伦理和教育理论与实践均是中华文化的根源与始基。如同古希腊文明之于西方文明发展的源头作用，中华文明的起点在先秦时期的夏、商、周时期。由于夏、商二代留于后世可供寻查的文明载体相对较少，是故承袭殷商的周朝，尤其西周可谓最主要的文明发源期。

　　王国维先生以道德兴亡作为殷周更迭的核心因素，不仅适用于殷周时期，也适用于古代社会的其他历史时期以及近现代社会。道德从来都关乎重大，古今中外一致将道德作为个体安身立命、社会稳定有序、国家繁荣昌盛、宇宙自然圆满的关键所在。古代士人尤其道家学者将"道德"视为万物生发的根源，以"德成而智出""修心正形"表明道德之于个体身心发展的

---

① 王国维：《殷周制度论》，《观堂林集》，中华书局1959年版，第478—479页。

决定性意义。基于道德的不可或缺性，道德衰败也始终被视为社会失序的核心因素之一，道德大厦的崩塌与社会动荡之间往往具有直接关联。以"道德"观西方文明的演进历程，则西方文明的兴衰史也明显体现出道德兴衰的轨迹，表现出道德兴亡的主线与脉络。西方文明发展的内在动力无外乎道德，古希腊哲学家对道德的呼吁与诉求程度并不亚于古代中国的道德家。诚如牟宗三先生所说："道德的实践是平常所谓实践一词之本义，如康德所说的实践理性（Practical reason），就是讲道德。"①道德是人之为人的内在本性，其从来不独是人实践的对象，而就是人的思想与活动本身。

遗憾的是，关乎人们身心发展的道德却被置于身心之外，人们的生存发展远离甚至与道德无关。在现实生活中，道德的处境在极大程度上表现为：当人们需要道德时，道德有用；反之则因无用而被弃之不顾。人们对道德的忽略与忘却在相当程度上意味着对本根、本性的背离与抛弃，这种忘本、忘根的做法导致的直接后果是人的异化。蔡仁厚先生说："生活在现代社会的人，有几个共同的特征：人生目标太过狭隘、生活态度太过自利、自我中心太过膨胀。"②

作为促进人全面发展的重要方式，现代德育困境明显地体现在道德目标、道德内容、道德方法等各个层面。比如，德育方法与德育目标之间不适应，德育结果不尽人意，德育内容有失妥当等。面对问题多样的德育现实，以学校为主要场域的道德教育能否真正担负起提高人们道德素养、提升人们精神境界、塑造人们高尚人格、培养人们良好品质的教育功能？当前德育在多大程度上能够挑起时代的大旗，担负起时代赋予的使命？面对诸此困惑与质疑，人们一直致力于找寻突破德育困境以及改善人们道德境况的方法，为此一代代德育理论与实践工作者不辞辛劳。

近年来，随着传统文化再次走进人们视野，研究者们也极为关注传统文化之于现代德育的积极价值。相当人士致力于深挖传统文化中的德育资源，

---

① 牟宗三:《中国哲学十九讲》，吉林出版集团 2010 年版，第 102 页。
② 蔡仁厚:《儒释道与现代社会 "学术研讨会论文集"》，台湾东海大学哲学研究所编 1990年，第 12 页。

以求得突破当前德育困境的良方。无论从历史还是现实的角度，将传统文化与当前德育相结合的研究思路皆有极为深远的意义与价值。历史发展的规律无数次地告诉人们：只有不断地"向后看"才能知道来路；只有不断地"回顾"才能明晰前行的方向。"反者道之动"（通行本《老子》第四十章），中西方文明演进整体呈现出"向后看"的特点和规律。在西方文明发展的进程中，"向后看"即是看向其文明与文化起源处的"古希腊"，而在中华文明的历史长河中，作为文明奠基的先秦文化则始终为文明发展提供源源不断的滋养与动力。"透过种种思的努力的痕迹，试图在重现的过程中遇见曾经的伟大。……透过历史，在目光的尽头，似乎真的看到了什么。"① 人类文明发展史已然证明，在滚滚时代潮流的冲击下，"向后看"的文明发展轨迹不仅未因时代的变迁而减弱或消逝，在"前进"目标的促动下，其之于人类文明发展的积极价值反而越发厚重与深远。

在当前"向后看"的对象中，最为耀眼和夺目的是"儒家"。人们更多将研究焦点对准传统儒家文化，更多关注儒家思想中的德育意旨与内涵。在相当意义上，"以古鉴今"更多指的"以儒鉴今"。公允地说，学术研究的聚焦往往代表学界的研究倾向和研究热点，其本身无可厚非。只是相比于德育研究者对传统儒家思想的重视，同为传统文化重要组成部分的道家思想却颇受冷落。道家道德理论之于德育的重要性尚未获得人们的高度重视，道家道德理论中那些可被用于现实德育的内容也未获得充分的体认与践行。

早在 1996 年，杨启亮先生便指出："道家德育是潜隐的中国传统德育，而道家德育传统，则是中国德育传统中被疏误了的另一半……中国先秦乃至后世百代，称得上道德专论的文献当首推道家《老子》，但说道德主要讲儒家而不论老子，阐释传统德育精华几无道家，至今也仍然还是个不变的文化现象，这不能不说是个发人深省的问题了。"② 20 世纪七八十年代，学界对于以《老子》为代表的道家道德理论曾展开过激烈论证，这场论争以学界对道

---

① 杨立华：《庄子哲学研究》，北京大学出版社 2020 年版，第 4 页。
② 杨启亮：《道家教育的现代诠释》，湖北教育出版社 1996 年版，第 227—242 页。

家道德理论的认可为最终结果。此后，道家道德思想逐渐为人们接纳，研究道家道德思想的学者渐渐走入公众视野。时至今日，在众多道家理论研究者的努力下，道家思想的现世价值越发彰显。在当前重视传统文化的时代背景下，很多人也致力于积极挖掘道家思想中的德育理论。可以说，"中国先秦乃至后世百代，称得上是道德专论的文献当首推道家《老子》"①，研究德育尤其欲以传统德育思想滋养当前德育事业的研究者不可绕开道家《老子》。从这种意义上讲，本书之理论预期正是"古为今用""以古鉴今"，研究目的在于经由分析和解读道家《老子》道德理论，转化与运用其中有利于道德教育理论与实践的内容。

二

司马谈在《论六家要旨》中统合先秦各家思想之意旨，对道家思想做出高度评价。"道家使人精神专一，动合无形，赡足万物。其为术也，因阴阳之大顺，采儒墨之善，撮名法之要，与时迁移，应物变化，立俗施事，无所不宜，指约而易操，事少而功多。"作为传统文化的重要组成部分，以《老子》为代表的道家思想中的价值观念、精神品格、人格特质等已然深入并内化至国人身心，成为人们"日用而不知"（《周易·系辞上》）的思想状态与思维方式，被体现在日常生活的各个层面。

道家思想厚重的文化内涵与深远的文化影响，呈现出一个基本的事实：在中国人的道德结构中，有相当部分是道家道德。如，道家倡导的"不居功""不居德""宠辱不惊"等品质，不仅与当前倡导的道德观念殊无二致，且直指现实争功好德、争名夺利的"道德病"病灶，对现实中人的德性提升与道德生活的开展意义重大。毋庸置疑，以《老子》为代表的道家道德思想一直以来润泽与滋养着国人的心灵与精神，在道家道德思想中一定蕴含着为人处世的妙旨要方。此亦当是何以道家道德理论经久不衰、广受推崇的重

---

① 杨启亮:《道家教育的现代诠释》，湖北教育出版社 1996 年版，第 234 页。

要原因。在道家老子看来，对于道德的获得与践行不仅关乎个体的安身立命，亦是成就和谐的人际关系、安定的社会秩序、繁荣的国家局面以及完满的宇宙状态的关键。在《老子》中随处可见对道德重要性的论述，老子所论无外乎道德，其道德理论的现实关怀昭然粲然，其道德理论的现世价值卓然斐然。

任何理论的建构总是基于少数的关键概念，在《老子》中，"道""德"是道德思想的核心概念。依靠"道"与"德"，《老子》道德思想有其初始点与起源处。《老子》开篇的"道可道，非常道"（通行本《老子》第一章）不仅读来朗朗上口，其中蕴意更是愈究愈深。《老子》的"道"玄妙、奇特到极致，以至于令人百思不得其解，被古今老学研究者奉为进入道家思想的"法门"。毋庸置疑，"道"在《老子》中的确是最核心的概念，其是道家思想最中心的点。然而，对比人们之于"道"的认识，人们对《老子》之"德"的关注度较低。甚或说，人们更多地知《老子》之"道"，而更少地知或不知《老子》之"德"。事实上，倘若谈《老子》的道德，尤其谈人世社会的道德，就一定离不开"德"。"'德'是一个早于'道'而出现的关乎中国哲学全貌的重要概念，'德'在由其本义向伦理和哲学范畴抽象和提升的过程中对中国古代伦理和这些思想的发展产生了重大影响。"①作为与"道"之重要性几乎相当的另一核心概念，《老子》之"德"具有不可或缺的地位和价值。也或许是在这种意义上，《老子》五千言以"道""德"作为划分标准，被分称为"道篇""德篇"或"道经""德经"。

何以"德"在《老子》思想中意义重大？它对于老子建构道德理论有何作用？试分析之，或包括以下原因：

首先，《老子》五千言无外乎"道""德"二论。从"道"与"德"的关系上看，离开"德"，道不可"得"。先秦时期，将"德"解作"得"的情况十分常见。《礼记》《管子》是以"得"解"德"的代表。何以"德"可被解作"得"？"德"与"得"的关系何在？儒家经典《礼记》有言："礼乐皆

---

① 孙熙国、肖雁：《"德"的本义及其伦理和哲学意蕴的确立》，《理论学刊》2012 年第 8 期。

得，谓之有得。德者，得也"(《礼记·乐记》)。在儒家看来，获得"礼乐"
便是"德"。相比之下，管子则认为获得"道"是"德"。"德者道之舍，物
得以生，……德者，得也；得也者，谓得其所以然也"(《管子·心术上》)。
在道家学者看来，具有"获得""得到"含义的"德"包含人们活动与实践
的对象，即"道"。得道即德，对于"道"的遵守和践行与个体道德的养成
和提升具有直接关联。《老子》之"德"的妙处在于其整体包容性，即其将
人们的精神与实践、境界与行动、思想与活动合为一体，而非将人们的物质
生活实践与精神境界养成看作两回事。

其次，"道"在《老子》中首先是形上概念，"道"之"形上—形下"的
转化需要借助于"德"。抑或说，形上之"道"的落实需要借助于其他中
介，这个连接"形上—形下"的中介是"德"。关于老子"道"与"德"之
间相异又相同的关系，方东美、唐君毅等学者均曾做过意旨相似的分析①。
在《老子》中，形上之道在形下万物中体现为万物自本自根的属性，而万物
秉持的原初本性不是别的，就是"德"。从这种意义上讲，《老子》的"德"
就是"性"。依靠天性之"德"，人是能见天知性者，是能够"赞天地之化
育"的"域中四大"之一；也是依靠"德"，《老子》"道人合一""道器不离"
的基调与主旨得以确立。

再次，老子关注与言说"道"的现实目的是"以德救弊"。在老子看来，
时弊丛生的根本原因在于人们"背道"，而"背道"必然"离德"。现实中
人的"背道"突出地表现为"少德""无德"。按照老子的观点，"德"是自
然性，一旦人违背自身的自然性便会做非人之事、行非人之为。这种意义上
的"德"指的正是伦理学意义上的"道德"。由于理论建构需要以现实与已
有理论为参照和依据，加之检验理论效用的并非理论本身而是现实社会生
活，是故《老子》的道德理论一定会扎根于现实且能够运用于现实。老子深
知"道德"之于个体发展与社会进步的重要意义，其之所以将"德"作为核

---

① 唐君毅先生指出，《老子》之道有六种内涵：通贯异理之用之道，形上道体、道相之道，
同德之道，修德之道及其生活之道，为事物及心境人格状态之道。唐君毅：《中国哲学
原论·原道篇》，中国社会科学出版社 2005 年版，第 225—232 页。

心概念，究其根本在于近乎又超乎"入世"的社会关怀与担当精神。可以说，由"德"处可以感性而直观地察觉《老子》五千言浓厚的现实指向和现世关怀。

最后，相比于"道"，"德"是《老子》道德理论的核心概念。"德"字出现时间较早，其内涵在老子之前已与今日相当。按照一般的逻辑，老子既然谈人的道德，就要既遵循已有的文字表述范式和习惯，又要与人们的思想观念和生活需求紧密相关。运用已有概念而非完全诉诸新概念建构理论，是理论形成的重要方式。老子将早已明确具备"道德"内涵的"德"作为道德思想的核心概念，其原因亦在于此。事实上，早期之"德"的丰富内涵正为老子构建与阐发伦理与道德思想提供理论支持。"德"在《老子》中作"道德"解的内容较多，对《老子》中有关德性、德目、德行等思想的理解，也须将各者放置于"德"的体系与范畴内。以当前学科划分的角度而言，将《老子》的"德"作为道德理论的核心概念，有助于人们体认《老子》思想与自身常识和经验之间的关联，有助于人们理解与运用《老子》的智慧。

随着人们对《老子》现世价值的重视与认同，老学研究者本着对道德现实的体认与关怀，早已开始留意《老子》道德思想与现实道德教育之间的关系。有学者认为，《老子》之道为今人重树道德信仰提供了思路，能够促使修身范式的实质性回归，并最终指向德育生活化的灵魂，引导人们过一种真正合于德的生活。[①]《老子》道德思想与当下道德教育的关系，往往与学者对《老子》道德思想的理解有关。不同的理论视角、价值取向会带给当前道德教育不同的启示与借鉴。目前，虽然学界对于《老子》道德思想的德育蕴意与价值有所关注且有相当研究成果，但多数研究侧重于就理论进行简单比较。在未充分探究与明晰《老子》道德思想的情况下，以古代道德理论对应今日道德教育，较容易模糊二者之间的区别，也难以确立合理的维度与标准，从而不免影响"古为今用"的实现程度。基于此，本书旨在理清《老

---

① 刘峻杉:《连接"道"与"人"的桥梁——老子"天德观"思想及其德育价值》,《教育学报》2012年第1期。

子》道德思想的前提下，将其与今日道德教育进行全面地、分层次地对比，深度挖掘《老子》道德思想的德育现代性，进而结合当前道德教育实际，在理论层面充分阐释《老子》道德思想的德育内涵，将其转化为切合德育实际的德育理论。

三

历史是过去的也是当下的，当前的生活样态与过去之间有着内在而密切的联系。人类文明发展既伴随着变化又有其不变的原则与宗旨，作为社会活动，德育理论与实践的发展呈现出动态与静态相结合的规律和趋势。德育发展的动态性指向其不断变化的内容、形式、方式、结构等，静态性则指向那些未曾或鲜少变化的层面。毋庸置疑，以孔子为代表的儒家道德是我国德育思想与实践的主要理论来源，一直以来人们致力于探究与运用的也多是儒家道德资源。作为"入世"代表的儒家道德思想、价值观念、人生态度等，在相当程度上成就了几千年的中华文明，对人们的精神生活产生无可取代的影响。独特而生动的国人品格在相当程度上是儒家文化赋予的，儒家文明不仅带给国人文化自信，亦促成国人的道德自信和人格自信。比如，国人道德成分中的平和、中庸、仁爱、好善乐施等皆是儒家道德思想的内核。从道德发展的角度看，古今人们看待和解决道德问题的方式也多是儒家式的。比如，做事不过度、不过分，追求"中庸"的方式与结果；为人处世秉持"文质彬彬"的原则和理想；赞扬"贫贱不移、威武不屈"的"大丈夫"人格；以君子之德作为立己达人的内在要求等。可以说，传统儒家思想全面而深刻地影响着国人生活，"无孔子则无中国文化。自孔子以前数千年文化，赖孔子而传；自孔子之后数千年文化，赖孔子而开。"[1]以孔孟思想为代表的儒家文化在当前被视为传统文化的重中之重，提及传统文化的传承与创新，人们往往首当其冲地想到儒家思想。

---

① 柳诒徵：《中国文化史》（上卷），东方出版中心 1988 年版，第 234—235 页。

重视儒家思想是历史积淀的共时性规律，是人们潜意识或无意识的共同选择。然而，结合儒家典籍，最早明确以"道德"为主题而阐发观点的并非儒家学者。孔子、孟子等更多被称为政治家、思想家、教育家，而较少被称为哲学家、道德家。在儒家思想中，"道德"也并非核心论点和理论归旨。诚然，即使儒家思想不以"道德"为重点，"道德"也是重要概念与理论建构的重要依据，由儒家思想中也可抽绎出宏大而系统的道德理论与德育思想。只是相比当前之于儒家道德思想的"偏重"，人们似乎应当形成一种更为理性而全面的观念，毕竟儒家道德思想的系统性并不代表其道德思想的先发性与全面性，人们对于儒家道德思想的理解和运用需要"参照"，人们道德生活的开展需要尽可能多地汲取祖先智慧。而一旦"开启"这种观念上的"转向"则极易发现：道家道德思想不仅可与儒家道德思想相媲美，其独特而系统的道德思想中更是蕴含着诸多可供现代人直接运用的智慧法宝。事实上，在当前讲求文化传承与创新的时代背景下，为确保传统文化的"现代之光"，现代人针对传统文化更应抱持珍视和爱惜的态度，采取能用则用、尽量用之的方法与策略。面对着优秀传统文化，人们实当"求全"，而非将目光集中或聚焦于少数甚至是唯一的文化类型。

中西方历史上对道德展开论述的第一人是道家老子。"老子遂著书五千余言，论道德之要，后人称为《道德经》。"[1]《老子》五千言无外乎"道""德"二论，借助"道""德"以及二者间的密切关联，老子构建出兼具哲学、伦理、政治、教育等属性与功用的"道德"理论。作为中西方历史上第一本专述"道德"的论著，《老子》具有划时代与超时代的意义与价值。之所以将其称为东西方历史上第一部道德专著，时间上的主要依据是老子的生活年代。据考证，孔子比苏格拉底早出生 88 年，比柏拉图早出生 124 年，比亚里士多德早出生 167 年，而老子比孔子早出生 20 年左右。由时间线索可见《老子》道德思想的原创性与独特性。诚然，《老子》道德思想一度历经曲折甚至被人们忽略与否定。然而，幸运的是，其从未被淹没在时代

---

① 蔡元培：《中国伦理学史》，广西师范大学出版社 2010 年版，第 24 页。

发展的洪流之中，而是始终或显或隐地影响与塑造着国人品格。无须讳言，与儒家道德思想"一道"，以《老子》为代表的道家道德思想从未间断地指导着人们的生存与发展、生产与生活，对国人的性格、素养、品质的养成具有深刻而持久的意义。也正是由于《老子》道德思想的影响，国人性格具有多样、灵动、善于应时而变等的鲜明特征，家国社会形成别具一格的中国式的道德底蕴和精神色彩。"天行健，君子以自强不息；地势坤，君子以厚德载物"（《周易·系辞》）。中华民族力求进步、追求卓越、奋斗不止、发愤图强、敢于作为、勇于突破的道德特质与"天"之阳刚、健硕、充满生机与力量的男性形象正相符合。相比之下，"地"之德的包容、温柔、沉默、无私、化育万物则体现出浓厚的女性之美与母性之德。以"无为""自然"为核心要旨的《老子》道德思想体现出浓厚的母性之德，用《老子》的话来说即是"柔弱""自然""不争"之德。可以说，国人心理与性格中柔软、温和、婉约的成分几乎都是道家式的。比如"忍一时风平浪静，退一步海阔天空"，"让他三尺又何妨"的为人原则和处事方式强调的是谦逊、退守、不争的道家道德；"你敬我一尺，我让你一丈"的做事方法蕴含并彰显出道家知足、谦让的处世态度；"华屋万间，夜卧不过五尺；纵有卧榻三千，只得一席安寝"表达的是"知足""知止"的道家人生态度与生活理念；"宁静致远""淡泊明志"表达的是"清心""寡欲""志远"的道家心胸与格局。可以说，生活中被人们奉为金科玉律的道德原则与道德方法，很大程度上都具备"道家"特色；也是在以《老子》为代表的道家道德的滋养与陶冶下，国人道德富有灵性和弹性，人格清雅而德性通透。在道家"清净""自然"的加持下，人们得以在繁芜复杂中安歇片刻，浮躁而争竞的内心得以回归宁静与祥和。拥有"知足""知止"的道德，人们能够于复杂的现实生活中转身而将目光投向远方的田野与地平线，能够仰望头顶的星空、俯瞰脚下的大地，从而直面自己的内心，于繁华中得见宁静的可贵。拥有"清心""寡欲"的道德，人们能够规避来自欲望、私利、功名的危害，能够理智而正确看待身心关系，从而促成身心的健康和谐。道家道德具有安顿、安抚、安静、安定人心的积极意义，其给人心灵提供休憩的宁静港湾，使人们疲乏劳累的身心得到救赎和解放，使人的情感与情绪得到调节与释放……道家道德从来不主张人们成为汲汲以求的"工具人"，而是更多提醒人们回顾曾经走过的路，休息片刻再整装出发，放空与调整之后再朝着理想自我自由前行。

在当前国际、社会、个体竞争日益频繁与激烈的态势下，《老子》道德思想之于人们生活开展、心灵安顿、为人处世、安身立命具有深刻而长远的价值。在《老子》中，强盛与强势并非力量的长久象征，历史也无数次证明，真正的强大从来不是形式化与表面化的。依靠儒家"入世"式的道德，或许能在短时间内较明显地体现与实现个体之于自我、他人、社会、国家等的价值，但从个体发展的长远角度而言，反而是内敛、持重、谦逊、融通、豁达、谦让的人更有可能成为真正的强者，更能承载家国使命与自然担当。尤其站在自然、宇宙的宏观角度，道家道德更是极富意义与价值，能与现代生态观、环境观、自然观等形成直接"对话"与"沟通"。

诚然，任何理论都不可能全然独立于其他理论之外，理论与理论之间的同质性也往往不会因时间和地域的差距而消失。所谓有价值的思想指的正是那些颠扑不破的共时性真理，其不独具备一时一地的可用性，而是影响一代又一代人，为人们代代传承与创新。显而易见，道家《老子》便具有这种"普时"价值。作为传统文化，《老子》道德思想虽非现代社会的产物，却"具有超现代的启示"①，堪为治疗现代"道德病"的药方。鲁迅曾说："中国文化的根柢全在道家"②，道家思想的全部内涵无外乎"道""德"。《老子》道德理论由个体而家国社会而自然宇宙的价值取向，说明"道德"是人之为人、家之为家、国之为国、宇宙之为宇宙的根本要素。"道家教育具有古朴恢弘，神奇玄妙的独特魅力。它的哲学思想博大精深，超迈豁达、隽永多义的思辨内涵，辐射到中国传统文化的各个领域。老庄教育思想的基本内核，内化于中华民族的思维方式、行为方式、价值观念、心理结构和人格类型之

---

① 方克立、王其水主编：《二十世纪中国哲学》（第三卷·论著述评）（下册），华夏出版社 1996 年版，第 86 页。
② 公木、邵汉明：《道家哲学》，长春出版社 2007 年版，第 228 页。

中，凝聚为中华民族独特的民族性格和民族精神的一个重要组成部分。"①道德是古时教育的核心，"政教合一"是古代教育活动赖以凭借的社会文化背景，《老子》道德思想是包含教育学、伦理学、社会学、文化学等诸多理论在内的"大学问"。抑或说，道家《老子》道德思想在某种意义上是蕴意深远厚重、内涵丰富多样的文化，而非今日学科分类意义上的道德或伦理学说。然而，即便博大深厚的《老子》思想在几千年间一直从未间断地影响着国人生活，但严谨的研究态度要求我们不能简单地将现代德育与古代道德理论作等量齐观。毕竟当前德育无论在理论抑或实践上均不再纯粹是古代中国式的了。现代德育的"多元"特色必然使得古今德育思想和实践存在差别，尤其现代德育理论与实践中的"西方"色彩和成分更是在相当程度上拉远了我国古今道德理论之间的距离。这种存于古今德育理论之间的疏离，提醒人们对待古今理论不可偏执于绝对相同和绝对不同两个极端，而是需要抱持客观、中立的态度和立场，既承认古今之间的差异性又认古今之间的同质性。

道家历来注重"察古知今"，"疑今者察之古，不知来者视之王。万事之主也，异趣而同归，古今一也"（《管子·形势》）。本研究选择以《老子》的道德理论与当前道德教育理论及实践相对照，不仅是试图为道德问题的解决提供一种有效"药方"，更是有意在以西方道德教育理论为重的教育现实中，进一步促成中国本土化的道德教育思想的"出场"。面对道德问题丛生、道德教育亟须获得突破性进展的现实，汲取以《老子》为代表的道家道德理论中的智慧精华，是"运用自身法子解决自身问题"，促进道德和道德教育发展的重要方式。正如余英时先生所说，"超现代"的启示，可以从道家文化中寻找治疗"现代病""文明病"的祈望。②道家《老子》作为我国本土的思想与文化，几千年来以其独特的内涵和方式滋养着国人精神与人格，其中蕴含的道德观念已然成为精神文化的烙印，植根于万千中国人的心灵深处，成为人们日用伦常的基本范式和重要依据。探究《老子》，从中抽绎出

---

① 刘介民、郑振伟：《道家与现代教育》，广东高等教育出版社 2013 年版，第 2 页。
② 刘介民、郑振伟：《道家与现代教育》，广东高等教育出版社 2013 年版，第 28 页。

传统道家道德思想，将其与当前道德及道德教育实际相关联，使祖先的智慧运用到当下，既是文化互补、文化传承的体现，亦符合"以古为鉴"的历史规律与现实需求。

第一章 阐释《老子》道德思想的前提

"吾言甚易知，甚易行。天下莫能知，莫能行。"（通行本《老子》第七十章）老子不愧是一个伟大的预言家，他不仅"预言到今天人类文明的状况"[1]，也精确描述了现代人的慧能。最难的事情莫过于认识本身，认清目下之事已然十分艰难，认识数千年前的文字背后的可能意旨更是难上加难。刘固盛在《宋元老学研究》中说道："《老子》理论的高度抽象和文辞内容的极其简约性和模糊性，又形成了一个注释家便于利用的框架，更加有助于他们发挥自己的学说和思想。"[2]几千年来，《老子》思想派生和延伸出数不胜数的理论流派，无数人从中汲取养分。"以文属身，节解之意也；飞炼上药，丹经之祖也；远说虚无，王弼之类也；以事明理，孙登之辈也；存诸法象，阴阳之流也；安存戒亡，韩非之喻也；溺心灭质，严遵之博也；加文取悟，儒学之宗也。"[3]元朝张与材序杜道坚《道德经原旨》说："《道德》八十一章，注家三千余家。"可以说，古今人始终致力于认识《老子》，且从五千言中看到各不相同的理论面相，找寻到各不相同的思想内涵与理论主旨。由于《老子》五千言既瀚博深厚又意义深远，故而解析《老子》道德思想尤其在当前时代背景下解析《老子》道德思想，不仅需要明晰《老子》道德思想是什么，更要清楚《老子》道德思想能干什么。然而，无论哪项工作都不可不谓艰难。"在历代，尤其是宋代的解老者中，能对《老子》所说的'德'从整体上做出正确解释的，可以说是凤毛麟角。他们大都将《老子》中的

---

[1]　葛荣晋：《道家文化与现代文明》，中国人民大学出版社1991年版，第258页。

[2]　刘固盛：《宋元老学研究》，巴蜀书社2000年版，引言。

[3]　（宋）赵志坚：《道德真经疏义》卷六。

'德'说成是人世间的'道德'。在他们那里，《老子》这本书，变成了道德的教条，老子这个人，变成了道德的化身。这种情况，一直延续至今，甚至可谓是'于今为烈'。"[1] 只此"德"字便已如此难解，至于蔚为大观的《老子》思想之难解程度自当可想而知。然而，"道可道，非常道"（通行本《老子》第一章）却又不得不"道"，《老子》道德思想的丰富内涵及其现代价值，需要人们知难而进、迎难而上，孜孜以求之。

第一节　以《老子》哲学思想为先导

司马迁评价老子"修道德"，认为老子是"道德家"。《老子》的"道德"具备十分特殊的含义。在《老子》中，"道"和"德"既各具独特内涵，又互相关联、密不可分。"德是道的分化，万物得道之一休以成形，此道之一体，即内在于各物之中，而成为物之所以为物的根源；各物的根源，老子即称之为德。……就其'全'者'一者'而言，则谓之道；就其分者多者而言，则谓之德。道与德仅有全与分之别，而没有本质之区别。"[2]《老子》的"道""德"虽有伦理学中的"道德"义，却不可以今日所谓的"道德"简单对应之。

《老子》之"道"的哲学内涵与形上特性，多为世人得见与理解。与"道"相似，"德"作为《老子》的核心概念，同样具有形上特性。道家庄子将"德"描述为"太初有无，无有无名，一之所起，有一而未形。物得以生，谓之得"（《庄子·天地》）。此种关于德之"生物"的界定正与《老子》"道生之，德畜之，物形之，势成之"（通行本《老子》第五十一章）中的"德"相符。可以说，从"造物"的层面上讲，"德"同样是蓄养万物的造物主。何以"德"能够蓄养万物，原因在于"德"是万物内在的自然属

---

[1]　臧宏:《说〈老子〉中的"德"》,《社会科学战线》2011 年第 10 期。

[2]　徐复观:《中国人性论史》(先秦篇),台湾商务印书馆 1977 年版,第 37—338 页。

性。道"生"万物，但赋予万物自然本性的是"德"。"'道'与'德'的关系如何？……我们认为二者的关系是'德'以'道'为形上基础，但'道'的作用却必须通过'德'的充分实现，以显现其涵煦化育之功。换言之，所谓'德'，亦即价值理序笼罩下每一事物自我实现的内在动力，它是属于个别具体事物的，与'道'之超越万物周遍万物，在层次上应有所区分。"① 在"道"与"德"的关系中，德以道为前提，道以德为形式及功用。离开道，德无从说起；离开德，道失却意义。从这种层面上说，"道""德"虽在《老子》中没有连用而成为"道德"，但二者之间不分彼此的关系实则可被表达为"道德"。诚然，不同于今日人们惯常理解和运用的"道德"，《老子》的"道德"不仅具备伦理内涵，也具有形上哲学意旨。在《老子》中，"道"更多具有哲学内涵，作为"德"之价值起源的"道"，虽具有伦理内涵却也停留在形上领域；"道"因其"玄之又玄"的哲学属性，很难与人世"道德"直接相关。然而，"天人合一""道器合一"的道家思维方式必然要求和赋予《老子》之"道"以"道德"内涵。也就是说，形而上的"道"势必要与形下社会的道德"合一"，否则老子所致力于构建的"道"之理论与现实价值便自动消解。在《老子》中，联系形上之"道"与形下人世"道德"的中介是"德"。何以"德"能够成为"中介"和"桥梁"？原因在于，《老子》的"德"不仅被赋予形上属性，也被明确赋予美德、道德的伦理内涵，因"德"之内涵的全面性，故其能够作为连接形上之"道"与伦理之"道德"的介质。事实上，在《老子》中，真正与全面代表伦理学中"道德"含义的是"德"，《老子》的"德"具备伦理内涵，可直接被理解为"道德""美德"。可见，理解《老子》的"德"，尤其在伦理学层面理解《老子》的"德"，不可简单、机械地与今日伦理学的"道德"相对等，而是要以对《老子》哲学思想的把握为基准。《老子》哲学思想的核心是"道"，以《老子》的哲学思想作为解读《老子》道德思想的基准，既是以"道"观"德"。在理解《老子》形上思想的前提下观照《老子》的"德"，实则极易发现《老子》

---

① 袁保新：《老子哲学之诠释与重建》，文津出版社1997年版，第107页。

道德思想的独到之处及其与现实道德理论和实践之间的密切关联。整体而言，《老子》道德思想的特点主要体现为以下几点。

首先，《老子》道德思想有其自本自根的起源与依据。以"道"为起源和依据的"道德"，与其说是《老子》道德思想的核心概念，毋宁说是《老子》道德哲学思想的核心概念。老子始终致力于对社会人世道德进行追根溯源式的探究，致力于为其道德思想找寻理论依托。在《老子》中，"德"上有"道"，"道"是一切伦理、道德、价值的起源与依据。"道者万物之奥"（通行本《老子》第六十二章）。《老子》道德思想以"道"为起源，通过"道"之权威，道德思想的权威性得以确立。在《老子》之前，"道"仅是一个一般的词汇，具有动词的"引导"以及作为名词的"道路"之义。在《老子》中，"道"开始成为形上概念，代表终极法则与绝对权威。老子以"道"作为哲学思想的核心概念，赋予"道"以至高权威与至尊地位，实则是理论建构首要而必要的工作。作为《老子》的第一与核心概念，其他概念与理论的建构都无外乎围绕"道"而展开。老子思想以"道"为起始的特点，使得其道德思想带有明显的哲学意味，即以形上之"道"为起点而后下落至"人"。诚然，此是古代道德思想的重要特点，也符合我国传统"天人合一""道人合一"的思维方式。在老子看来，倘对人世社会的道德进行追根溯源式的探究，最终一定会找寻到"道"处。因"道""德"的形上特性，"道德"既非首先是伦理范畴的"美德""道德"，亦非仅"属人"。《老子》的"道德"遍属万物，理想状态下的万物都是合于自身本性的"道德"者。可见，形上哲学性是《老子》道德思想的突出特点，全面理解与把握《老子》道德思想不可仅以形下思维对待之，也不可以今日道德理论直接对应之。

其次，《老子》的"道德"是贯通形上—形下的重要介质。在《老子》中，"道大、天大、地大、人亦大。域中有四大，而人居其一焉"（通行本《老子》第二十五章）"域中四大"的"道""天""地"三者之所以"大"，原因既在于各者在时空上均超越于人，人得此三者的庇护与养育；又在于此三者合于自然本性而生存与发展，是有道德的事物。相比于"道""天""地"的"大"，人仅是苍茫宇宙中的一类事物，现实中人具有各种身心的局限性，且并非都是道德者。既然如此，何以老子将本来微小的"人"作为"域中四大"之一？究其根本原因在于人具备主体性，能够参天地之化育、知宇宙之大化流变。"天地之性人为贵"（《孝经·圣治章》）。人虽不伟岸，但精神高尚；人虽不强大，但意志力厚重；人虽不具有超威力，但"人心齐，泰山移"。人作为万物之灵担负着维护宇宙秩序、创造社会价值、促使万物发展的伟大使命。傲然独立于天地之间的"人"，头顶天、脚踏地、知晓天地、参详宇宙，其自然是"大"的。此是人之所以能够为"大"的一方面原因。另一方面，从道德层面看，虽然现实中人的道德状况参差不齐，且多有不道德的作恶之人，但人人都曾经是有道德的人。或者说，初始即善的"人性"值得赞颂与高歌，其为人之"大"提供最根本的论证。"含德之厚，比于赤子"（通行本《老子》第五十五章），被《老子》称为"域中四大"之一的人，生来便居于道德高位并可依据良善本性在后天生活中成其"大"。人在道德上成其"大"表现为在后天发展中扩充道德而成为"圣人"，并以其道德恩泽于天地万物，促成完满和谐的人世社会与自然宇宙。可见，在《老子》"道—天—地—人"的序列中，"道德"从来不曾缺位，使"域中四大"中的各者得以密切关联并相互作用的正是"道德"。

再次，《老子》的"道德"是万物的内在属性以及宇宙大化流变的准则与依据。在《老子》中，"道德"既是"道"也是"德"。在老子之前的时代，"德"已经是人们广泛熟知的概念。在诸多有关"德"的释义中，将"德"解作"得"极为常见。"德者，得也……何以得德，由乎道也"[1]，王弼认为"得道"即有德，万物循道而生发、知道而自存、体道而行动就是"德"。有道德的事物总是遵循与践行自然原理，随顺内在本性而发展，从不违背与背离自然本性。"人法地，地法天，天法道，道法自然"（通行本《老子》第二十五章），"自然"是万物共同遵循的法则，万物对自身本性的持守与践行是最合乎自然的表现，自然而然地存在与发展是万物最为理想的生存样态。在《老子》中，理想状态是得"道"、成"德"，"道""德"是

---

① （魏）王弼注，楼宇烈校释：《老子道德经注校释》，中华书局 2008 年版，第 93 页。

圆满与理想的代表和象征。自然即道，事物皆有自然，事物也便各有其道。站在万物的角度，这种分别的、多样化的"道"正是"德"。由此，《老子》的"道德"是万物的内在本性，只有当道德内在于万物时，合乎本性才能成为事物成其自身的途径与方式。既然道德是事物的本性，且事物随顺自然本性被认为是有道德的表现，那么道德也便成为衡量事物发展的重要标准与关键依据。在《老子》中，"道"是最高权威与终极法则，是万物之源头与本根，衡量万物的标准是"道"。事物合道，则自然，则事物处于理想状态；事物不合道，则不自然，则事物处于不理想状态。由于《老子》"道""德"之间的密切关联，事物"合道"则事物一定"符德"，反之亦然。可见，"道德"既是万物的内在属性，又是用以评价万物发展状态的重要标准，事物发展的良莠全看其在多大程度上合乎"道德"。

最后，《老子》的"道德"具有多重表现形式，随顺主体而变化。在《老子》中，"域中四大"中的"道""天""地""人"皆为道德主体，皆"法自然"，且所法之自然各不相同。"自然"是老子极力倡导的重要概念，在老子看来，事物"自然"方能成就理想生存样态，事物"自然"便是有德。"上德不德，是以有德；下德不失德，是以无德"（《老子》第三十八章）。何以真正的道德者，反而是"无德"的？原因正在"自然"。道德是有德之人的内在本性，出自本心、发乎本意的行为往往没有痕迹与踪影，看起来稀松平常却意义非凡。自然即德，自然之德最为老子看重与提倡，《老子》道德的全部内涵正可以"自然"概括之。"道""天""地""人"之所以能够成为"域中四大"，在于各者皆具自然本性，皆有自然之德。自然之德既是道之属性，又是天地之本性，还是人之德性。然而，自然之德因主体的不同而具有不同的表现形式。由于万物皆有自身之自然性，故而万物有万德。比如，在"道"那里，自然之德集中表现为"无为"；以"天""地"作为道德主体，自然之德的表现形式是"不仁""长久""不自生""不言""生而不有""为而不恃""长而不宰"等；在"人"那里，自然之德表现为"不争""处下""谦卑""谨慎""自持""勤勉""虚心"等等。可以说，老子不仅以"人"为道德主体，也赋予宇宙万物以道德主体的身份，且因道德主体的不同，赋予道德多样化的内容与表现形式。诚然,"域中四大"之德虽表现形式不同,但本质一致,此是《老子》"人法地,地法天,天法道,道法自然"(通行本《老子》第二十五章)之天人沟通模式的必然前提和根本要求。

以《老子》哲学思想作为理解其道德思想的基础和先导,既有助于体认和把握《老子》道德形而上学的属性和特点,又能寻得一认识《老子》道德思想的较高、较全面的视角,从而不至于限于过分现实和世俗的道德泥沼,有助于对《老子》道德思想现世价值的阐释与表达。

第二节　关注《老子》道德思想的独特性

李贤中先生在《中国哲学研究方法之省思》一文中认为,创造性的诠释学方法的企图心最大,不仅是要从文字、时代、历史的脉络掌握文献中不同层次的意义,更要透过创造性的诠释,使解读诠释者朝哲学家之路迈进。[①]理论学说往往基于创作者、社会环境、文化背景等因素而各有不同,《老子》道德思想之所以具有区别于其他理论的独到之处也是各种因素综合决定的结果。由于《老子》五千言不独是老子本人思想的载体,更是彼时社会环境、文化氛围、人世境况等的综合载体,故而理解《老子》道德思想不能够仅依凭文字本身,而是需要结合老子的身份与经历以及其时的社会文化背景,以此尽可能求得之于理论的立体与全面的理解和把握。为着发挥理论古为今用的价值,理解与把握《老子》道德思想需将其放置于本来所处的文化、历史、社会条件与环境之中,以求更为全面而深度地洞察理论。社会环境与文化背景是理论产生的既定土壤,不同的"土壤"养出不同的"庄稼",不同的社会文化环境"养育"不同的理论。

首先,《老子》道德思想不是片段式的、零散的,亦非简单移植或借鉴所得,而是具有完备的理论体系。《老子》寥寥五千言,却言说出一套包含

---

① 　李贤中:《中国哲学研究方法之省思》,《哲学与文化》2007 年 4 月号 395 期。

人性论、道德概念、道德目标、道德内容、道德层级、道德实践方法在内的完整的道德思想。虽然《老子》不同于其他道德理论那般篇幅宏大，但系统道德思想所应有的基本因素几乎都蕴于其中。比如，在最集中描述"德"的"上德不德"（通行本《老子》第三十八章）章中，"上德不德，是以有德；下德不失德，是以无德。上德无为而无以为，下德无为而有以为。上仁为之而无以为，上义为之而有以为，上礼为之而莫之应，则攘臂而扔之"（通行本《老子》第三十八章），寥寥数语中揭示出道德概念、价值层级、道德表现形式、道德衡量标准等；"故失道而后德，失德而后仁，失仁而后义，失义而后礼。夫礼者，忠信之薄而乱之首"（通行本《老子》第三十八章）则揭示出道德层级、道德境界、道德主旨等。可以说，"上德不德"（通行本《老子》第三十八章）章对有关"道德是何？""道德境界有哪些？""道德和不道德的区别在哪里？""应该成为什么样的人？""日常生活中应该如何践行道德？""道德从哪里来？""评价道德的标准有哪些？"等基本问题给予明确答复。其他诸如对"婴儿""赤子"之德的肯定，表明《老子》的人性观；对"圣人"道德的认同与赞扬，表明《老子》的道德内容、道德目标、道德养成方法、道德价值等；对"道""德"内涵的确指，揭示作为道德本质的"自然"；对个体、家国、社会及宇宙自然的关怀，表明道德的价值取向；对人们生存样态的描述中蕴含着多样化的道德实践方法、道德追求与道德境界等。诸此皆体现出《老子》道德思想的具体性和整体性。可以说，《老子》五千言看似简短，却蕴含着独特而系统的道德理论。尤其以结构化、程式化的道德思想做对照时，《老子》道德理论的结构化特征愈发显著。

其次，《老子》道德理论的构建整体上遵循"道—德"与"德—道"的双重进路。"道"是道家的核心概念与第一概念，《老子》思想围绕"道"展开。为理论构建的需要，抑或说为发挥"道"之理论与现实价值，《老子》需要也不得不借助其他概念。其中，"德"便是这么一个具有呈现道、彰显道、发挥道之功用与价值的重要概念。在《老子》中，"德"不仅指人世社会的道德，也是"道"的表现形式、内在属性、外在功用等，它是一个兼具形上与形下属性的概念。从理论构建的层面看，"德"由乎"道"，"道"是"德"的上位概念。依照"道"的权威性与合法性，伦理层面的道德具有合理合法性，能够成为人们安身立命的理论指导与价值指引。这是《老子》道德思想在理论层面体现出的"道—德"进路。道德不仅存于理论层面，更需要被实践。道德实践是人类活动的核心部分，道德一直是用以衡量人们实践活动的内在标准。《老子》道德理论不仅阐发道德的概念、内涵、价值，更在于促成人们的道德实践。《老子》之于人们道德实践的重视程度远远超过理论本身，其呼吁人们通过各种各样的方式开展道德实践。"上士闻道，勤而行之"（通行本《老子》第四十一章），再宏大和深奥的道理，不去运用与实践，其终将如空中楼阁那般没有实际价值。结合《老子》文本，人们的道德实践并非一蹴而成，而是需要由具体细微处勤勉为之。"其安易持，其未兆易谋。其脆易泮，其微易散。为之于未有，治之于未乱。合抱之木，生于毫末；九层之台，起于累土；千里之行，始于足下"（通行本《老子》第六十四章）。道德实践必须从一件件小事开始，经过持续的"勤而行之"（《老子》第四十一章）的主体活动，不断地向"道"靠拢，最终成为"得道"的有德之人。在道德实践层面，《老子》主张人们"以德进道"，通过对于道德的不断体认与践行而成为"得道"者。可见，《老子》道德理论与道德实践的进路正相对反，前者是"道—德"，后者是"德—道"。

再次，《老子》有关"道德"的认识并非停留在"为理论而理论"的逻辑论证层面。将理论与现实相结合，以现实道德问题的解决作为理论构建的前提，是《老子》道德思想的重要特点。老子思想具有明确的现实指向性。春秋末年，社会动荡、民生不安，身处并经历时代剧变的老子觉察到造成不堪社会境况的根本原因在于道德沦丧。为从根本上解决社会问题，老子致力于通过拯救"道德"而"救时之弊"。结合《老子》文本，五千言中无一处无忧患、无一处不入世。"吾言甚易知，甚易行。天下莫能知，莫能行。言有宗，事有君。夫唯无知，是以不我知。知我者希，则我者贵，是以圣人被褐怀玉"（通行本《老子》第七十章）。《老子》字里行间中明确体现出对彼时社会失望、希望、期待、忧思、彷徨、无奈相交织的士人情怀与赤子担当。可以说，《老子》道德思想虽围绕"道"展开，但"道"最终是落地的，落入人世社会，落至人们心中。正是源于对现实道德问题体认、反思、批判和改良等的多重考量，《老子》道德思想体现出鲜明的社会建构特点，道德被老子视为家国社会安定有序的唯一法宝。

复次，《老子》以"道德"作为解决一切问题的关键着力点，其对人世社会的道德寄予厚望。在老子看来，自然宇宙完满状态的形成关键在"人"。"域中有四大，而人居其一焉"（通行本《老子》第二十五章），作为"四大"之一的"人"与"天""地"并称。"道大，天大，地大，人亦大"（通行本《老子》第二十五章），能够成"大"的人是所有人，而非个别人。在《老子》中，"人"不再单方面地屈服于自然天地，而是"隆重出场"，成为能够与自然天地沟通交流，能够上知天意、下知地情的万物之灵。在《老子》中，人之伟岸形象与崇高精神获得认可与彰显。何以人能够与天地齐同？正在于人能体察、拥有与践行道德。人对道德的主体能动性成为促成和确保人之所以成为"域中四大"的关键条件。人能依靠道德生活的展开而不断地发展与完善自身，并进而促成稳定和谐的群体社会；一旦失却道德主体的身份，人便与物无异，也谈不上"灵"。在《老子》中，道德实践是人类实践的基本乃至全部内涵。"人"对道德的获得与实践既是预防与避免道德问题，也是优化与解决道德问题的根本方式。在老子看来，人类社会问题的有无及其程度全在于道德的有无及其水平。概或正是基于对道德重要性的体认与肯定，《老子》五千言通论"道""德"，说的皆是人们"应当如何"以及"不当如何"的道德观点。"载营魄抱一，能无离乎？专气致柔，能如婴儿乎？涤除玄览，能无疵乎？爱国治民，能无为乎？天门开阖，能无雌乎？明白四达，能无知乎？"（通行本《老子》第十章）中的反问可统称为"能道德乎"？可见，"道德"被老子视作为人处世的根本良方。舍此，无有他者。

最后，"上德—下德"的道德序列中体现出的价值取舍与道德层级，不啻为一种伟大的突破与创新。老子之时，礼乐制度虽已"解体"，但仍旧发挥广泛影响。作为周朝"守藏史"的老子，自然对礼乐制度有着深刻体认与理解。礼乐制度以礼乐为核心，以各种道德条目作为人们言行的规范与标准。"上礼为之而莫之应，则攘臂而扔之……夫礼者，忠信之薄，而乱之首"（通行本《老子》第三十八章）。老子明确表明其对礼乐文化尤其礼制的批判态度。"智慧出，有大伪"（通行本《老子》第十八章），那些明确规定人们言行举止的制度反而致使不道德局面的形成。人们看似遵照和执行制度的背后，可能恰恰隐藏着某些不道德的目的。以制度规范作为评判人们道德与否以及道德高低的标准，往往导致一种可笑又可悲的局面：那些看似道德的人，可能恰恰是最不道德的。"大道废，有仁义。智慧出，有大伪。六亲不和，有孝慈。国家昏乱，有忠臣"（通行本《老子》第十八章），假仁、假义、假道德的社会现实被《老子》予以淋漓尽致的揭露。在老子看来，这种道德与不道德的模糊和混淆状态，实在不利于人们的道德养成。概或基于这种考量，老子将道德状态予以明确分类，并建构出具体的道德结构及其衡量标准。"上德不德，是以有德；下德不失德，是以无德"（通行本《老子》第三十八章）明确呈现"上德""下德"两种道德样态。真正的道德是自然的"上德"，不自然的"下德"是不真实、不可靠的虚假的道德。老子对于人之精神境界的划分非常明确，除了道德之人，便是不道德之人；划分人们道德与否的内在标准也很明确，即"自然"——自然者是道德者，不自然者不道德。可以说，《老子》提供给人们明确而清晰的认识与判定道德的标准，化解了人们面对与践行道德时的思虑与疑惑，使道德本身以及人们对于道德的把握变得不那么扑朔迷离、难以捉摸，也为人们理性而全面地体认、理解、评价及践行道德指明思路与方向。

第三节　倚重《老子》文本

《老子》文本是"解老"的核心之所在，对于《老子》道德思想的理解与把握需要诉诸文本。运用"以老解老"与"以我解老"相结合的方法，分析、归纳与提炼《老子》中的道德思想，是解读与阐释《老子》道德思想理当遵循的原则。方东美先生谈"以老解老"说道："假使我们要'解老'，我们不应该从外在立场，而应从老子本身的立场来了解他。用韩非子的名词说，这叫做'解老'。但是我们在前面要再加上两个字，叫做'以老解老'：也就是拿老子思想本身来解释他的哲学含义，这才比较客观。"① 相比"以老解老"，"以我解老"则是对文本的"创造性诠释"。"在研究方法的建立上，哲学家在接受历史的资料后，还需要通过哲学智慧予以适当的解释。"② 古棣先生针对这种既关注文本原义又对文本赋予智慧性解读的"解老"方法说道："我在训诂《老子》的工作中，特别注重的，就是分析狭义的语言环境和广义的语言环境。所谓狭义的语言环境，简单地说，就是词或句子的上下文，也就是我们通常所说的前言后语。人们在交往中如果不注意对方谈话前后语，只抓住只言片语，往往发生误会。所谓广义的语言环境，简单地说就是社会环境。我们通常所说'他这些话是在某某场合说的'就属于广义的语言环境，人们在交流思想中，如果不管某人的某些话是在什么场合说的，也往往发生误会。在同代人之间用语言交流思想需要分析狭义的语言环境和广义的语言环境，训释几千年前古人的书面语言就更需要了。如果忽视了语言环境的分析，肯定会发生很多误解。"③ 运用"以老解老"和"以我解老"的方式分析《老子》文本同样可见《老子》道德思想鲜明而独特的理论特色。

首先，《老子》道德思想既有一贯的理论依据，也有独特而稳定的内在结构。"上德不德"（通行本《老子》第三十八章）章作为详细论述"德"的章节，其中既有对道德概念、道德序列、道德内容等的定位与区分，又提供给人们评定道德的通用标准。分析"上德不德"章的内容，可见《老子》的"道德"并非模糊不确定，而是有其明确的边界与限定。《老子》赋予"上德""下德""上仁""上义""上礼"不同的道德内涵与道德层次。依据"上

---

① 方东美：《原始儒家与道家哲学》，台北黎明文化公司1985年版，第200页。
② 方东美：《方东美演讲集》，台北黎明文化公司1984年版，第180页。
③ 古棣、周英：《老子通》（上部）——老子校诂，吉林人民出版社1991年版，第11页。

德""下德"等的属性和含义，人们既较易找到道德评价的内在依据，也较易区分与判定道德的状态与水平。事实上，老子不仅通过界定诸如"上德""下德""上仁""上义""上礼"为道德评价提供具体标准，也提供给人们道德评价的根本标准，即"无为"。"上德无为而无以为，下德为之而有以为。上仁为之而无以为，上义为之而有以为，上礼为之而莫之应，则攘臂而扔之"（通行本《老子》第三十八章）。以"无为"作为道德评价的根本依据，则"道""德""仁""义""礼"各者因渐次递加的"有为"特性，而道德成分呈现渐次减少与下降的趋势。相应地，拥有相应德性的道者、德者、仁者、义者、礼者，各者之道德也具备越来越表面、虚假、造作、矫揉的"有为""不自然"特性。可见，由《老子》文本出发可抽绎出独具特色的道德结构与道德评价标准。

其次，《老子》道德思想内容丰富，具有独特的性质与特点。倘论及《老子》"道德"的具体内容，则其独特与殊异之处不可不谓明显。《老子》的"道德"整体上呈现出"柔性"特征。人们看重"强大"，《老子》主张"柔弱"；人们看重进取，《老子》主张"退后"；人们主张走向高处，《老子》主张屈身卑位；人们汲汲于成功，《老子》主张守成；人们主张获得，《老子》倡导付出；人们主张大有作为，《老子》肯定无为不言。时人所看重的"阳刚"之德并不为老子认可，也是有感于"阳刚"德性的不足与弊端，老子提出"柔"性之德。比如，"不争""居下""处后""奉献""包容""无私""虚心""谦卑""豁达"等。从文明演进的角度看，数千年之久的中华文明显地体现为"男性"特征，开拓进取、奋发有为、披荆斩棘是华夏文明传承与发展的外在表现和重要特征。在中华文明的伟大进程中，国人道德更明显地体现为儒家的"阳刚"之德。然而，从民俗生活的微观层面看，道家的"阴柔"之德也是国人道德结构中的重要组成部分，是人们生存发展的重要依据。比如，退让、谦逊、不争等的道家道德一直是人际交往的重要法则。《老子》的道德与人们的日常生活、日用人伦、身心发展密切相关，其具有的"母性""柔性"特征，使人们得以于繁忙中抽身，有机会体会宁静；能够于繁华处收心，感受淡泊的魅力。

再次，《老子》道德思想的目的在于"救时弊"，其理论植根于深厚的现实土壤且有极高远的目标与指向。司马迁《史记·老子列传》表明《老子》五千言成书的社会背景："老子修道德，其学以自隐无名为务。居周久之，见周知衰，乃遂去。至关，关令尹喜曰：'子将隐亦将为我著书'。于是老子乃著书上下篇，言道德之意五千余言而去，莫知其所终。"（《史记·老子列传》）《老子》作为开道家学派理论先河的重要思想，是老子之时及其后乃至当前"救时之弊"的重要理念。陈德和先生说：老子"洋洋洒洒五千言的核心问题，是对人性、对乱世而发。"[1] 道德家蔡元培先生说道："周末文胜，凡古人所标揭为道德者，类皆名存实亡，为干禄舞文之具，如庄子所谓儒以待礼破家家者是也。"[2] 专论道德而欲以道德之重建促成理想之现实的《老子》道德思想有着明确而高远的指向。从个体道德发展的角度讲，《老子》旨在以道德促成人们安身立命；从社会发展的角度讲，《老子》旨在以道德之个休促成群体之道德社会；从宇宙自然的角度讲，《老子》旨在以人类之道德促成宇宙自然的和谐完满。《老子》道德思想以具有理想色彩的"道"为概念始基，以人们的道德实践作为根本方法，具有理论与实践的双重考量。参照《老子》文本，明显可见老子对于道德寄予厚望，其力劝人们信德、行德，欲以道德之人心促成道德之社会，进而促成道德之宇宙。老子道德思想的目标与取向深远宏大矣！

最后，《老子》道德思想重视实践，但不止于实践。在《老子》中，实践被认为是获得与提升道德的必经之途。老子看重行动，认为道德养成与境界提升是一个复杂而持久的终身性的职事，只有不间断地实践才能促成稳定与持久的道德。"少若成天性，习惯如自然"（《汉书·贾谊传》）。通过持久的实践，道德内化至个体思想与观念中，并通过行为自然呈现出来。只有成为"习惯"的道德才能够真正与个体的发展密切相关，也只有成为"习惯"的道德才更多是自然而然的，而更少是虚假、造作的。"上士闻道，勤

① 陈德和：《淮南子的哲学》，台北南华管理学院出版社1999年版，第36页。
② 蔡元培：《中国伦理学史》，广西师范大学出版社2010年版，第48—49页。

而行之。中士闻道，若存若亡。下士闻道，大笑之。不笑不足以为道"（通行本《老子》第四十一章）。道德实践是一个由浅至深、由外及内的复杂过程，人们对待道德实践的态度与实践程度直接关乎人们的道德状态与道德水平。"合抱之木，生于毫末；九层高台，起于累土；千里之行，始于足下"（通行本《老子》第六十四章）。由于事情从小处做起才能越做越大，故而再微小的道德实践也值得提倡与赞扬。老子重视道德实践，主张人们依靠实践获得道德与提升道德水平。在《老子》中，道德实践的方法大抵包括今人所谓的言说法、观察法、反思法、想象法、榜样示范法，诸此方法皆有助于人们的道德养成与发展。诚然，老子虽重视道德实践并因此提出诸多道德实践的方法，但其却不将眼光局限于实践本身。在《老子》中，真正的道德实践是自然而然的，真正的道德实践成就的是拥有高尚精神境界的人，而非停留在有目的"做"的层面的道德行动者。换句话说，老子倡导人们践行道德的深远目的在于使人摆脱刻意为德、有意行德的"下德"状态，而成为真正有大格局、高境界的"上德"之人。"上德不德，是以有德""上德无为而无以为"（通行本《老子》第三十八章），真正有道德的人，其道德实践是促成身心发展与生活开展的"必需品"。他们不会刻意"行德"，而是将道德实践与日常生活密切关联，使得道德实践成为事关身心发展的"自然"之事。比如，"勤而行道"的"上士"（通行本《老子》第四十一章）便是"上德"之人，他们既不像"中士"（通行本《老子》第四十一章）那般对待道德瞻前顾后、思虑重重，也不像"下士"（通行本《老子》第四十一章）那般对待道德嗤之以鼻、不屑一顾，而是无所顾忌、无所思虑的"勤行"道德，将道德实践视为生活的常态。《老子》的"上德"者之所以是真正有道德的人，原因在于其道德实践与身心发展互相融合、不分彼此；其道德实践是一种自然而然、不得不做的事情，而不再如一般道德实践具有表面性、设计性、形式性、虚假性、短期性、功利性等。可以说，看重道德实践却不拘泥于实践本身，而是致力于以道德实践促成具有真道德、高境界的"上德"之人，此是《老子》道德实践的核心旨意。

其他如《老子》的人性观、圣人观、婴儿观、天地观等亦有独特之处，可与今日道德理论形成对比并给予人们以启发与镜鉴，对于诸此观念的理解与把握无一离得开《老子》文本。

第四节 主动赋予《老子》道德思想现代性

作为传统文化的重要组成部分，道家道德一直润泽与滋养着国人身心。毋庸置疑，在道家道德思想中一定蕴含着为人处世的妙旨要方。此亦是以《老子》为代表的道家道德理论何以经久不衰、影响深远的重要原因。公允地说，《老子》道德理论的时代价值需要理论研究者主动赋予。文化传承和创新的历史使命要求人们在面对经典或优秀传统文化时，能够结合时代特征自觉承担传承与创新文化的使命，积极赋予传统文化以合乎时代发展需求的新内涵，勇于担当发挥传统文化"古为今用""以古为鉴""知古明今"价值的职任。

早在 20 世纪 30 年代，针对道德的时代性与超时代性问题，张岱年先生便写了《道德之"变"与"常"》一文，肯定古代道德之于后世的意义与价值。"道德依时代而不同，随社会之物质基础之变化而变化；然在各时代之道德中，亦有一共者在，由此而各时代之道德皆得名为道德。可谓各时代的道德之演化是循一定方向而趋的，亦可谓各时代之道德同为一根本的大原则之表现。此大原则为古代道德所表现，亦为今世道德所表现，且将来道德亦将不违之。"① 道德的古今同质性为对古时道德思想的传承及运用提供合理论证，为今日转化与运用过去的道德思想提供内在依据。从这种层面上讲，在当前时代背景下理解与运用《老子》道德思想，不仅需要理解彼时的《老子》道德思想是什么、能干什么，更加需要把握今日的《老子》道德思想是什么、能干什么。鉴于《老子》道德思想与伦理学、政治学、文化学、哲学、社会学、教育学等诸多领域均产生密切关联，在当前背景下转化与利

---

① 张岱年：《张岱年全集》（第一卷），河北教育出版社 2007 年版，第 160 页。

用《老子》道德思想，往往需要将明确学科归属和理论范畴作为挖掘并赋予《老子》道德思想现代性的必要前提。具体而言，理解、把握、转化与利用《老子》道德思想可依以下思路展开：

首先，对《老子》道德思想的现代性抱持主观肯定与认可的态度，并力求通过客观论证而证实之。众所周知，人们对待传统文化抱持的肯定或否定态度，在极大程度上表明传统文化当代价值的有无。当人们主观上认可某种思想时，往往意味着认可这种理论的当下意义与价值。反之亦然。在 20 世纪很长一段时间内，道家《老子》思想尤其《老子》道德思想受到相当程度的批判与否定。对《老子》思想的研究也曾一度中断，很多人对《老子》思想误解重重。随着道学研究的回暖，人们开始重视《老子》思想本身的内涵及其之于时代的价值。在这种学术研究的环境与氛围中，《老子》思想之于社会、政治、伦理、教育等的重要价值获得普遍肯定与广泛重视。当前，道家思想作为传统文化的重要组成部分，也已然获得学界及社会的肯定与认可。有鉴于此，着力挖掘《老子》中那些有助于时代进步与发展的理论资源和思想精华，是当前"创新性转化与创造性运用"传统文化的重要体现和必然要求。"历史上不同的阶级有其不同的道德，这是道德的阶级性；而古往今来，任何阶级的分子都必须遵守一定的道德，这可谓道德的普遍性。人类道德是随时代变化而变化的，这可谓道德的变革性。而后一时代的道德是从前一时代的道德演变而来的，前后之间也有一定的继承关系，这可谓道德的继承性。"[①] 人们只有坚信传统文化与当前社会发展之间的密切关联，只有抱持坚定的文化自信心才能够最大程度的深挖古文化中的优质资源，才能最大限度地发挥传统文化"古为今用"的价值。

其次，运用现代视角与方法研究《老子》道德理论，深挖《老子》道德思想的现代意旨。"从古至今，不同类型的文化之间的交流是不断在进行着的，互相融通是一种交流，互相冲突其实也是一种交流。这种交流总是以这种文化作为主体去吸取另一种文化中对自己有益的营养成分来丰富和发展

---

① 张岱年：《中国伦理思想研究》，江苏教育出版社 2005 年版，第 47 页。

自己。……不同文化之间的交流，主体意识是不能没有的，否则的话就会主而入奴，就会沦为其他文化的一个附庸。"①楼宇烈先生特别指出文化交流中"主体意识"的重要性。当然，此处的"文化"主要指的是"异质文化"。相比于"同质文化"，异质文化之间的交流更加需要主体意识。比如，中西方文化进行交流时，文化主体意识的存在能够确保文化的主动性、独特性，能够使得人们在文化交流中对自身文化抱持信心，从而有的放矢地进行批判、反思、借鉴、吸收等的文化交流活动。在此，特借用文化交流中的"主体意识"，将其作为不同历史阶段的文化交流需要秉持的共同原则。诚然，此也适用于《老子》道德理论与现代道德思想之间的交流与沟通。在当前，继承与发展、转化与利用传统文化的过程并非单向度的，其中充斥着古今文化间的交流与碰撞。古今文化之间既有复杂的牵扯和联系，也存在各种各样的矛盾与冲突。面对两种或多种既有联系又有区别且有时空差异的文化，人们的主体意识表现为：以当前时代及社会发展的需要作为取舍传统文化的重要依据，主动汲取与运用有利于当前时代及社会发展的那些内容，主动批判与忽略不利于当前时代及社会发展的内容。换句话说，在判定与择取传统文化中那些可转化与利用的资源时，一定要以现代的思路与眼光对其予以观照和把握。"对于民族传统文化固然需要保存和怀念，但不能泥古守旧，而是要以史为鉴，让古老的文化朝着文明发展的方向前进。更不能封闭保守，而要将其置于人类文明发展的进程中加以比较和审视、扬弃和更新。"②在当前时代背景下，转化与利用传统文化不仅要使传统文化保存其原初的内涵与价值，更应深挖和赋予传统文化以时代内涵和时代价值，这是文化传承与创新的核心要旨。

以现代的研究思路和研究方法继承与创新《老子》道德思想，方能实现对《老子》道德思想的深度挖掘与合理赋意。"研究道家与现代教育，我们至少面临两种思考：一是着眼于中国传统教育、古代典籍。无论是《老

---

① 楼宇烈：《中国的品格——楼宇烈讲中国文化》，当代中国出版社2007年版，第21页。
② 叶继奋：《文学人学论视阈中的鲁迅经典》，浙江大学出版社2011年版，第16页。

子》《庄子》《文子》，还是《孔子》《孟子》《荀子》，所阐释的一些教育思想都可以用于现代教育。我们将那些从古代教育中继承和发展的传统教育视为现代教育。二是着眼现实，从当代教育的角度诠释道家教育思想。"①发挥理论的"古为今用"价值需要探究古今理论的关联性，而找寻古今理论关联性则当以着力挖掘古代理论的现代意蕴为重点。统筹把握《老子》道德理论与当前德育关系的切入点不是别的，正是《老子》道德理论中的现代德育内涵。经由挖掘《老子》道德思想的现代德育内涵，可实现对《老子》道德思想的现代性解读和阐释。挖掘老子道德理论中的现代德育要义，不仅要关注其中有助于现代德育的理论，也要关注其中与现代德育相同或相似的理论；不仅要关注其中具有我国传统德育特色的那些理论，也要关注其中有可能具备西方德育内涵的那些理论；不仅要关注那些在个别历史阶段具有重要价值的理论，也要关注那些具备跨时空特点和价值的理论；不仅要关注那些与当前德育明显相关的理论，也要关注那些看似与德育无关却极具德育价值的理论。

再次，运用《老子》道德思想指导道德实践，以道德实践检验《老子》道德理论的现实有效性。在1915年的《复古思潮平议》中，梁启超明确肯定传统道德的普遍意义和深远价值。"盖忠孝节义诸德，其本质原无古今中外之可言，昔人不云乎：天下之善一也。凡道德上之抽象名词，若智、仁、勇、诚明、忠信、笃静、廉让乃至若某若某，虽其涵育之范围广狭偏全或有不同，然其同于为美德，则无一易。"②这种具有普遍价值的古代道德，或许因时代的变迁而在内涵与范畴上有所变化，但其作为美德的本质不因时空的流转而改变。从这种意义上讲，道德既是属于古代的也是属于现代的，古今人们在不同时空中践行的道德是大抵相同的。"也有一些道德规范不仅适用于一个时代而具有较长期的适宜性，虽然不是永恒的原则，而是长期内必须

---

① 刘介民、郑振伟：《道家与现代教育》，广东高等教育出版社2013年版，第1页。
② 梁启超：《复古思潮评议》，《梁启超哲学思想论文选》，北京大学出版社1984年版，第243页。

遵守的准则。"① 结合现代人的生活，《老子》道德思想中的诸多道德要求一直以来为人们遵守与运用。比如，清心寡欲、淡泊名利、谦卑持守、谨慎持重、虚怀若谷等道德内容和道德要求便被古今世人一致视为高尚品质与理想人格，具备诸此道德品质的人往往被一致称作"真人""高士"，有此理想人格方能实现理想人生。诚如《老子》所言，"上士闻道，勤而行之"（通行本《老子》第四十一章）。在当前注重文化传承与创新的时代背景下，人们拥有选择与运用文化的主体权力，能够亲身检验文化之于自身与社会发展的价值，此是人们拥有与重视、运用与发挥文化主动权、文化主体意识及文化主体精神的重要体现。《老子》道德思想现代价值的彰显与发挥既离不开人们的认可与肯定，也需要人们不间断地予以审视与反思。其中，最具可信性和持久效力的方法是人们的亲身实践。抑或说，人们只有真正以《老子》道德思想指导自身实践并以自身实践检验之，才能全面、深刻、真实地获悉与体认《老子》道德思想的现代价值与意义。

最后，以当前的文化思潮或最新理论关联《老子》道德思想，赋予《老子》道德思想与时而变的现代性。任何理论都不可能是全新的，新的理论总是建立在旧有理论的基础之上。"夫国民发展，功虽有在于怀古，然其怀也，思理朗然，如鉴明镜，时时上征，时时反顾，时时进光明之长途，时时念辉煌之旧有，故新者日新，而其古亦不死。若不知所以然，漫夸耀以自悦，则长夜之始，即在斯始。"② 当前文明之发达以过去之文明为根基与来路，过去文化之发展则赖今时文化之传承与创新。"观前知反"（《黄帝四经·称》），"观往以知来"（《列子·说符》），古今文化从来都是拧在一起的绳索，二者产生的合力共同促使着历史的发展与文明的进程。有鉴于此，在文化多元与文明高度发达的现代社会，既展望未来又回顾过去，既立足当下又回头远望，既喜新又重旧，才是对待古今文化"不偏不倚"的理性态度。重视传统文化不仅需要重视传统文化中那些古已有之的内涵，也需

---

① 张岱年:《张岱年全集》(第七册)，河北教育出版社 2007 年版，第 425 页。
② 鲁迅:《摩罗诗力说》，《鲁迅全集》(第一卷)，人民文学出版社 2005 年版，第 67 页。

要以当前理论对应之，以彰显古文化的现代价值。事实上，每当人们带着新观念、新思路"回望"古代文化时，总是能由古文化中发现现代智慧，诸多古代思想也完全可以作为现代思想产生的根源之所在。甚至从某种意义上说，现代社会所不断证实的正是古代思想。怀特海曾说，西方哲学史是给柏拉图思想做注脚。中国传统文化作为东方文化的重要代表，其丰富内涵与广大包容力也为当前多元文化的融合性发展提供着极有力的环境与条件支持。由此意义上，当前中西方文化所不断论证的往往正是中国的传统文化。理解、把握、借鉴、传承、创新、转化和利用《老子》道德思想，需要以当前中西方较新的、较具影响力的道德理论与其形成对照，以在理论层面得见《老子》道德思想的现代性，进而为人们转化与运用《老子》道德思想提供前提与动力。

此外，将《老子》道德思想与相关领域进行比对性分析，深化与拓宽对《老子》道德思想的认识，也是转化与运用《老子》道德思想的重要环节。《老子》道德思想可与诸多领域发生密切关联。从《老子》中可以找寻到伦理学、哲学、政治学、教育学等的思想和观点。《老子》道德思想与伦理学之间的密切关系自不必多说，毕竟二者均以"道德"作为核心概念。《老子》道德思想与哲学之间的关系则因"道""德"的形上特性而得以确证。《老子》道德思想与政治学的关系，不可不谓显明。陈德和先生说："《老子》内容对话的对象主要是帝王，因为老子相信通过统治者心态的改变就能扭转苍生的遭遇，为天下百姓开启自由解放的空间，故洋洋洒洒五千言的核心问题，是对人性、对乱世而发。"[①]《老子》将有道德的人称为"圣人"，将"圣人"视为理想统治者，将圣人的统治称作"圣人之治""不言之教"，并多次描述政治统治的方法、策略、原则等。至于《老子》中有关统治境界、社会境况、民众真实样态以及对统治者的多次谏言等，亦直接表明《老子》道德与政治之间的密切关联。诚然，自称"教父"（通行本《老子》第四十二章）的老子也极为关注道德与教育之间的关系，此是本书的主体内容。概而

---

① 陈德和：《淮南子的哲学》，台北南华管理学院出版社 1999 年版，第 36 页。

言之，以当前学科划分结果为依据，由学科角度分别阐释《老子》道德思想的现代价值，既可见《老子》道德思想"万物之奥"（通行本《老子》第六十二章）的广博内涵，又可充分发挥其"用之不勤"（通行本《老子》第六章）的积极功用。

第二章 《老子》道德思想阐微

以《老子》为代表的道家道德思想并非零散、不成体系的，而是具备独特的概念体系、明确的道德旨归、自上而下的价值层级、规定性的道德主体、具体的道德内容以及多样化的道德实践方法。《左传·成公十三年》载刘康公之言：民受天地之中以生，所谓命也。是以有动作礼义威仪之则，以定命也。能者养以之福，不能者败以取祸。由命而位，位不同则德相异。"在殷周时代，贵族在政治上、思想上是依靠和运用天命思想来建立和巩固它的统治的。就是说，贵族的大小等级是依据天帝所赋予的德性来确立的。"①这种天赋命格、位格决定道德的传统，被先秦儒家学者继承与发扬。"君子思不出其位"（《论语·宪问》）；"不在其政，不谋其位"（《论语·泰伯》）。比之于殷周以及儒家的"德由位出"，道家老子之于"道德"先在性、根源性、终极性的定位，体现出鲜明的"以德定位"的理论内核。这种"以德定位"的"道德观"是作为人之初始阶段的"婴儿"能够成为"复归"榜样的关键前提，是"上士"（通行本《老子》第四十一章）、"善为道者"（通行本《老子》第十五章）能够成就"圣人之治"的根本原因，是"天地不仁，以万物为刍狗"的"平等"意识的必然依据。诚然，鉴于《老子》之"德"的自然、无为属性，"以德定位"之"位"并非指向爵位、权力、地位等，而是指向思想状态、智慧水平、修养层次和精神境界。理解和把握《老子》道德思想，可以此为线索。

---

① 李若晖：《不丧斯文——周秦之变德性政治论微》，上海人民出版社 2019 年版，第 6 页。

第一节 《老子》道德思想的核心概念

《老子》思想之所以复杂玄远，其重要原因在于概念内涵的不确定性。由于在《老子》中，单一概念往往具有多种内涵与指涉，概念之间的关系多样且多变，对于字词、语句内涵的理解往往需要借助不同的语境，字词语句于表面意思之外又有深层、隐晦的意旨，是故古往今来人们对《老子》的理解与把握各不相同，却又各有依据。实际上，概念的不确定性或不确指性是古代中国学者构建理论的突出特点。不同于西方理论往往建基于确定的概念之上，中国学者并不重视对概念的清晰厘定。作为《老子》道德思想核心与奠基性概念的"道"和"德"便具有多重内涵。也是围绕"道"和"德"，凭借具有复杂内涵及多样指涉的"道"和"德"，《老子》道德理论自成体系又别具一格。

一、作为人世道德起源与依据的"道""德"

古代中西方理论共有的突出特点是人们总要为现实世界找寻依据，认为在现实生活之上一定有指导者和主宰者。广泛存在于中西方理论中的"天""帝"，便在相当长的时间内被认为是人世发展的最终依据与最高主宰。与先秦理论相似，《老子》中同样存在那个唯一的终极存在，即"道"。按照古代哲人的认识逻辑，理论具有可信性的前提是具备一个权威性的终极概念。"道"的至上性、唯一性、终极性，有效确保了《老子》理论的说服力与可信性。这种寻求和依赖终极存在的思路和观念实际上是古人认识世界和自我关系的一般方式，在那个自我不突出、自由未彰显、自然未被"科学化"的时代，个体的安身立命时刻需要诉诸和借助那个永恒而切己的存在。比如，社会文化层面由"郁郁乎文哉"到时弊丛生的周代社会，其政治统治的兴衰背后隐藏着的正是人们有关终极存在的认识或态度。当政治清平、社会稳定时，人们敬天、崇天；当政治动荡、社会失序时，对应的则是人们对天的斥责与怀疑。作为史学家的老子，既然深知终极存在之于人世生活的重要价值，便断然不会违背文化与历史规律，而一定会重视对终极概念的理论建构。在《老子》中，"道"正是用以指导包括人世道德生活在内的一切事务的最终依据。事实上，《老子》的"道"不仅是人世生活的依据，更是宇宙万物生发演变的最终和唯一依据。作为终极存在的"道"不仅是人们借以展开道德生活的依据，人世社会的道德亦从"道"中来，"道"是"道德"的起源。

《老子》中存有多处将"道"作为道德起源的观点。比如，针对"道生一"之"一"，有学者认为"一"是"德"，"道生一"即"道生德"，"德"由"道"出。由于在《老子》中，"德"与"自然"关系密切，万物只有随顺自然、处于自然，方能有"德"，故而道所生的"一"既统指那个整体的"自然"，也分指万物各自之独特自然性，是"一德"也是"万德"。概或也是在这种意义上，有学者将"道生一"的"一"解为"自然"。既然"道"是人世道德的起源与依据，而最高依据与最初起源具有唯一性，何以"德"也被认作是人世道德的起源与依据？对于此问题的解答，需要结合《老子》文本，需以对"德"及其与"道"之关系的分析为前提。如前所述，《老子》思想的突出特点是概念的不确定性，一个概念具有多重内涵，概念与概念之间互相关涉，这种情况明显地体现在"德"义以及"德"与"道"的关系之中。从《老子》的"德"义看，"德"并非仅指伦理学中的"道德"，而是有多重内涵。其中，"德"的哲学内涵尤为凸显。对于《老子》之"德"，人们不可以唯一、确定的态度看待之，更不可简单地将其与日常意义或一般意义上的"道德"直接相关。由形而上的角度出发，《老子》的"道"与"德"在相当程度上重合。结合《老子》文本，将"道"与"德"放置于形上范畴时，通过解析"道"与"德"的内涵，可以发现"道"与"德"在形上层面是一回事。抑或说，在哲学义上"道"与"德"相重合。

"德"字在《老子》中存有多处，其有时以单个字的形式出现，有时之前被冠以不同的形容词，比如"大德""玄德""广德"等。"生而不有，为而不恃，长而不宰，是谓玄德"（通行本《老子》第十章）。显而易见，能够"生而不有，为而不恃，长而不宰"的是被老子多次言说的"无为"的"道"。既然"玄德"是"无为"的，则可认为老子赋予"玄德"与"道"相同的内涵和属性。然而，虽然"玄德"等同于"道"，但"玄德"是"德"且是至高境界的"德"。其他诸如"大德""广德""孔德"亦是以"大""广""孔"作为对"德"之层次、高度的形容与描述，诸者均为"德"。可见，《老子》中广泛存在着"以德指道"的说法，当"德"处于最高程度和至真状态时就是"上善"之"道"。"道"是人世道德的起源与依据，这使得当"道"与"德"意旨相同时，"德"也自然成为人世道德的起源与依据。"德"的形上内涵及其与"道"之间的关系，提醒人们对于《老子》"德"义的把握，不可单以伦理学概念对应之，而是需要结合《老子》整体思想、具体文本以及特殊语境，在综合衡量的前提下因时而灵活地理解与把握《老子》的"德"。

"道""德"作为《老子》道德思想的基础与核心概念，二者之间既有区别又有联系。在《老子》中，"道"和"德"从未被连用而成为"道德"，人世社会的伦理道德仅是《老子》"道""德"所具含义之一。由于《老子》思想深远的宇宙关怀与广大的自然精神，其对宇宙自然万物的论述比比皆是。这也可直接表明《老子》的"道""德"并非人世社会的"专利"，"道""德"的主体并非仅限于人，而是关涉宇宙万物。由《老子》"道""德"概念的普遍适用性，也可直接表征与确指"道""德"概念的形上性。

二、作为原理与法则的"道""德"

形上意义上的"道"与"德"相重合，二者均是人世"道德"的起源与依据。在《老子》中，作为起源与依据的"道"和"德"，同时也是权威的原理与法则。也只有当"道""德"作为权威性的原理与法则时，其作为"依据""起源"的合理性方能得以确证。《老子》的"道"和"德"作为原理与法则，与二者作为起源和依据的合理合法性之间，存在着互相证成的关系。作为起源与依据的形上之"道""德"，当其下落至人世社会时便转而成为促进人世社会发展的原理与法则，这种意义上的"道"和"德"需要具备有效性和实践性。这主要表现为人们经由运用法则与原理能够促成道德生活的展开与道德境界的提升；此外，作为原理及法则的"道""德"在人世社会中需要具有多样化的表达形式和现实载体，即其要以某类主体和某些活动为依托，以便真正成为可被人们理解与把握的各种法则、要求、规律与原理。

老子对作为形上原理与法则的"道""德"的可实践性及其功用作过肯定性的论述。如，"保此道者，不欲盈"（通行本《老子》第十五章）指出"道"的"不盈"特性，表明人们理当运用"不盈"之道促进自身生活的开展；"道冲，而用之或不盈"（通行本《老子》第四章）指明"道"之于人世生活的无穷功用与无尽价值；"孔德之容，惟道是从"（通行本《老子》第二十一章）中的"惟道是从"既表明"道""德"作为原理、法则的属性，又表明"道""德"的可实践性、可获得性，还表明"道""德"的价值与功用。从"道""德"作为原理与法则的表现形式看，"道""德"表现形式的特殊性和多样性主要体现在以下两方面：一方面，作为原理、法则的"道""德"皆以"无为"为特征。以"无为"为特征的原理与法则，不同于生活中常见的各类硬性的制度与规范，其本质上是"不割"的"大制"。按照《老子》思想，"无为""不割"的"大制"是一种无损和保全人之自然本性的"制度"，它由乎、顺乎并能扩充人之自然性，截然不同于那些硬性割裂甚至割除个体自然情感、本真性情、真实感受的规范与律令。至于何以《老子》的原理与法则如此这般，原因仍旧在于《老子》之"德"的特殊性。由于道德的实质是人们顺遂与合乎自身本性，是故只有那些随顺与因循人之自然性的原理与法则才被老子肯定与重视。另一方面，作为原理及法则的"道""德"有多重表现形式，如"无""不言"。"三十辐，共一毂，当其无，有车之用。埏埴以为器，当其无，有器之用……故有之以为利，无之以为用"（通行本《老子》第十一章）。以生活中常见常用的"车""器""室"为例说明"无"的重要性，老子主张人们在生活中遵循与运用"无"的法则和原理，以促使自身成为谦卑、包容、虚心的道德之人。相比于"无"之通用性和综合性，"不言"的原理与法则被老子作为理想政治与教育的本质属性，"不言之教"（通行本《老子》第二章）既是政治思想又是教育思想。老子主张人们"不言"，认为个体以"不言"作为行事为人的原理与法则能够促成个体的良性发展；统治者以"不言"作为国家治理的原理与法则能够带来民心的安定和社会的良性运转。从承载和彰显"道""德"的载体看，政治和教育活动以及作为道德者的"圣人""婴儿"皆是显现与表明"道""德"原理与法则的载体。在《老子》中，政治和教育都具备"教化"的职责与功效。理想的教化活动是运用与彰显"道""德"原理及法则的重要载体和途径。不同于彼时及时下人们常知常用的制度与规范，作为原理与法则"道""德"体现并成就一种"太上，不知有之"（通行本《老子》第十七章）的教化水准与境界。抑或说，以"无为""不言"的政治、教育活动为载体，老子的"道""德"原理与法则更多地体现为一种柔性的制度。至于"圣人""婴儿"何以能够成为"道""德"原理与法则的载体，其原因在于"圣人""婴儿"均是有道德的人。《老子》的"圣人""婴儿"是全面遵行与彰显"道""德"原理与法则的人。将"圣人""婴儿"作为"道""德"主体，体现出《老子》道德思想的生动性、直观性和现实性，有助于人们体认与践行作为生活原理与生存法则的"道""德"。

在形上层面重合的"道"与"德"，下落到形下社会便是行之有效的原理与法则，而人们遵循原理与法则便可成为有道德的人。"一个作为典范的事物与其代表的规范性标准（该事物的理想存在模式）之间界化不清……在道家那里，典范物与其规范性标准之间界限模糊，意味着道既是最终实在又是生活的典范性法则。"①《老子》中人世社会的道德与形上领域的"道""德"以及作为原理与法则的"道""德"之间具有直接相关性。形上领域的"道""德"是人世道德的理论与价值起源，作为原理与法则的"道""德"是人们展开道德生活的标准和依据。

---

① ［新加坡］赖蕴慧:《中国哲学导论》，刘梁剑译，世界图书出版公司 2013 年版，第 81 页。

三、作为人性的"道""德"

在中国古代哲学思想中，终极的存在必然与人发生关联。通过终极存在与主体之人关系的确定，一方面终极存在获得合理性与合法性，另一方面人的生存发展获得方向和依据。重视终极存在与现实中人的密切关联，是古代中西方文化或文明演进的共有规律和特征。在《老子》中，"道"作为终极存在与最高法则，与人之间的关联明确体现为"道人合一"。结合《老子》的人文情怀、自然精神和宇宙意识，"道"不仅与人密切相关，亦与宇宙自然万物直接关联。道与包括人在内的宇宙万物之间的关联，可被概括为"道器合一"或"道器不离"。《老子》的"道—器"关系实则代表着古人看待世界的视角，其是一种调和或弥合"形上—形下"疏离与差异的，圆通、融合、整体的宇宙自然观。作为传统文化的重要构成部分，道家思想中的"道器合一"或"道器不离"正是对"天人合一"的另一种表达。

在《老子》中，形上之"道"与形下万物之所以"合一"，原因在于终极的"道"具有无所不包、遍布万物的属性与特点。抑或说，万物皆有道，万物皆由道而生、依道而长、循道而成。万物所具、所依、所循之"道"与终极之道具有本质的一致性。正是这种存于道与万物之间的一致性，使得道与万物得以"合一"与"不离"。在《老子》中，描述道与万物之间同一性的内容颇多。"人法地，地法天，天法道，道法自然"（通行本《老子》第二十五章）中的"法"字，表明"人—地—天—道"之间的直接关联。深入分析则可发现："人—地—天—道"之间的直接相关性，因于各者皆具"道性"。"人当法地安静柔和也，种之得五谷，掘之得甘泉，劳而不怨，有功而不置也"；"天湛泊不动，施而不求报，生长万物，无所收取"；"道清净不言，阴行精气，万物自成也"；"道性自然，无所法也"。[①] 地、天、道皆自然而然的存在与彰显自身，各者皆具自然性。"人—地—天—道"的层序表

---

① （汉）河上公，（三国）王弼，（汉）严遵：《老子》，刘思禾校点，上海古籍出版社2013年版，第53—54页。

明"人"可依次通过效法地、天、道的自然性，而保全与扩充自身的自然性。在《老子》中，自然性即"德"，自然而然之人是"符道合德"者。在"自然性"处，"道"和"德"完全重合。"自然"是"道"的代称，具备自然性的事物既"得道"也"有德"。天、地、道自然而然的生发与流变，各者皆具自然性，皆具自然"道性"与"德性"。

自然万物因"自然性"的具备，而各具"道性"与"德性"。老子对于自然事物的肯定，表明其"物性"等同于"德性"与"道性"的观点。人作为万物之一，是否具备或者说在多大程度上具备"道性"和"德性"，此一问题背后隐藏着"人性"是否"自然"的假设和疑问。结合古代道德理论，此问题重点关涉的内容之一是老子有关"人性善恶"的观点。众所周知，古代道德理论总是由"性"始，道德理论的建构几乎均以"性"作为起点。"天性—人性"关系的确立是诸种道德理论形成的最初步骤与环节，也是人们衡量和看待道德问题的首要入口和核心标准。事实上，也是基于不同的"人性"起点，古代道德理论各成体系又粲然完备。在《老子》中，"人性"理当"自然"，却往往"不自然"。自然物的"物性"之所以等同于"道性""德性"，其背后的根本原因在于自然物具备"自然性"。以此为依据，若人性合乎自然，则人性等同于"道性""德性"。对于"人性"最初等同于"道性""德性"，老子持有明确的肯定态度。以人之初生状态的"婴儿""赤子"为例，老子明确表明"人性"等同于"道性"或"德性"的论点。"载营魄抱一，能无离乎？专气致柔，能婴儿乎？"（通行本《老子》第十章）；"含德之厚，比于赤子"（通行本《老子》第五十五章）。"婴儿""赤子"遵循自身自然性生存与发展，是"厚德"之人。自然性、道性、德性共同构成"婴儿""赤子"的"人性"。"目其性而言之，则人自孩提，圣人之质悉已完具。"[1] 作为人的初始状态与早期阶段，"婴儿""赤子"是人人都会经历的身份与角色。老子实为"性善论"者，其对于"婴儿""赤子"德性的肯定是构建道德理论的根本依据。"人性"论往往奠定着道德理论的基调与方向，

---

[1] （宋）黎靖德：《朱子语类》，中华书局1986年版，第1231页。

正是以"性善论"为理论始基,《老子》的道德思想明确昭示保有、扩充与复归德性的观点和主张。

"儒家辨析人性之善恶,试图通过人性的讨论奠定人的道德基础,解决道德意识的来源和养成基础,道家则从万物之性即'自然'出发强调万物本性的客观基础及其价值意义。儒家高扬道德的旗帜,认为人性的光辉在于道德之高尚,道家高举人性'自然'的旗帜,肯定人性本贵,高于道德标准,从而肯定生命本身之价值,反对借道德原则戕害'自然'之人性。"①道家之"道"的本质属性是自然性,自然性即"德",人之初始阶段的"婴儿""赤子"处于自然而然的状态,是具备"道性""德性"的人。在"婴儿""赤子"处,"人性"与"道性"或"德性"相融通,人性自然,人性即"道""德"。

四、作为道德条目的"道""德"

在《老子》中,作为终极价值与万物起源的"道",其内在本质和属性为自然性。由于万物各不相同,不同的事物具有不同的"自然",由是蕴含并彰显"道性"的万物各有其"道",万物有万"道"。在《老子》中,"道"不仅是那个混沌的整体之"道",也是能够"散则为器"的"朴"(通行本《老子》第二十八章)。不仅形上之"道"的终极性、至高性、唯一性是"道性",形下万物的多样性、复杂性、特殊性亦是"道性"。《老子》之"道"的"总—分""一—多"的双重属性,是"道器合一"的必然条件和根本要求。作为终极存在的"一"之"道"具有多种表现形式,此在《老子》中被反复提及。无论从"道名"抑或"道体"层面,"道"均既唯一又多样。

"无名,天地之始"(通行本《老子》第一章)的"无"是"道"的代称。此种以"无"解"道"的思路,为诸多学者认同。"凡有皆始于无,故未行、无名之时,则为万物之始。"②道之所以包容万有,为万有之起源,为"天地

---

① 刘笑敢:《"自然"的蜕变:从〈老子〉到郭象》,《文史哲》2021 年第 4 期。
② (魏)王弼注,楼宇烈校释《老子道德经注校释》,中华书局 2008 年版,第 1 页。

之始"，在于其具有"无"的属性、特征和功用。"三十辐，共一毂，当其无，有车之用"（通行本《老子》第十一章）中的"无"可被解为"道"。倘将"无"换成"道"，"三十辐，共一毂，当其无，有车之用"意为：三十个条辐聚集在一个车轮上，当其合于道时，便有了车的功用。作为"道"的别称，道的属性和功用正是"无"，此也必然导出"无之以为用"（通行本《老子》第十一章）的结论。"上善若水"（通行本《老子》第八章）中的"上善"亦指"道"。"上善"若"水"，而"水"几于"道"，故而"上善"是"道"。"道"之"善"体现为"居善地，心善渊，与善仁，言善信，政善治，事善能，动善时"（通行本《老子》第八章），诸者皆是"道"的表现形式和根本特征。"载营魄抱一"（通行本《老子》第十章）与"圣人抱一为天下式"（通行本《老子》第二十二章）的"一"是"道"之别称。被河上公注解为"一"的"忽恍"①（通行本《老子》第十四章）具有"视之不见""听之不闻""搏之不得""其上不皦，其下不昧，绳绳兮不可名""迎之不见其首，随之不见其尾"的属性与特征，是"道"之代称。"悠兮其贵言，功成事遂百姓皆谓：'我自然'"（通行本《老子》第十七章）的"自然"亦代指道。王弼注解"自然"有言："自然，其端兆不可得而见也，其意趣不可得而睹也。"②王弼所谓之"自然"正是"恍惚"之"道"。"吾不知其名，强字之曰道，强之为名曰大"（通行本《老子》第二十五章）的"大"是谓"道"。河上公说："强曰大者，高而无上，罗而无外，无不包容，故曰大也。"③形上之"道"的至高无上、无所不包可用"大"明示。"万物归焉而不为主，可名为大"（通行本《老子》第三十四章）则直接表明"大"即"道"的观点。"道常无名，朴虽小，天下莫能臣"（通行本《老子》第三十二章）之"朴"与"道"的关系被王弼注解为："道，无形不系，常不可名，以无名为

---

① （汉）河上公，（三国）王弼，（汉）严遵：《老子》，刘思禾校点，上海古籍出版社 2013 年版，第 31 页。

② （魏）王弼注，楼宇烈校释：《老子道德经注校释》，中华书局 2008 年版，第 41 页。

③ （汉）河上公，（三国）王弼，（汉）严遵：《老子》，刘思禾校点，上海古籍出版社 2013 年版，第 53 页。

常，固曰道常无名也。朴之为物，以无为心也，亦无名，故将得道莫若守朴……朴之为物，愦然不偏，近于无有，故曰莫能臣也。抱朴无为，不以物累其真，不以欲害其神，则物自宾而道自得也。"①可见，"朴"正合于"道"，道常无形、无名，朴亦微妙无形；道是无，朴亦"以无为心"；道无为，朴亦无为。"执大象，天下往"（通行本《老子》第三十五章）中的"象"是"道"②，其属性和特征是"淡乎其无味。视之不足见，听之不足闻，用之不足既"（通行本《老子》第三十五章）。此外，"玄""常""孔德"等也往往与"道"互通。

作为终极存在的"道"具有多样化的名称与表现形式，此是《老子》"道"论的重要特点。那么，作为《老子》道德思想奠基与核心概念的"道""德"，是否同样具备多样化的名称和表现形式？对此问题的论证，需要重点分析两方面的内容。其一，分析作为形上依据的"道"与"德"的关系，以此为基础，找寻作为价值起源的"道""德"的多样名称。其二，依据《老子》文本，找寻作为价值起源的"道""德"的外部表现形式。事实上，第一方面的部分内容前文已做过相关论述，即"道"与"德"在价值起源意义上是互通与重合的，二者皆为人世道德与价值的起源。作为价值起源的"道""德"有多种名称，此在《老子》中体现为"孔德""大德""玄德"等。如同作为终极存在的"道"在形下世界具有多样化的存在形式，作为道德和价值起源的"道""德"，同样具有多样化的表征。结合古代道德思想和《老子》文本，"道""德"的外部表现形式主要体现为"德目"。老子以"道德条目"作为"道""德"的外部表现形式，以此促成人们对"道""德"的理解与体认。在传统的伦理和道德思想中，"道德条目"是道德要求的具体呈现，一个道德条目往往代表着一种美德，且道德条目本身就具有规范的属性。比如"诚实"的道德条目既蕴含着"诚实"的美德，又同时蕴含着"不能不诚实"的规范与要求。从道德条目本身的特点和功能看，道家与

---

① （魏）王弼注，楼宇烈校释：《老子道德经注校释》，中华书局 2008 年版，第 88 页。
② （汉）河上公，（三国）王弼，（汉）严遵：《老子》，刘思禾校点，上海古籍出版社 2013 年版，第 73 页。

儒家的道德条目之间并无功能上的不同，二者皆在于促成"道德"，不同之处在于"德目"的内在属性。相形之下，儒家德目具有明确的制度性、规范性、约束性、强制性，而道家德目虽有制度性、规范性和约束力，却更多具有"柔性""内在"的特点。抑或说，儒家德目更多具有"强制度性""强规范性"，道家德目更多具有"弱制度性""弱规范性"。

由于理论功用的发挥在相当程度上取决于理论本身与现实生活之间的"契合度"，倘让作为价值起源的"道""德"切实促进人们生活的开展，就不得不对"道""德"进行"再加工"。抑或说，赋予"道""德"更利于现实中人理解与接受的内涵，是老子"救时弊"当且必当作之事。分析《老子》文本可见，老子赋予作为道德与价值起源的"道""德"多种外在表现形式，并以具体的道德条目作为"道""德"的表征。

在《老子》中，万物有万德。由于事物的自然性各不相同，故而不同的事物具有的德性不同。由于不同德性的外部表征不同，故而不同事物理应具有和践行的"德目"不同，万德有万形。在此，撇开老子将自然事物纳入道德主体的理论事实，而仅例举人世社会的道德条目，由中也可明确得见《老子》道德条目维度的清晰性和内容的多样性。比如，《老子》中的统治者理应具备与践行的"德目"为："不尚贤""不贵难得之货""不见可欲"（通行本《老子》第三章）；"以百姓为刍狗"（通行本《老子》第五章）；"爱以身为天下"（通行本《老子》第十三章）；"贵言"（通行本《老子》第十七章）；"见素抱朴""少私寡欲"（通行本《老子》第十九章）；"以身轻天下"（通行本《老子》第二十六章）；"不以兵强天下"（通行本《老子》第三十章）等。相较于"无德"的统治者，已经"成德"的"圣人"不断践行的道德条目为："后其身""外其身""无私"（通行本《老子》第七章）；"不争"（通行本《老子》第八章）；"为腹不为目"（通行本《老子》第十二章）；"不自见""不自是""不自伐""不自矜"（通行本《老子》第二十二章）；"常善救人""常善救物"（通行本《老子》第二十七章）；"去甚""去奢""去泰"（通行本《老子》第二十九章）等。

以"统治者"为例，可见《老子》的道德条目有其明确的主体和适用范围。当统治者"无德"时，道德条目是一种既应然又实然的道德要求；一旦统治者"有德"，则道德条目类似于"虚设"，原因在于有德之人须臾不离德。此外，《老子》中亦存有专为民众而设的道德条目，从中同样可见作为"德目"的"道""德"的具体性和多样性。

第二节 《老子》的价值层级

针对《老子》思想形成的影响因素而言，本研究倾向于认为，《老子》对西周思想既有借鉴又有批判。针对当前学界仍旧存有的"老子反对孔子"的观点，本书倾向于认为，对老子思想的形成产生主要影响的并非以孔子为代表的儒家思想，而主要是殷商和西周思想。其中，犹以西周思想为主要。公允地说，儒家思想的主流化确乎与孔、孟、荀等儒家学者的传承与发扬密不可分，但早在孔子思想出现之前儒家思想便已存在，"郁郁乎"三百年之久的西周文明主要是西周礼乐文化滋养的结果。作为周朝藏书史的老子熟知西周历史，对于西周的社会结构及其核心典章制度——礼乐文化具有深刻认知与切己体会。老子所处的时代及其特殊的身份和角色，使其认知与观念不可能不受西周文化的影响；西周时期礼乐文化与制度本身及其实行效果，也不可能不对老子思想的形成与发展产生直接影响。

西周初年，周公"制礼作乐"，"礼乐"成为政治统治的核心制度。"礼者，法度之通名，大别则官制、刑法、仪式是也。"[1] 根据史料可知，与西周末年社会动荡相伴随的是礼乐制度的解体，礼乐失却政治统治功效是西周末年乃至东周时期时弊丛生的制度性原因。李若晖在《不丧斯文——周秦之变德性政治论微》一书中，通过以"礼"为背景详细考证"蔡息之争"，指明"礼乐崩坏"的内核在于"失去贵族精神内在德性的支撑，走向空壳化"，并引顾炎武的"春秋时，犹尊礼重信，而七国则绝不言礼与信矣"说

---

[1] 章太炎:《检论》,《章太炎全集》(第三卷),上海人民出版社2014年版,第405页。

明"礼"的工具化"宿命"。① 礼乐制度既然失效、式微，是否"重新"建构以及在多大程度上"重新"建构"礼乐"，实际上是先秦诸子"争鸣"的核心论点。"祖述尧舜"（《礼记·中庸》）的孔子认为可以通过"克己复礼"的方式再次成就西周式的安定繁荣；道家老子则认为礼乐制度的效用已经被证实，要尽可能脱离"礼乐"范畴再构建一套良性制度。不得不说，从对待"礼"的态度这一层面上理解儒、道二家观点时，似乎二者之间存在着不可调和的矛盾，毕竟一方倡导"礼乐"，而一方主张推翻"礼乐"。概或也是在此种意义上，人们常说儒、道之间相互对立。那么，儒道思想之间是否对立？若是，在多大程度上是对立的；若不是，二者之间是一种什么样的关系？此可以通过对《老子》道德思想的价值层级的分析与论证获得一定程度的解答。

一、"道—德—仁—义—礼"的价值序列

在《老子》中，"道""德""仁""义""礼"五者明确出现，各者是构成《老子》道德思想的重要概念。也是基于对上述五者各自内涵与彼此关系的确立，老子构建出内涵独特而指向鲜明的道德理论。在诸子思想中，《老子》思想独具创见、别具一格。然而，包括道德理论在内的《老子》思想并非全新，在其中总能找到儒家思想的踪迹。比如，"道""德""仁""义""礼"五者中的"仁""义""礼"主要是儒家的道德概念，人们更倾向于也更经常性地将"仁""义""礼"看作儒家而非道家的道德概念。事实上，"仁""义""礼"作为道德概念，早在老子之前便已存在。在先秦时期的诸多典籍中，"仁""义""礼"主要具备的是道德内涵与意旨。儒家孔子是对"仁""义""礼"等道德概念重新赋义之人，而非首创者。由于"仁""义""礼"的道德概念古已有之，且各者在相当长的时期内发挥着积极的道德规约和引领价值，是故老子虽主张构建新的社会制度，却并非全盘否定周的典章制度

① 李若晖：《不丧斯文——周秦之变德性政治论微》，上海人民出版社 2019 年版，第76页。

和道德规范。对于"仁""义""礼"三者，老子更多持有辩证观点。在批判与反思各者的前提下，老子实际上将"仁""义""礼"纳入自己的道德结构之中。只不过，对此三者，老子抱持审慎态度，仅将三者作为价值层级中较为低层次的部分，而并未如以"礼乐"制度为核心的西周时期和以孔子为代表的儒家思想那般，将仁、义、礼作为道德结构的核心内容。老子对"仁""义""礼"的审慎态度，一方面表现为其将此三者作为道德结构的较低层次，另一方面则表现为其在此三者之上新置两个具备创新性的道德概念，即"道"和"德"。如前所述，"道""德"是《老子》道德思想的核心和奠基概念，在"仁""义""礼"之前放置"道""德"，既表明老子理论的批判性与创新性，又在一定程度上弱化和消解了已然失去社会治理效用的"礼乐"文化的影响力。由此，"道—德—仁—义—礼"的价值层级实则蕴含着老子独特的用心和别样的深意，看似简单的价值层级背后充满着选择与取舍。深入分析"道—德—仁—义—礼"的道德或价值层级，概可得出以下结论：

首先，《老子》对西周以来建立道德理论与实践既有批判又有继承。批判主要体现为对"礼"的反思与重新论证。结合西周末年以及春秋时期"非礼"的社会现实，可从反面得见"礼"与社会乱象之间的正相关关系。何以"礼"具有如此消极的功效？在老子看来，原因在于"礼"的本质是"伪"。"伪者，人为之，非天真也，故人为为伪也。"① 作为道德的外在表现形式，"礼"更多具有虚伪、虚假的特性。"礼"一旦成为人们掩饰、瞒盖乃至苟且的方式及途径，那么人心、社会势必走向"乱"的结局。"夫礼之为事也，中外相违，华盛而实毁，末隆而本衰。"② 基于对"礼"的分析，老子认为礼是"忠信之薄，而乱之首"，发出了"攘臂而扔之"（通行本《老子》第三十八章）的呼喊，呼吁人们弃绝虚伪、矫饰之"礼"，力做质朴、真诚之人。在儒家思想中，"礼"是道德结构的核心与关键内容。相比之下，在

---

① ［清］段玉裁：《说文解字注》，成都古籍书店 1981 年版，第 402 页

② （汉）严遵著，王德有译注：《老子指归译注》，商务印书馆 2004 年版，第 20 页。

《老子》的道德结构中，"礼"处于最末端，是"攘臂而扔"的对象。在《老子》中，"礼"与"乱"是辩证统一的存在，"乱"由"礼"生，"礼"蕴含着"乱"的实质。老子对"礼"之态度，在相当程度表现为对西周礼乐制度的批判。以礼乐制度为核心的西周统治体现为经过精密布局与设计的"有为"的统治。复杂烦琐的礼仪、礼节、仪式等严格规定着每一个人的言行举止。在制度之网的笼罩下，人们必须"各安其分""各守其礼"，否则就是"逾礼"。汉代严遵以统治者为分析对象，具体揭示出礼乐文化浸染下的西周社会现实。"上礼之君，性和而情柔，心疎而志欲，举事则阴阳，发号顺四时。纪网百变，网罗人心，尊宠君父，卑损臣子。正上下，明差等，序长幼，别夫妇，合人伦，循交友；归奉条贯，事有差品，拘制者褒录，不羁者削贬……"[1]崇尚"礼"的君主，看重人为制度，凭借烦琐而严密的制度维系政治统治，实现社会生活的井然有序。不可否认，以礼乐制度为核心的西周社会，确乎在相当长的时间内是文明发展的样本和典范，"郁郁乎文哉"的西周社会一直是孔子极力追求与向往的理想社会样态；西周社会三百余年的兴盛与繁荣也表明礼乐制度具有成就经济、政治、社会、文化等良性发展的现实功用。那么，老子何以批判"礼"，为何对"礼"抱持极为苛刻的态度并主张人们弃绝之？究其根本原因在于人为、外在的"礼"，其本质是矫饰、造作和虚伪的，其或许能够成就一时一地的社会治理，却不可能长久发挥积极作用。"老子意识到'命名'的危险，哪怕这种命名是在'美''善'或者'仁义'等美好价值的名义之下。无论如何，当我们用名来规范和塑造事物的时候，事物就必然地被扭曲了。"[2]从家国社会的长治久安以及彻底解救"时弊"的角度考虑，老子对"礼"持决绝的否定态度，主张认清礼的本质并果断地"攘臂而扔之"。

然而，在对"礼"进行理性批判后，老子实际并未将其完全弃于道德结构之外，礼在《老子》的道德结构中仍有一席之地。在"失道而后德，失德

---

① （汉）严遵：《老子指归》，王德有点校，中华书局 2011 年版，第 6 页。
② 王博：《"然"与"自然"：道家"自然"观念的再研究》，《哲学研究》2018 年第 10 期。

而后仁，失仁而后义，失义而后礼"（通行本《老子》第三十八章）中，"礼"仍是道德层级的组成部分。既然对"礼"持否定态度，何以仍将"礼"作为道德或价值，并将其安放在道德层序之中？结合彼时社会现实和《老子》文义，原因概有两点：其一，呼吁人们完全弃绝"礼"不具备理论的可行性。西周礼乐文化成就的和谐社会与繁荣文化既明确昭示着礼乐文化的优越性，又至少证明了"礼"的短期有效性。礼乐文化对彼时人们思想和行为产生的影响是深远而长久的，并不能在短时间内完全改变与彻底消失。从这种层面上讲，在礼乐文化长期渲染和影响的社会环境中，有人率先揭露"礼"的实质，提醒人们理性认知之、审慎对待之、清醒提防之，虽容易面临各方质疑和挑战，却也实在是珍贵而难得。其二，呼吁人们弃绝"礼"不具备现实可行性。在西周礼乐制度推行几百年的时间内，礼是人们日常生活的根本依据，人们生活的开展在相当程度上需要也不得不依礼而行。长期秉持的观念和言行难以在短时间内革新和清空。虽然"礼崩乐坏"了，即便"礼"是虚伪、造作的，但其已然深化至人们的观念中，成为彼时人们思想观念和言行举止的重要特质，成为生存发展的深层次逻辑与习惯性行为。由《老子》"道—德—仁—义—礼"价值层级中的"礼乐"成分，可见《老子》道德思想是对前期理论批判、继承与创新的综合结果。经由分析老子对待"礼"的态度，可略见《老子》道德思想对西周思想既批判又肯定，既继承又创新的特点。

其次，《老子》道德理论的建构需要也不得不借用西周时期的道德概念，只不过其对概念的借用是审慎分析与理性选择的结果。如前所述，先秦时期诸子百家构建理论的现实目的皆在"救时"。《老子》道德理论以作为终极存在与价值起源的"道"为核心与奠基概念，这的确在一定程度上弱化了《老子》道德理论的现实功用。然而，通观《老子》，五千言无一不落脚于现实。老子赋予"道"之终极价值与至高地位的目的，既在于对人世社会道德予以追根溯源式的描述与阐释，也有意为人世道德生活的开展提供依据与标准。《老子》思想的"救时"旨趣与目的，决定其道德理论必然具备现实功用和可实践性。也是基于《老子》中浓厚的"救时"情怀和"解蔽"

目的，任何对于《老子》"道德虚无"的结论都缺少稳定的立足点。《老子》道德理论具有可实践性且蕴含如何实践的具体方法。开篇"道可道，非常道"（通行本《老子》第一章）便彰显出浓厚的实践意旨。永恒的道不是依靠"说"的功夫，而是必需落于实践。人们对于"道"的实践，是在真正意义上认同、选择和坚守"道"的体现，也是在这种意义上，"上士闻道，勤而行之"（通行本《老子》第四十一章）被视为道德者的生活态度和生存样态。既然道德需要实践，那么道德实践由何而起？此在《老子》中同样有明确答案。道德具备实践性的前提是人们"知道"，人们只有先"知道"才能"行道"。《老子》五千言对"道""德"的反复言说，实则蕴含着老子欲求人们"知道"的迫切心理和恳切愿望。《老子》中的各种道德认知方法，皆是老子"教"于人们的"知道"的策略和方式。在《老子》中，知行关系虽未被明确体现，但知行合一、知行并重是《老子》中隐含的论点。"上士闻道，勤而行之"（通行本《老子》第四十一章），理论的可知性与可实践性是理论具有并达成现实功用的基本前提和必然要求。

在确保理论具备现实功用的前提下，为确保理论的应用效果，还要求将理论的建构与社会现实密切结合。春秋末年，相比"道""德"，"仁""义""礼"更加为时人常知与常行，此三者对于人们日常生活的展开具有更为现实而具体的意义。虽然春秋末年道德沦丧的社会状况，在相当程度上表明以"礼乐"为核心的"仁""义""礼"道德与价值观念的失效甚或无效，但由于"礼乐"文化毕竟在较长时间内是人们生活的依凭和参照，故而即便式微，其对于人们生活的展开仍然意义非凡。礼乐文化之于人们生活的影响，并非与礼乐制度在经济、政治等领域的作用完全同步。在"礼崩乐坏"的社会大格局下，"礼乐"文化或道德已然深入人们思想，并与人们的日常生活密切融合。作为熟知历史兴衰的周朝"守藏史"，在认识到这种社会现实后，老子不可能弃人们的现实需要而不顾去创建一种全新的道德理论。毕竟按照生活的常识，脱离或远离人们认识和经验的理论，其可信性和有效性往往有限。大概出于此种考虑，老子需要也不得不在道德与价值结构中保留先前的道德概念。

在《老子》"道—德—仁—义—礼"的价值层级中，除却赋予"道"以形上内涵和道德属性并将其作为价值起源而纳入道德结构中①，其余的"德""仁""义""礼"都是之前便已存在的概念。由理论构建的角度而言，任何一门理论都不可能是全新的，任何新的理论都需要以既有概念和观念作为依据。由此出发，对于《老子》道德结构中存有的西周道德概念，或可以有一个更为清晰而理性的认知标准。诚然，《老子》道德理论需要也不得不借用既有概念和观念，但此"借用"并非"拿来主义"，而是历经一番"重构"，即以对已有概念的重新界定与赋义为"用"的前提。这表现为，在对"德""仁""义""礼"的本质和属性予以明确的阐述和分析后，老子实则赋予"德""仁""义""礼"独特的道家内涵。如，《老子》第三十八章中有关"德""仁""义""礼"的内容颇富深意。解读与分析之，可为明晰《老子》道德理论如何以及在多大程度上借用已有概念提供一定的参照。

按照道家"道法自然"的主旨，《老子》之"道"的突出特点是"自然"。在《老子》中，"自然"与"无为"同义，"自然"是"道"的代指，"无为"亦是"道"的全部属性及内涵。"道常无为而无不为"（通行本《老子》第三十七章）表明道德的"无为"特征与"无不为"的功效。"无为而无不为"（通行本《老子》第四十八章）被河上公注解为"德与道合，则无所不施，无所不为也"②，依此可见"无为"与"道"之间不分彼此的关系。"无为"作为"道"的属性和内涵，是老子提供给人们的用以判断言行是否合乎"道"的核心标准。在老子看来，合乎"道"的，一定是"无为"的，反之则"有为"；有为则"伪"；"伪"则"背道离德"。《老子》中广泛存在着以"无为"与"有为"对应言行合道与否的内容。如，"服文采，带利剑，厌饮食，财货有余"（通行本《老子》第五十三章）指出统治阶层过度追求与享受物质财富是"过为""妄为"的表现，并因此将"有为"的统治者视为

---

① 根据已有研究结论，老子首次赋予"道"以形上内涵。借用郭沫若先生的话，老子赋予"道"以形上内涵的过程可被形象地描述为——抬手将"天"拉入"道"之下。

② （汉）河上公，（三国）王弼，（汉）严遵：《老子》，刘思禾校点，上海古籍出版社2013年版，第115页。

"大盗"，对其大加否定和批判。"凡物，不以其道得之，则皆邪也，邪则盗也。夸而不以其道得之，窃位也。故举非道以明，非道则皆盗夸也。"①"盗夸"是最为奸邪者，统治者以"有为"之制度和行为满足一己私欲，则其无异于"强盗"。经此，"有为"与"背道"之间的直接相关性昭然若揭。"取天下常以无事，及其有事，不足以取天下"（通行本《老子》第四十八章）以"取天下"为例说明"有为"之害与"无为"之益。"道常无为而无不为，侯王若守之，万物将自化"（通行本《老子》第三十七章）则将"无为"与"合道"相对应，表明"无为"之于政治统治的积极效用。可见，《老子》的"有为"和"无为"是判定事物是否合乎道德的重要标准。在《老子》中，事物违背道德的因果皆自"有为"，事物与行为合乎道德的因果皆自"无为"。

在有关"仁""义""礼"的阐释和表达中，"有为"和"无为"同样是老子秉持与坚守的一贯标准。针对"上仁为之而无以为，上义为之而有以为，上礼为之而莫之应，则攘臂而扔之"（通行本《老子》第三十八章）中的"仁""义""礼"，运用"无为"和"有为"的衡量标准，可清晰得见各者的内在特质。抑或说，老子以"无为"和"有为"作为判定标准，提供给人们看待"仁""义""礼"的深层视角与整体思路。对于"上仁为之而无以为"，河上公注解曰："功成事立，无以执为"②，表明具备"仁"德的人虽"功成事立"却不居功自得。对"上仁为之而无以为"中的"为之而无以为"进行深入分析，则可得见"上仁"已经处于"有为"的范畴；只不过与人们故意或刻意的"有为"不同，"上仁"者的"有为"具有"为公不为私"的特点。严遵注解的"上仁"可与河上公的观点形成对照。"上仁之君，性醇粹而清明，皓白而博通。心意虚静，神气和顺，管领天地，无不包裹；睹微得要，以有知无，养生处德，爱民如子；昭物遭变，响应影随，经天之分，明地之理；别人物之宜，开知故之门，生事起福，以益万民；录内略外，

---

① （魏）王弼注，楼宇烈校释：《老子道德经注校释》，中华书局 2008 年版，第 142 页。

② （汉）河上公，（三国）王弼，（汉）严遵：《老子》，刘思禾校点，上海古籍出版社 2013 年版，第 79 页。

导之以亲，积思重厚，以昭殊方；法禁平和，号令宽柔，举措得时，天下欢喜。雷霆不暴作，风雨不卒起，草木不枯瘁，人民不夭死。跂行喙息皆乐其生，蜎飞蠕动尽得其所。老弱群游，壮者耕桑，人有玄孙，黄发儿齿；君如父母，民如婴儿，德流四海，有而不取。"①该注解的后半部分主要描述"上仁"之君的统治状况，即"上仁"之治是一种较为成功和理想的统治。在"上仁"君主的统治下，民众、社会、自然处于和谐共生的理想状态。相比之下，注解的前半部分则是对"上仁"之君修身和统治行为的论述。比如，"生事起福，以益万民；录内略外，导之以亲，积思重厚，以昭殊方"，表明"上仁"之君的统治行为；"法禁平和，号令宽柔，举措得时，天下欢喜"说明"上仁"的统治虽借助于法令、制度，但"上仁"之治凭借的制度具有"平和""宽柔"的特性。可见，"上仁"的"有为"更多停留在手段与形式层面。由于"上仁"之人具备"性醇粹而清明，皓白而博通。心意虚静，神气和顺，管领天地，无不包裹"的品行与道德，是故"上仁"之人的言行举止虽具"有为"的表象却不具"有为"的实质，"上仁"更多可被归于"无为"的范畴。概或如此，老子虽然指出"上仁"之"有为"的特点，却并没有对其进行否定，而是加以肯定和认同。事实上，结合社会现实，西周与春秋时期的"仁德""仁政"确乎对个体与社会的良性发展具有积极功用。有鉴于此，老子虽然知晓"有为"的"上仁"与"无为"之"道"间存有疏离，但考虑到"上仁"的实质及其现实功效，老子又表现出一种退而求其次的乐观态度，将"上仁"纳入道德层级之中。通过对"上仁"的解析，一方面可见"有为"和"无为"作为一贯标准的通用性；另一方面则可见老子之于道德概念的审慎分析与选择性接受的态度。

再次，在《老子》的道德层级中，从不同的角度理解"道—德—仁—义—礼"的价值层级，会得到不同的结论。当"仁—义—礼"是西周或儒家的道德内容时，"道—德—仁—义—礼"的价值层级中的"道—德"是被老子肯定的部分，"仁—义—礼"是老子批判质疑却又不得不借用的部分。在

---

① （汉）严遵著，樊波成注：《老子指归校笺》，上海古籍出版社 2013 年版，第 16—17 页。

这种意义上，道德或价值呈现逐层递减的趋势和特征。此其一。其二，当"仁—义—礼"是经由老子改造后的具有"不仁""不义""非礼"属性的价值概念时，老子"道—德仁—义—礼"的价值层级依次分有"道"之"无为"属性。然而遗憾的是，这种价值层级没有现实参照和例证，而仅停留在理论层面。从"仁—义—礼"本身出发，儒家孔子"仁—义—礼"的道德层级是一个道德行为逐渐外显和落实的过程。"仁"是儒家道德起源处的概念，其处于最高道德的位置，儒家的道德之人是"仁者"。作为最高价值与道德，"仁"的具体化体现为"义"和"礼"。正如有学者说，"'仁'发自主体自身的道德体验而成为儒家整个道德体系的价值源头，但其又必须通过'礼乐'的外在践履而成就良好德性和安定的社会秩序。"① 在儒家"仁—义—礼"的价值层级中，"仁"在"义""礼"处的外显性与实践程度逐渐加深。由于"仁"是最高道德和价值起源，这要求人们对于"义""礼"的践行须臾不离"仁"。相比之下，在《老子》"道—德—仁—义—礼"的价值层级中，"仁"并不具有儒家道德体系中的位置，其居于"道""德"之下。《老子》的道德理论以"道"为起点和源头，真正是为道德和价值起源并为他者所分有的是"道"。抑或说，"道"提供给"德""仁""义""礼"存在的可能性，舍去"道"此一价值源头，《老子》的道德既无源头又无实质。儒家孔子以"仁"作为道德与价值的起源，围绕"仁"构建道德思想，"仁"的内涵、属性直接决定道德理论的特征和内容。在儒家思想中，"仁者，爱人"（《论语·颜渊》），"成仁"要从爱自己最亲近的人开始。由于与自己最亲近的是有血缘关系的人，故而儒家"父慈子孝"的孝文化正是以"爱人"为源头，通过"推己及人"而逐步实现"仁"之于家庭、社会、国家各个领域的价值。显而易见，儒家的"仁"是建立在人伦、人情、血缘关系的自然根基和自然常理之上的。儒家的"爱人"之"仁"从根源处是主动区别、主观选择和有意而为的结果。毕竟，对父母的"仁"是对其他人"仁"的基础，但对待自己父母的"仁"并不与对他人的"仁"相等同。儒家以"仁"为价值

---

① 韩云忠:《先秦儒家礼乐文化的德育价值研究》，人民出版社 2017 年版，第 57 页。

起源的道德思想带有明显的"分别"取向。这种具有"分别"属性和功能的"仁"，经由"礼"的"修饰"和"塑造"后，其"有为""有分"的指向性更加明确和深入。"仁者，爱人"，"爱人"当如何？孔子以"礼"作为"爱人"的指导原则和实践标准。比如，从"家庭"单位着眼，儒家的"仁"具体体现为子女对父母的"孝"以及父母对子女的"慈"。经由合乎礼制的各种行为，促使家庭成员分别成为"孝子"或"慈父"，突出表现为儒家对于家庭领域中父母、子女言行等的明确划分和严格规定。将家庭领域中的"仁"扩展到政治领域，则家庭生活中的父子关系一变而成为君臣关系，君臣关系中的"忠君—爱臣"实则是家庭领域中"孝父—爱子"的外向拓展和直接转化，而在君臣关系的建立和维护中，"礼"同样发挥严格的制约作用，政治或国家层面理想君臣关系的建构同样需要"礼"。可见，"礼"对于"仁"的实现具有不可或缺的作用。由于"仁"必须通过"礼"，而"礼"是人为制作的结果，故而儒家道德的"有为"特性经由"仁—义—礼"的层级而不断外显与落实。基于此，无论从"仁"与"礼"的关系抑或"仁"的内涵着手，儒家"仁—义—礼"的价值层级均处于"有为"范畴。

相比之下，以《老子》代表的道家道德思想以"道"为起源处，"道"的"无为"属性使得道家道德全面处于"无为"范畴。"无为"既是"道"的内在属性，又构成道家"道—德—仁—义—礼"的衡量与评判标准。以"无为"作为道德的理想状态，并以其依次与"道""德""仁""义""礼"的道德层级相对照，可发现"无为"在"道—德—仁—义—礼"的价值层级中是逐渐弱化的。"道"即"无为"的观点，为老学研究者广泛认可，而由于"大德""玄德""孔德"皆指称"道"，故而"德"与"道"同为价值和道德起源，"无为""自然"亦是"德"的本质属性。诚然，需要注意的是，虽然"道"与"德"在某种意义上重合，但《老子》的"道"与"德"无论在地位还是作用上均差别显著。"道"是一切事物的起源，而"德"至多被老子作为人世道德和价值的起源。在《老子》中，作为人世道德起源的"德"由作为"万物之母"的"道"所"生"，"德"是"道"的下位概念，"道—德"之间整体体现为包含与被包含的关系。

在《老子》中，"道""德"之所以共同成为价值与道德起源处的概念，原因在于二者皆具"无为"特性和"无不为"的功用。老子着力建构"道""德"必然有其明确的现实旨归，这意味着"无为"之"道""德"需要发挥促进个体和社会发展的积极功用与良性价值。老子将"道""德"功用的实现诉诸"仁"，只不过，这里的"仁"不是儒家的"仁"，而是经由老子改造后的"仁"。老子对于"仁"的改造主要体现为对"仁"的重新界定。在《老子》中，理想的"仁"实则是"不仁"。"天地不仁，以万物为刍狗；圣人不仁，以百姓为刍狗"（通行本《老子》第五章），老子的"仁"指向平等、无区分的理想状态。以对儒家"仁"的"区分"性为借鉴和批判对象，老子认为"仁"当"无为"，"无为"之"仁"乃是"不仁"。这种"无为"之"仁"的本质是无区分、无分别；具有"仁"德的人是无区别心的"不仁"者。"不仁"之人对万物等同视之，"善者，吾善之；不善者，吾亦善之"（通行本《老子》第四十九章）。在对"仁"进行改造后，具有平等、无区分内涵和功能的"不仁"是老子认可与倡导的"仁"。与此相应，"不义""不礼"则是老子对于"无为"状态下的"义""礼"的重新界定。从这种层面上讲，老子"道—德—仁—义—礼"的道德结构，建基于对儒家"有为"的"仁—义—礼"的批判与改造。

诚然，在《老子》"道—德—仁—义—礼"的价值层级中，经由批判儒家"仁""义""礼"而表明"不仁""不义""非礼"的观点，有助于确保《老子》道德层级的"无为"属性。然而，相比于"礼崩乐坏"的不堪境况，倘若"仁""义""礼"能够维持稳定的社会人心，即便其是"有为"的，也总好过于动荡社会中的道德之"乱"。这明显体现为，在"道—德—仁—义—礼"的价值层级中，虽然各者的"有为"成分渐次递增，但对于"仁""义"二者，老子仍旧留有余地。只是到了作为"乱之首"的"礼"处，老子主张"攘臂而扔之"。可见，虽然"无为"之"德"是最为理想的样态，但倘若"有为"之"德"不至于造成不堪后果，似乎也是可以容忍和留有余地的。在没有最好解决办法的前提下，"有为"的"仁""义"虽然有其"人为"的"伪"性，但也是可用以维系社会人心的方法。这种既欲求改造，又似乎知道改造之艰难；既有意突破，又明白突破之难为；既怀有深层而迫切的理想，又在面对理想时抱持不得已、退而求其次的心态，似乎同样可以在《老子》"道—德—仁—义—礼"的价值层级中寻得。结合《老子》五千言昭示出的深重忧思和迫切渴望，以及老子骑青牛出关而不见踪迹的决绝心态，这种"时弊"紧逼下的有识之士的矛盾和冲突心理实在让人唏嘘不已。

最后，《老子》道德层级中的"道"提供给人们看待道德的全新视角。"道—德—仁—义—礼"的价值层级，体现出道德由理论而实践的逐级下落过程。在《老子》中，"失道而后德，失德而后仁，失仁而后义，失义而后礼"（通行本《老子》第三十八章）。"失"的"丢失""失落"内涵，表明在老子的价值层级中，"道""德""仁""义""礼"五者之间具有密切的内在关联。从"道""德""仁""义""礼"的内在关联看，按照《老子》文本，由于"道"之"无为"，老子所谓的"仁""义""礼"亦理当"无为"。此三者"无为"特性的具备正体现为《老子》之"不仁"。"不仁—不义—非礼"实则是老子道德层级中"仁—义—礼"的新内涵。当人"不仁—不义—不礼"时，则人的生存发展处于自然而然、依循自身本性的状态，身心处于"合道"的和谐生存境域。从这种意义上讲，"不仁""不义""不礼"的道德生活体现为人们德性的自然彰显。人们对道德的体认与实践是一种由内在自然需求而引发的不得不的行为，人们的道德生活与自身生存发展天然融合在一起，道德成为一件自然之事。实际上，按照《老子》思想，只要人们是"无为"的，道德便是自然之事，人们道德生活的展开无须诉诸外在力量以及自我之外的他人。"婴儿""圣人"作为因循自然的有德之人，二者道德生活的展开与其自身发展相伴相随，道德实践是"圣人""婴儿"的自然行为。"常德不离，复归于婴儿"（通行本《老子》第二十八章），"婴儿"须臾不离道德，时刻秉持与践行道德。"含德之厚，比于赤子。毒虫不蛰，猛兽不据，攫鸟不搏"（通行本《老子》第五十五章）表明"婴儿"德性对其生存长成的积极效用。正是由于"婴儿"的德性与生活自然融通，故而其身心发展能够处于自然和谐、天然自成的理想状态。针对"知和曰常，知常曰明，益生曰祥，心使气曰强"（通行本《老子》第五十五章），河上公注解曰："人能知和气之柔弱有益于人者，则为知道之常也"；"人能知道之常行，则日以明达于玄妙也"；"益生欲自生，日以长大"；"心当专一和柔，而气实内，故行柔。而反使妄有所为，和气去于中，故形体日以刚强也"。①依照河上公的注解，婴儿德性的天然性、自然性，为其身心的长成与成熟提供动力与保障。依靠自然之德，婴儿身心得以保全与发展。由于婴儿之德的全自然性，在身心发展的过程中，作为主体的婴儿对道德的持守与践行也具有自然而然、不依赖和凭借外力的特性。相比婴儿自然之德的"天赋""天然""天成"特性，圣人之德之所以自然的原因在于圣人能够体认"道"之于自身发展的重要意义，能够主动自觉地遵行"道法自然"的理念和原则。"道"无所不在，圣人对"道"的体认和践行充斥于生存发展的方方面面，这使得圣人的道德与生活高度相关。而"人法地，地法天，天法道，道法自然"（通行本《老子》第二十五章）的原理又必然导出"自然""无为"的道德认识与道德实践，使圣人的道德实践与日常生活融为一体，即生活即道德。在"豫兮若冬涉川，犹兮若畏四邻，俨兮其若客，涣兮若凌释，敦兮其若朴，旷兮其若谷，混兮其若浊"（通行本《老子》第十五章）的圣人生活中，谦卑、持重、内敛、谨慎、豁达、淡泊的德性永恒长存。依靠诸此道德，圣人展开其不同于一般人的道德生活，也正是因为内在德性的厚重深邃，圣人能够在众生百态的现实社会中独守内心的净土，过"符道合德"的生活。概或由于道德之于"婴儿"是自然之事，是故道德能够成为人之初生状态的"婴儿"生长发展的动力和保护力。这种对道德的自然需求和自然态度，使得婴儿的身心与道德水乳交融、须臾不离。同样，概或由于"圣人"将道德进益与身心发展等同视之，是故其对道德抱持自然态度，视道德为身心、生活、生命和生存发展本身，始终将道德视作本己、本我的组成部分。因"圣人"知晓道德与身心不分彼此、相生相依的关系，故而圣人并不因德性的厚重而居高自傲、自我标榜；因"圣人"知晓"道德"是人生存发展的自然需求，是故其

---

① （汉）河上公，（三国）王弼，（汉）严遵:《老子》，刘思禾校点，上海古籍出版社2013年版，第138页。

道德实践从来不需要借助外部力量的刺激或辅助，其也不会相信外部强力造就的道德行为与样态。

《老子》的"天地不仁，以万物为刍狗；圣人不仁，以百姓为刍狗"（通行本《老子》第五章）明确表达出对"不仁"的肯定态度。结合《老子》思想，对于"不仁"的肯定也反证老子对儒家之"仁"区别性与等级性的否定。从这种意义上讲，"失道而后德，失德而后仁，失仁而后义，失义而后礼"（通行本《老子》第三十八章）中蕴含着对"仁""义""礼"三者的逐层否定与批判态度。老子之所以肯定"道""德"二者，而否定与批判"仁""义""礼"，原因在于作为宇宙万物之母的"道"和作为价值起源的"德"是"无为""自然"的道家道德概念。虽然老子在一定程度上沿用西周"德"义，但并非"拿来主义"，而是将"道"的属性和功能全部赋予"德"之中，这不仅促成了"德"作为价值起源的"上善"义，同时也使得"德"具有浓厚的道家特色，具备与西周之"德"大相径庭的内涵和特征。"大德""玄德"作为"道"的代指，表明"道"与"德"之间的直接相关性。以此，老子所谓的"失道而后德"中的"德"是道家的"德"。本体之"道"失落后尚有作为"道相""道用"的"德"，人们仍可在生活中持守与践行"自然""无为"的理念和行为（谦卑、不争、守柔、处下等）。虽此"德"与自然之"道"存有疏离，但因其承自于道，故而不至于导致"过为""妄为"等不良后果。然而，一旦这个"自然""无为"的"道"之"德"失落了，西周末年及春秋的不堪境况便是"失德"之后果的真实写照。何以"失德"之后危机重重甚至一发不可收拾，原因在于"德"之后的"仁""义""礼"脱离"道"的程度愈来愈甚，虚伪矫饰、矫揉造作的成分愈来愈多。以至于到"礼"处，老子果断地呼吁"攘臂而扔之"。

既然"道—德—仁—义—礼"价值层级中的"仁—义—礼"与"道"相左，何以老子要将各者与"道"发生关联？笔者以为老子有其无可奈何、不得不做现实考量。不置可否，"礼乐"制度的确在相当长的时间内发挥着积极功效，其之于人心安定和社会稳定的积极效用不能也不允许全盘否定。鉴于"礼乐文明"的社会治理效用，老子主张"攘臂而扔之"的

"礼"实则并非有益于人心和谐安定的"礼"，而是那个虚伪、矫饰的造作之礼，是导致社会乱象的表面化的、形式化的"礼"。同样，老子否定的"仁""义"的亦主要是教人心怀竞争的、使人失却本性的假仁、假义。倘去除"仁""义""礼"虚假、矫饰的表象，而仅保留各者真实美好的内涵和功能，三者亦均可纳入由"道"作为起源处的道德层级之中。可见，老子仍旧对真正的"仁""义""礼"抱持希望，否则其断然不会将此三者与无为、自然的"道""德"发生关联。从这种意义上讲，"道—德—仁—义—礼"的价值层级中既蕴含老子的道德理想，又似乎反映出老子无奈的现实心态。

《老子》"道—德—仁—义—礼"的价值层级蕴含丰富内涵和深厚意旨。由"失道而后德失德而后仁，失仁而后义，失义而后礼"中显见"道""德""仁""义""礼"彼此之间的相关性；从老子有关"不仁"的观点中，可得见老子有意通过赋予"仁""义""礼"以道家内涵，使"道""德""仁""义""礼"互为通贯而形成精神—行为、理念—实践的有机整体；从老子之时的社会境况着眼，则"道—德—仁—义—礼"的价值层级中又似乎体现出老子的妥协态度与无奈心态。诚然，无论从何种角度，《老子》"道—德—仁—义—礼"的价值层级都不可不谓可贵。其提供给人们看待道德的全新视角，而这种全新性的源头和内因全在"道"。以"道"作为终极存在和价值起源是老子的独创，将"道"置于高位，赋予"道"以伦理内涵是《老子》道德理论独特而突出的特征。面对时弊丛生的社会现实，老子将"道"纳入伦理范畴并予其以无为、自然属性的根本目的在于拯救时人被欲望、私利蒙蔽的心灵。与西周早期以及春秋战国时期的诸家思想相比，老子之"道德"不仅是理论上的创举，更体现出厚重而深远的哲学追问与未来关怀。在老子看来，人世社会的道德以"道"为起源，则道德不是无根源的，也不是人世社会可以随意制造与创建的；将"道""德"视为终极存在和价值起源，道德的至高地位和普遍影响则可为人世道德提供合理依据，人们对待道德的态度和观念便会认真而持重、谨慎而庄重。由于自然、无为既是"道"的属性，也是人们生活实践的全部原理和法则，故而人们的"得道"过程实则将道德目的与道德方法直接关联，从而能够有效避免方法与目的疏离与割裂。也是由于"道"之无为、自然,人们的道德实践带有"去目的"性,此反而有助于道德的真正形成。

以"道"为最初起点和最高价值的道家抑或《老子》道德思想,因"道"之根源、本原的属性、角色和功能,以及"道"存于、涵养与成就万物的自然性与必然性,可以有效促成体道、行道之人身心发展与道德养成之间的融合互促,能够促使人们由身心和谐的体验和诉求中直接生发出践行道德的内在动力与持久力量。

二、"上德—下德"的价值序列

"上德不德,是以有德;下德不失德,是以无德。上德无为而无以为,下德无为而有以为"(通行本《老子》第三十八章)是理解《老子》价值层级与道德结构的关键语句。此句中的"上德"与"下德"是老子确立道德层级的另一标准,依照《老子》中有关"上德""下德"的描述,可知"道德"整体分为"上德"与"下德"两类。"上德不德,是以有德"是对"上德"的具体描述,指出"上德"的内涵与特点。河上注解曰:"上德,谓太古无名号之君,德大无上,故言上德也。不德者,言其以不德教民,因循自然,养人性命,其德不见,故言不德也";"其德合于天地,和气流行,民得以全也"[1]"上德"是至高的道德,至德是"道",拥有"道"的人从来不以道德者自居;有"上德"的统治者以"道"教化民众,其虽居于高位却实施"太上,不知有之"(通行本《老子》第十七章)的理想统治,以至于民众根本体会不到统治的存在。"执大象"的统治者使得"天下往"(通行本《老子》第三十五章),万民乐意归顺其统治,从而国家安定、社会太平。"下德不失德,是以无德"表明"下德"的内涵与特点。河上公有言:"下德,谓号谥之君,德不及上德,故言下德也。不失德者,其德可见,其功

---

[1] (汉)河上公,(三国)王弼,(汉)严遵:《老子》,刘思禾校点,上海古籍出版社2013年版,第78页。

可称也。"①"下德"的内涵和特点在于"不失德","不失德者"喜好、敛收、聚集、标榜道德，由此"下德"反而是"有名号及其身"的"无德"。对比"上德"，"下德"是老子批判与否定的对象。究其原因，在于"下德"从根本上与"道"无缘，"下德"者由内而外的"有为"和"不自然"。"下德"之人喜好名号，乐意以道德者自居，擅长将道德作为满足欲望的工具和手段；拥有"下德"的君主身居高位、自诩道德者，依靠权力功名维持统治者的权威地位。由对"上德"和"下德"的具体分析可知："下德"不及"上德"；"上德"是"有德"，"下德"是"无德"；"上德"之人对待道德自然而然，"下德"之人将道德视为工具。

何以"上德"与"下德"如此不同？判定"上德"与"下德"的具体标准是什么？对此，老子予以明确揭示。"上德无为而无以为，下德无为而有以为"（通行本《老子》第三十八章），"无为"是用以判定"上德""下德"的最终标准。"无为"是"道"的全部特性，将是否合于"道"作为判定"上德""下德"的内在标准与最终依据，体现出《老子》"以道贯之"的理论特色。显而易见，"上德无为而无以为，下德无为而有以为"中蕴含着"上德"合于"道"，"下德"背离"道"；"上德"无为，"下德"有为的观点。"上德"之所以是无为的，原因在于"上德"与名号无关；"下德"之所以是有为的，原因在于"下德"与名号密切关联。此也是河上公所谓"言无以名号为"，"言为教令，施政事也"②之意。河上公从"名号""教令""言说"的角度解说"无为"与"有为"，实则选取了一个较易为人们理解的区分方式。现实中人时常利用"名号""教令"，"大道甚夷，而人好径。朝甚除，田甚芜，仓甚虚。服文采、带利剑，厌饮食，财货有余"（通行本《老子》第五十三章），揭示出统治阶层浮华奢靡的生活状态，以及以服饰、饮食等标榜自身名号、地位、身份的事实；"民不畏死，奈何以死惧之？"（通行本《老子》

---

① （汉）河上公，（三国）王弼，（汉）严遵：《老子》，刘思禾校点，上海古籍出版社2013年版，第78页。

② （汉）河上公，（三国）王弼，（汉）严遵：《老子》，刘思禾校点，上海古籍出版社2013年版，第78页。

第七十四章）与"民之饥，以其上食税之多"（通行本《老子》第七十五章）
表明老子之时制度法令丛生的社会现实。老子重视事物发展的自然性，而名
号、教令在本质上是妨碍人之自然性的外在物，是故各者为老子明确反对。
相比以"无为"作为界定"上德"和"下德"的统一标准，"上德无为而无
以为，下德有为而有以为"中的"无以为"与"有以为"则揭示出"上德"
与"下德"的实质。"无以为"即"不以为"，"有以为"即"以为"，"不以
为"与"以为"有共同的对象和内容，此即"道德"。以"道德"为共同对
象，"无为"的"上德"之人，不认为自己是有道德的人，不认为自己做了
合乎道德的事；"有为"的"下德"之人自认为是有道德的人，所做之事合
乎道德。"上德无为而无以为，下德有为而有以为"与"上德不德，是以有
德；下德不失德，是以无德"相呼应，共同表明"上德"与"下德"的实质
和特征。

《老子》"上德—下德"的价值层级也可被理解为两类道德范畴，即
"上德"范畴与"下德"范畴。在老子看来，能够纳入"上德"范畴的道
德应该具有"不德""无为而无以为"的属性和特征。相较之下，那些
具有"不失德""有为而有以为"属性及特征的道德则属于"下德"范
畴。与此相应，能够做到"不德""无为而无以为"的人属于"有德"的
"上德者"；反之则是"无德"的"下德者"。"上德""下德"既然是道
德范畴，那么在此两类范畴中是否有具体的道德？答案是肯定的，此即
"道""德""仁""义""礼"五者。按照"上仁为之而无以为，上义为之
而有以为，上礼为之而莫之应"的说法，"仁""义""礼"应被归于"有
为"的"下德"。然而，在"仁""义""礼"三者中，"仁"虽"有为"却
也"无以为"。结合"上德无为而无以为，下德有为而有以为"，可见"有
为"却"无以为"的"仁"既不明确处于"上德"的范畴，亦非完全属
于"下德"的范畴。老子对"仁"似乎采取了一种较为模糊的态度，既
肯定之又批判之。至于"义""礼"二者，由于二者皆符合"有为而有以
为"，故而皆明显属于"下德"。在《老子》中，"道"与"德"在价值及
道德起源的意义上相互重合。"道"是包括道德、价值在内的宇宙万物的

起源，"德"则是价值与道德起源，二者在价值与道德的起源处可以互指与互证。由于"道"具有"无为""自然"的本质特性，且"道"是"生万物"之"母"，"德"担负"蓄养万物"的职责，是故万物的生发、价值的生成皆由"道""德"处而得。也就是说，"道""德"自本自根的无为、自然性，使得此二者全当属于"上德"的范畴。这也使得随顺"无为""自然"之本性以及遵守与践行"无为""自然"之理念的人，全为"符道合德"的"上德"之人。也是以纯粹"无为""无以为""无不为"的"道""德"作为衡量标准，"无为"却"有以为"的"仁"，因不具备纯粹之"道"性，故而更适合被放置于"下德"的范畴。毕竟"道""德"作为《老子》道德理论的核心与奠基概念本当毋庸置疑也不须多言，而将两种具有价值起源意义及理论奠基作用的道德概念放置于同一范畴中，既符合理论建构的一般思路又符合人们惯常的思维方式。抑或说，由于作为价值起源的"道""德"二者均与"无为""自然"完全契合，是故"道""德""仁""义""礼"五者中，能且只能是"道""德"二者属于"上德"范畴。由于"仁""义""礼"各者均在不同程度上"有为"，故而皆属于"下德"范畴。将"有为而无以为"的"仁"放置于"下德"范畴，原因在于其已然在本质上脱离"无为"而成为"有为"。为明晰《老子》的道德结构，也为将《老子》的道德结构与西周及儒家的道德结构相区分，凸显《老子》道德思想的独立性，将"仁"归于"下德"范畴是为可取之法。

概而言之，在《老子》道德理论中存在两类名称相异却本质一致的价值层级，一者是"道—德—仁—义—礼"的道德层级与价值层序，一者是"上德—下德"的道德层级与价值层序。结合《老子》文意，"上德""下德"的价值层序实则又可视作两类道德范畴，而"道""德""仁""义""礼"五者可被分别纳入"上德"与"下德"的范畴之中，从而构成"道、德—上德"与"仁、义、礼—下德"的价值层级与范畴。在此两种具有上下关系、包含与被包含关系的价值层级中，"无为"被作为判定价值高低和划分道德范畴的统一标准与共有依据。

第三节 《老子》的道德主体与道德表现形式

　　《老子》道德理论的突出特点在于将宇宙万物人格化，赋予自然万物以道德。"昔之得一者，天得一以清，地得一以宁，神得一以灵，谷得一以盈，万物得一以生，侯王得一为天下正"（通行本《老子》第三十九章）中的"一"是"道"。万物得"道"而成就自身，"道"是万物之母、万物之源、万物生发的动因和力量。宇宙万物各有成其自身的本性，"清"是天的自然本质与天然属性，"宁"是"地"的本质与属性，"灵""盈""生""正"分别是"神""谷""万物""侯王"的本性。道得，则宇宙万物获得不同于他者的独有的自然本性。可见，由万物生发的角度而言，宇宙万物所得之"道"并非同一个"道"，而是"万有"之"道"。"万有"是"无"的具象化，是"道"的具象化，是"德"。宇宙万物之所以能够经由"得一"而成其自身，原因在于宇宙万物所得之"一"不是别的，正是各自的"性"，亦即各自的"德"。"清"是"天"之自然性，"宁"是"地"之自然性，"灵""盈""生""正"分别是"神""谷""万物""侯王"之自然性。由于在《老子》中，事物得其自然、顺其自然即是"得道"，即是"德"，是故"昔之得一者，天得一以清，地得一以宁，神得一以灵，谷得一以盈，万物得一以生，侯王得一为天下正"中的"一"亦可被理解为"德"。比于将"一"理解为"道"，将"一"理解为赋予万物自然性的"性"或"德"，更有利于疏通与理解文义。既然天地万物均需由"德"处获得本性并成就自身发展，那么"德"之于宇宙万物的重要性自不必多言。"天无以清将恐裂，地无以宁将恐废，神无以灵将恐歇，谷无以盈将恐竭，万物无以生将恐灭，侯王无以正将恐蹶"（通行本《老子》第三十九章）通过对万物"失德"结果的描述，表明作为万物自然本性的"德"的重要性。事实上，《老子》第三十八章集中讲"德"，紧接其后的第三十九章重点论"德"，有其逻辑和行文上的连贯性。在《老子》中，"德"如此重要，以至于"域中四大"无一不需要"德"，无一不是道德主体。

一、道德

在《老子》中，"域中四大"中的"道""天""地""人"作为四大主体，无一例外地是道德主体，各者皆具有并彰显道德。"域中四大"之"道"是宇宙万物之"母"，是终极原理和法则，是道德和价值的起源，其具有最完满的道德。联系古希腊柏拉图的理念论，老子的"道"与柏拉图的"善"理念正相符合。"柏拉图是理念论哲学的开拓者，他认为世界由现象世界和理念世界共同组成，现象世界是虚假的、不真实的，只有理念世界才是真实而完美的，最高的理念便是有关善的各种理念。"①诚然，相比柏拉图理念与现象世界的二分理论，老子"道器合一"的观念与其差别显著。然而，倘以柏拉图的"善理念"对照《老子》的"道"，这种将"道"作为道德理念，将"道"世界作为完备圆满的道德世界的观点在《老子》中确乎存在。事实上，老子正是以"道"为核心而构建"理想国"。在《老子》道德理论中，"道"是最初、最完备、最圆满、最永恒的道德主体，其包容并含蓄一切善美之"德"，是道德与价值的本原。宇宙万物皆由"道"处获得道德，并通过涵养道德而成就自身。

在《老子》中，"道生之，德畜之"（通行本《老子》第五十一章）。"道"是万物之"奥"，"德"由"道"派生，用以涵养万物的生发与长成。由于哲学层面上的"德"是"万有"之"道"在宇宙万物中的体现，是故"德"也是赋予万物自然性进而成就万物的主体。又由于"自然"即"德"，《老子》伦理层面的"道""德"皆有"美德""道德"之义，是故"德"之哲学与伦理义均指向"自然"。在"自然"处，"德"的哲学与伦理内涵合而为一、互融互通。既然"德"之哲学与伦理内涵均来自作为终极原理和价值起源的"道"，那么人世社会的伦理道德也必然由"道"而出。倘若"道"不是"道德"主体，宇宙自然和人世社会的道德便无从谈起。何以"道"能

---

① 段新明：《科技与人文耦合背景下的当代德育转型研究》，浙江大学出版社2015年版，第77页。

够成为"道德"的主体与集合体？主要原因在于《老子》道德理论的建构需要诉诸"道"的角色与身份。对于"道"何以能够成为道德的主体与集合体，老子并未给出任何说明。究其原因或在于，最终的答案在"道"处，追问至终极处一切都会有答案。"道"作为宇宙万物的起源与归宿，其合理合法性不言自明、无须论证。抑或说，"道"之终极性，表明其作为道德主体与集合体的合理合法性。在确立道之地位和角色后，不仅道之道德是合理合法的，一切"道"的派生者均具合理性。由理论建构的角度而言，《老子》需要这么一个不证自明的"道"，以用其改良与改善人世社会的不堪境况。春秋末年动荡的社会现实揭示出一个基本的理论事实：之前用以维系社会治理的理论，其有效性所剩无几。西周以来的"礼乐"制度之所以能够成为行之有效的政治体制和社会治理机制，原因在于用以维系礼乐制度的形上依据——"天"具有合理合法性。周人敬天、崇天，相信"天"有道德，相信"天之子"有道德。此种人们对于"天"的态度成为确保制度有效性的思想基础与现实根基。西周末年以来，社会层面的"礼崩乐坏"与人们观念层面对"天"的不信任相伴相随。抑或说，人们对"天"的怀疑和斥责，反映到现实中便是对"上传天命"的统治者及其统治的反对与否定。在这种思想坍塌与现实动荡的双重境遇下，诸子致力于解救时弊的落脚点各不相同。道家老子看重观念对行为的指导作用，致力于通过重塑人们的观念而改变人们的行为。由是，建构一个权威可信的理念成为改变人们观念和行为的首要任务。这个被老子构建的用以改变人们观念与行为的概念，正是"道"。事实上，此种对于"道"的构建体现出古时学者的一般思路，即终极概念的合理性无须论证。比如，"道"之前，作为形上存在的"帝""天"分别是殷商和西周的权威理念，二者的合理合法性无须论证。又比如，孟子论谈及"性善"观点时，认为人性本善就像水往低处流一样，本来就是如此。从孟子的论述中，也较难找出合理论证的成分。由理论和现实的角度而言，不证自明的身份与地位更有利于"道"之权威的建立与维持，不对"道"之合理合法性进行追究与论证更有助于发挥其效力。由此，老子不论证"道"之道德主体和道德集合体的原因，一方面或在于其难以甚至无法论证，另一方面则在于可经由保有"道"的神秘性成就其现实权威和积极功效。事实上,《老子》之"道"扮演的道德角色与西周以来的"天"颇为相似。西周以来人格化的"天"被"抬手"拉入"道"之下,"道"开始成为具有形上意义的道德概念,始自《老子》。西周以来的"天"是人格化的,《老子》的"道"是"母",其"生"万物,同样被赋予人格特征。作为道德主体的"道",其道德的表现形式是"无为","道"之道德的全部表现形式可以"无为"概括。需要说明的是,包括《老子》在内的先秦典籍明显存有"泛道德"的理论特点,宇宙万物与道德相关联的根本原因在于"万物有灵",万物具有人格化特征,与人世社会紧密关联,是人们生活的指导和参照。《老子》的"道""天""地"虽为终极概念与自然事物,但各者因古人看待自我与宇宙关系的"合一"特点而天然被人格化,从而与"道德"密切关联。在《老子》中,有关"道"的道德表现形式的论述主要体现为:"道冲,而用之或不盈"(通行本《老子》第四章);"绵绵若存,用之不勤"(通行本《老子》第六章);"上善若水"(通行本《老子》第八章);"生而不有,为而不恃,长而不宰"(通行本《老子》第十章);"道乃久"(通行本《老子》第十六章);"其精甚真,其中有信"(通行本《老子》第二十一章);"希言自然"(通行本《老子》第二十三章);"有物混成,先天地生。寂兮廖兮,独立而不改,周行而不殆"(通行本《老子》第二十五章);"万物恃之以生而不辞,功成而不有,衣养万物而不为主。……以其终不自为大,故能成其大"(通行本《老子》第三十四章);"执大象,天下往。往而不害,安平太"(通行本《老子》第三十五章);"道常无为而无不为"(通行本《老子》第三十七章);"上德不德,是以有德……上德无为而无以为"(通行本《老子》第三十八章);"道之尊,德之贵,夫莫之命而常自然"(通行本《老子》第五十一章);"大道甚夷"(通行本《老子》第五十三章);"道者万物之奥,善人之宝,不善人之所保"(通行本《老子》第六十二章)。

作为价值与道德起源的"道",是道德的第一主体。在确保"道"之道德主体的前提下,天地万物以及人世社会的道德才有来源与依据。老子将"道"作为"道德者"是建构道德思想的重要环节。舍此,道德之于人世社会生活的价值自动消解，人们依凭道德展开道德生活的合理性亦自然消散。

二、物德

在《老子》中，"域中有四大，人居其一焉。人法地，地法天，天法道，道法自然"（通行本《老子》第二十五章）。"域中四大"是"道""天""地""人"，"法"字表明在下者以在上者为法则，在下者分有在上者的属性。"人法地，地法天，天法道，道法自然"中蕴含着"道—天—地—人"的互动及生成关系。在"域中四大"中，"道"之主体性是不言自明的，老子将"道"人格化，赋予其道德；"人"之主体能动性也不证自明，主体性是人的内在本性；"天""地"的主体性与"道"一致，是人格化的结果。由"法"的动词义中，可得见"域中四大"皆是施动的行为主体。

在《老子》中，对比作为道德主体的"道""人"，"天""地"的身份与角色稍显复杂。在《老子》中明确可见"道"作为形上存在以及"人"存于现实社会的观点，但对"天""地"形上抑或形下的身份，老子并未做出明确界定与区分。众所周知，"天"观念并非老子首创，殷周时期"天"观念便已存在。西周以来"天"被人格化，被赋予至上地位与至高权威。到西周末年，"天"的权威逐渐式微，人开始怀疑"天"，怨天、疑天、责天的现象普遍存在。在这种情况下，老子重构一个与西周之"天"几乎相同的"道"，且抬手将"天"拉入"道"之下。"天法道"（通行本《老子》第二十五章），"道"是"天地之根"，"道"成为先于和高于"天"的终极存在。然而，无论从现实社会抑或《老子》文本看，"天"在春秋末年仍然对人们生活产生影响。人们虽然意识到"天"之无力，却无法全然摆脱自祖辈便业已形成的对天的依赖。概或从这种意义上，老子虽重构终极至上的"道"替代业已式微的"天"，但并未完全否定"天"的形上属性。在《老子》中，"天"的形上性体现为常与"道"合而成为"天道"；"天地"运行的原理和规律常被作为人世社会生活的真理与法则。借"天地"以明人世，"天地"实则也被老子作为形上原理与权威法则。"天地不仁，以万物为刍狗"（通行本《老子》第五章），"以万物为刍狗"的"天地"对待万物采取等同视之的态度与方式，有道德的圣人毫不迟疑地效法"天地"，"圣人不仁，以百姓为刍狗"（通行本《老子》第五章）。"天地之间，其犹橐龠乎？虚而不屈，动而愈出。多言数穷，不如守中。"（通行本《老子》第五章）王弼注解曰："橐龠之中空洞，无情无为，故虚而不得穷屈，动而不可竭尽也。天地之中，荡然任自然，故不可得而穷，犹若橐龠也"。①"虚而不屈，动而愈出"作为对"天地"的描写，从中可显见"天地"与"道"之状态的相似性。甚至可以说，此处的"天地"是"道"。《老子》常以"天道"代"道"。如，"天道无亲，常与善人"（通行本《老子》第七十九章）；"天长地久"（通行本《老子》第七章）；"功遂身退，天之道"（通行本《老子》第九章）；"天之道，其犹张弓与"（通行本《老子》第七十七章）等明确体现出"天""地"的形上性。

"域中四大"的"天""地"不仅具有形上性，也具有形下性。老子虽未完全否定"天地"古已有之的形上特性，但其已认识到"天""地"的自然性。"天"的神秘性在《老子》中大大缩减，"天地"已经被视为自然物。"飘风不终朝，骤雨不终日。孰为此者？天地。天地尚不能久，而况于人乎？"（通行本《老子》第二十三章）"飘风""骤雨"是"天地"的"动作"，而"天地尚不能久"表明"天""地"作为自然物作用功效的短暂性。"不能久"的"天地"已然不是那个"天长地久"的形上存在，而是与草木鱼虫相似，同属于自然物。"天""地"作为自然物，"天地之间"的自然万物与"天""地"共同构成自然世界。在《老子》中，万物存于"天地"之间，万物与"天""地"密切关联。也是由于自然万物与自然"天地"之间的密切关联，《老子》的"天""地"同属于"自然万物"的范畴。鉴于"天地"在形上意义上与"道"极为相似并高度重合，加之"道"才是唯一的终极存在，是故老子不对形上"天""地"的道德进行论述，而是统述作为自然物的"天地"之德。此外，"自然物"除包括"天地"，亦包含存于天地

---

① （魏）王弼注，楼宇烈校释：《老子道德经注校释》，中华书局 2008 年版，第 14 页。

间的事物。天地间的"万物"处于"天之下"和"地之上"。"天""地"是
"域中四大"实则表明"天地之间"的万物亦具备主体性的思路和观点。在
《老子》中，自然"天地"具有德性，"天地之间"的万物亦有道德。老子赋
予万物自然属性，认为自然物具备德性，是道德主体。诚然，按照一般的理
解，"天地之间"的万物包括自然物以及"人"。不过，考虑到"人"的特
殊性，此处所谓的"自然万物"指的是除却"人"之外的自然物。

在《老子》中，自然物作为道德主体是遵循与彰显"道"的道德者，自
然物之德的具备在于自然物随顺自然性而生存发展。在老子看来，自然即
"德"，事物顺其自然便得道、成德。在宇宙万物中，除却终极存在的"道"
以及在某种意义具有形上意义的"天地"外，包括"天地"在内的自然物最
有道德，且是"道"之道德的落实者与彰显者。如同肯定"道"之道德，老
子亦直接而鲜明地肯定自然事物的德性，而《老子》对自然物之德的肯定，
意在为人们的道德生活提供直观参照和借鉴。老子主要通过举例论证的方式
肯定自然物之德性。"上善若水"（通行本《老子》第八章）既是对"上善"
之"道"的肯定，亦是对自然之"水"的肯定。"水善利万物而不争，处众
人之所恶，故几于道。居善地，心善渊，与善仁，言善信，政善治，事善
能，动善时"（通行本《老子》第八章）则通过对"水"之生存样态的描述，
揭示"水"之德。"水在天为雾露，在地为泉源。众人恶卑湿垢浊，水独静
流居之也。水性善喜于地，草木之上即流而下，有似于牝，动而下人也。水
深空虚，渊深清明。万物得水以生，与虚不与盈。水内影照形，不失其
情也。无有不洗，清且平也。能方能圆，曲直随形。夏散冬凝，应期而动，
不失天时。壅之则止，决之则流，听从人也。"① 道家重"水"，善以水喻道，
将"水"作为万物之本原，赋予"水"道性和德性。"水者，地之血气，如
筋脉之流通者也。故曰水，具材也。何以知其然也？曰：夫水淖弱以清，而
好洒人之恶，仁也；视之黑而白，精也；量之不可使概，至满而止，正也；

---

① （汉）河上公，（三国）王弼，（汉）严遵：《老子》，刘思禾校点，上海古籍出版社 2013
年版，第 17 页。

唯无不流，至平而止，义也；人皆赴高，已独赴下，卑也。卑也者，道之室，王者之器也，而水以为都居。准也者，五量之宗也；素也者，五色之质也；淡也者，五味之中也。是以水者万物之准也，诸生之淡也，踥非得失之质也。是以无不满，无不居也，集于天地，而藏于万物，产于金石，集于诸生，故曰水神。集于草木，根得其度，华得其数，实得其量。鸟兽得之，形体肥大，羽毛丰茂，纹理明著。万物莫不尽其几，反其常者，水之内度适也。"（《管子·水地》）"知其雄，守其雌，为天下谿。为天下谿，常德不离"（通行本《老子》第二十八章）以"谿"为例，说明谦虚、处下的道德。"鱼不可脱于渊"（通行本《老子》第三十六章）以"鱼"与"渊"的关系，说明自然德性的重要价值；"江海所以能为百谷王者，以其善下之，故能为百谷王"（通行本《老子》第六十六章）直接表明"江海"处卑、处下、谦虚、包容的德性；"草木之生也柔脆，其死也枯槁"（通行本《老子》第七十六章）以及"天下莫柔弱于水，而功坚强者莫之能胜"（通行本《老子》第七十八章）以"草木"和"水"的"柔弱"之德的力量为例，表明"柔弱"之德的价值。老子将自然界的事物视作道德主体，经由列举"水""谿""江海""草木"等自然物极力论证自然德性之于道德主体的重要性，其背后的深层意旨在于以自然物德为人世道德提供借鉴。

在《老子》中，自然物因随顺自然而成为老子肯定与标榜的道德主体。相比于形上之"道"，自然物的生存样态具备可见性与可感性。老子描述自然物的道德等同于对"道"之道德进行具象描摹。抑或说，经由理解与把握自然物的自然性，人们能够借此体认与了解自然、无为之"道"。倘说"道"之"德"难以被直观感知，那么在自然物处，"柔弱""不争""处下""谦卑""包容""奉献"等道德条目得以明确昭示于人。

三、人德

作为"万物之灵"的人具有主体能动性，此本无须多言。然而，在人类文明发展的早期，人的主体性多被自然的神秘性遮蔽。在较长的历史时间内，人性被神性、天性、物性等裹挟，人的主体能动性并未得到应有的重视，人也并非作为大写者立于天地之间。春秋末年，随着形上之"天"权威地位的崩塌，人的主体意识逐渐觉醒。人的主体意识的萌芽与人们对神秘之"天"的理性思量相伴相随。春秋末年人们对于"天"的斥责与怀疑恰恰凸显出人的分析力、洞察力、批判性思维和求索精神。在先秦诸家思想中，明确倡导人之主体性的首属道家《老子》。在《老子》中，"道大，天大，地大，人亦大"（通行本《老子》第二十五章）明确表达出对人之主体性的重视和肯定；"人法地，地法天，天法道，道法自然"（通行本《老子》第二十五章）的"法"字，也对人的主体观念和能力加以揭示和认同。

在《老子》中，"道""天""地"以及天地间的事物皆是被人格化的对象。老子通过将"道""天地""自然物"人格化而赋予各者道德。依照上文所述，"道""天地"之道德均以"道"为核心，具有与"道"相同的属性和特点。按照《老子》思想，"人法地，地法天，天法道"，"道""天地"以及存于天地之间的自然物可被作为现实中人"法"的对象。从这种意义上讲，为着理论的合理性与可用性，老子定然会综合呈现"道""天地""自然物"的道德样态，以为"人"的道德养成提供法则和依据。毕竟对比"人"而言，"道""天""地"出现和存在的时间更早、更长，各者在相当程度上是宇宙规律和原理的最初彰显者。依靠无论在时间抑或空间上均具长远影响力的道德主体影响现实中人的道德生活，表明老子道德思想与哲学思想的贯通性。《老子》赋予"道""天地"以及自然事物以人格和道德，目的在于为人世道德提供可"法"的对象。此既是老子对"人法地，地法天，天法道，道法自然"哲学思想的直接运用，亦体现出其哲学思想的现实效用。

将"道""天地""自然物"的道德样态作为人世道德生活的参照，其中蕴含着一条相对隐性的关系链。在"人法地，地法天，天法道"中，虽可直接推导出"人"在道德层面同样需要"法自然物""法地""法天""法道"的观点，但明晰这条关系链实则有助于理解各类道德主体之间的顺序与关系。对于此问题的分析，也有助于找寻到《老子》道德理论的内在逻辑理路。众所周知，《老子》思想的突出特点是"道器合一""道人合一"。既然

"道""人"在理想状态下是"不离""合一"的，那么"人"直接"法道"即可，何必经由"法地""法天"而"法道"？对这一问题的回答实则是理解《老子》中各类道德主体关系的重点。

一方面，符合《老子》"道人合一"的思想特点，"人法地，地法天，天法道"中的"法"字表明"道""天""地""人"之间的密切相关性。"道—天—地—人"的主体关系以各者共同本质和属性的存有作为关系成立的基本条件，否则"法"字具有的效法、依据的含义便无从谈起。事实上，结合《老子》思想，"道—天—地—人"关系之所以成立的原因正在于各者皆具"道"性。因共具"道"性，"道""天""地""人"之间"法"的关系具备实质性。"道"作为价值和道德起源，其本质上是"不可道"的。诚然，或许正是"不可道"才赋予"道"之终极权威与效用。作为道德起源的"道"与作为哲学概念的"道"同样的"玄之又玄""惚恍"。在这种情况下，如何使人们理解与把握蕴含一切道德内容及法则的"道"，是老子不得不考虑的问题。对此，老子借助"天地"，以"天地"作为人们理解与认识"道"的过渡或中介。如前所述，作为被老子人格化的道德主体，"道"存于形上层面，"天地"则兼具形上、形下双重特性。作为具有形上性的道德主体，"天地"所具之道德及其表现形式与"道"几乎相似。作为形下领域的道德主体，"天地"具有的道德内容及其表现形式则通过存于天地之间的自然物，如"草木""江海""水"等予以昭示与彰显。将"天地"作为联系"人"与"道"的中介，老子看中的正是"天地"能以自然物彰显自身道德的特殊性。毕竟包括天地在内的自然事物于人而言是实存、可见、可感的，人们可以通过观察、感知等方式体认与获知自然物的生存样态，以为自身道德生活的展开寻获可用之"法"。基于此，以"法天""法地"作为"法道"的中间环节，其根本的原因在于"道"之道德的形上性与人世道德的现实性与实践性之间存有疏离。为缩小与弥合这种差距，老子以"天地"作为沟通二者的"桥梁"，从而使得"人法地，地法天，天法道"在人世道德生活中具有可行性。

另一方面，老子以"天地"作为"人—道"沟通的中介，是在充分考虑现实生活特点的基础上而构建的理论。如前文所述，春秋末年"天"观念的权威性虽大不如前，但其对现实生活的影响力仍然较大。人们虽在思想上对"天"之权威性有所怀疑与动摇，但在日常生活中仍旧保留着先前的思维方式，仍旧以"天"作为生活的指导。更进一步讲，老子虽然抬手将"天"拉入"道"之下，并赋予"道"至高无上的身份和角色，但在现实层面，"道"是否能够取代"天"而成为指导人们生活的法则与依据，老子或许并不能完全确定。毕竟，依照人们对待新事物的一般态度，只有当新事物与人们已有的思想观念和真实经验密切相关时，新事物对于人们来说才是更可信的、更安全的。考虑到这点，即便春秋时期的"天"以及依靠"天"观念而建立的一套政治体制和社会机制被证明是无效的，但老子并未也不会对其采取全盘否定的态度。这明确地体现为《老子》"天道""天长地久"中体现出的"天"之形上性。既保留"天"的形上性，又重视运用"天"之形下性，老子并未将"道"观念强行灌输给人们，而是同样认同之前的"天"观念，以"天"作为人们认识"道"的过渡，重新赋予"天"以道德。结合《老子》文本，道家的"天"是"不仁"的自然之天。"天地不仁，以万物为刍狗"（通行本《老子》第五章）中的"不仁"是密切关联现实之"仁"的结果。抑或说，老子对"天"之德性的改造基于现实中人的心理需求和理想期待。西周时期的"天"是"区别"之天，依靠"区别"之天，西周统治者"制礼作乐"。彼时具备阶级性与等级性的礼乐制度是用以指导人们道德形成与发展的核心制度与重要依据。然而，在礼乐制度的强力约束下，春秋末年民不聊生、道德沦丧。先秦典籍中广泛存在关于人们不堪生存境况以及人们对生存现状怨尤态度的描写，明确揭示出彼时人们对于社会境况的极度不满。基于对社会现实的考察和体认，《老子》的"天"具有"不区分""一视同仁"的本性、特点和功用。对于人世社会，"不仁"之"天"的影响无处不在，世间万物均以自然之"天"为法则和依据。在"不仁"之天的影响下，宇宙万物表现出随顺本性、自然而然、自由无缚的生存样态。可见，老子认同"天"对人们生活的广泛影响，并因时制宜地赋予"天"新的内涵和属性。

老子基于前有的"天"观念，在并未完全否定"天"之形上性的前提下，凸显"天"之自然"道性"，并赋予"天"以"不仁"的自然德性。此对于失望、落寞的现实中人而言或许是一剂重拾希望的"良方"。可见，由现实出发，"人法道"亦需要以"法天地"为中间环节。抑或说，为确保人对"道"观念的接受与认同，也为切实发挥"道"的现实功用，将"天地"作为人遵道、行道的"中介"是理论与现实的双重诉求。

鉴于后文会对以"圣人""婴儿"为代表的"人德"进行详细阐释，故而在此暂不涉及"人德"的具体内容，仅对《老子》"人德"与"物之德""道之德"之间的关系做一梗概性的描述和介绍。

第四节 《老子》的道德养成路径

在先秦文献中"德"与"得"互通。"礼乐皆得，谓之有得。德者，得也"（《礼记·乐记》），得何者？得礼乐，礼乐俱得则有德。儒家评判人们是否有道德的标准是人们是否遵行礼乐文化及制度。将"德"解作"得"且规定"得"之内涵，亦可见诸道家经典。在注解《老子》"德经"首章时，王弼说："德者，得也。常得而无丧，利而无害，故以德为名焉。何以得德？由乎道也。"[①] 道家"得"的内容是"道"。先秦儒、道二学以"得"解"德"，其中蕴含着关注道德实践特性和实践方法的深意。无论儒家的"礼乐"抑或道家的"道"，均可指称美好的品质并可被化约为引导人们向善的原理与法则。在当前价值多元的时代背景下，使人们"基于朴素的传统文化和哲学思考，坚定对道德修养的信心，树立对道德的信仰"[②] 的文化与教育诉求广泛存于传统文化之中，而以《老子》为代表的道家思想中有对道德养成方式的系统阐述。

---

① 楼宇烈:《王弼集校释》，中华书局 1980 年版，第 93 页。
② 檀传宝:《信仰教育与道德教育》，教育科学出版社 1999 年版，第 197—205 页。

一、察"天地"

自然物是人们认识世界、自我的重要介质，向自然天地以及世间万物求索是先民探知自然奥秘的初始方法，亦是《老子》中人们体认道德的首要方式。自然万物对于人们体认和获得道德具有直接的启迪价值。当代学者赫斯特豪斯（R.Hursthouse）指出植物欲求善，通过论述植物本性、植物功能可以推导出美德的规范性要求。在《老子》中，自然事物蕴含并显现道德，人们可通过体察自然事物的方式体认道德。如，通过观察"万物作而弗始，生而弗有，为而弗恃"（通行本《老子》第二章）的"万物"，人们可以体认道德的自然性；通过观察"长久"的"天地"（通行本《老子》第七章），人们可以体认道德的久远性与传承性；通过观察"善利万物而不争"（通行本《老子》第八章）的"水"，人们可以体认道德的形态和性质；通过观察"飘风不终朝""骤雨不终日"（通行本《老子》第二十三章）以及"天地相合，以降甘露"（通行本《老子》第三十二章）的自然现象，人们得以知晓言行合乎道德的重要意义；通过观察"鱼不可脱于渊"（通行本《老子》第三十六章），人们可知鱼在渊中得其全生、养其全性，鱼与渊须臾不可分离，进而知晓个体道德与社会环境的密切关联；通过观察"能为百谷王"的"江海"（通行本《老子》第六十六章），人们可以获知谦卑、处下的道德品质；通过观察"其生也柔脆，其死也枯槁"（通行本《老子》第七十六章）的"草木"，人们可以知道处柔守弱的道德原则。

生存于天地间的人也是"修道德"过程中可供观察的对象，通过观察他人，人们可评价与衡量自身言行举止，从而促使自身道德观念的获得与提升。《老子》中的"德者"及"不德者"均可成为人们观察的对象，有助于从正反两面为人们道德生活的开展提供借鉴与参照。比如，通过观察"企者""跨者""自是者""自伐者""自矜者"的"不立""不行""不明""无功""不长"（通行本《老子》第二十四章）的行为及其后果，人们可从反面得知"不企者""不跨者""不自是者""不自伐者""不自矜者"等有德之人的品行和境界，并推己及人知晓道德之人的处世之道；通过观察现实中人过度追求"五色""五音""五味"（通行本《老子》第十二章）等私欲的现象，人们可知有德之人静心淡泊的心境和生活状态；通过观察欲求过度之人的"目盲""耳聋""口爽"（通行本《老子》第十二章）等结局，人们能够知晓过分欲求的危害，从而有意识地约束与规避不道德言行；通过观察有德之侯王"自称孤、寡、不穀"（通行本《老子》第三十九章）的言行，人们可知"贵以贱为本""高以下为基"（通行本《老子》第三十九章）的道德原则，进而知晓道德之于政治统治的重要价值。

在《老子》中，"人法地，地法天"（通行本《老子》第二十五章），社会生活中的事物与现象也可作为人们道德观察的对象。通过观察社会现象，人们可知晓与获得道德原理和道德品质。比如，通过观察"师之所处，荆棘生焉。大军之后，必有凶年"（通行本《老子》第三十章）的战争之害，人们可知战争有悖伦理道德，知晓有德之人不好争斗而好恬淡；通过观察众人因"甚爱""多藏"等喜好而导致的"大费""厚亡"（通行本《老子》第四十四章）恶果，人们可以认识到生命的可贵，获晓"身贵于名货"之道理，进而明白"知足""知止"的德性及其价值；通过观察"走马以粪"以及"戎马生于郊"（通行本《老子》第四十六章）的社会现实，人们可辨别统治的合德与否，知晓有德的统治者不会穷兵黩武而是以民生为本；通过观察生活中"生之徒，十有三，死之徒，十有三"（通行本《老子》第五十章）的规律和现象，人们可知晓善摄生者比强生者更有德，进而知晓淡泊、不争之可贵；通过观察统治者与民众的生活现状，人们可以推测与获知社会的道德状况和统治境界，"朝甚除，田甚芜，仓甚虚"（通行本《老子》第五十三章）而统治者"服文采，带利剑，厌饮食，财货有余"（通行本《老子》第五十三章）说明的是不道德的统治以及浮夸、奢靡、粉饰的不道德之社会现实，此可为人们道德生活的开展提供训诫与警示；通过观察生活中"人多伎巧，奇物滋起；法令滋彰，盗贼多有"（通行本《老子》第五十七章）的乱象，人们可知晓严苛的规制危害道德形成与发展的副作用；通过观察"察察"（通行本《老子》第五十八章）的统治者与"缺缺"（通行本《老子》第五十八章）的民众，人们能够明白道德养成过程中榜样的力量和作用；通过观察现实生活"反者，道之动"（通行本《老子》第四十章）的发展势态，人们能够知晓道德反思的重要性；通过观察生活中"柔弱胜刚强"（通行本《老子》第三十六章）的现象或事件，人们可以得知柔弱的优势地位和强大力量；通过体认"进道若退，夷道若纇"（通行本《老子》第四十一章）的现实生活，人们可以理解道德发展的复杂性和长期性，并可在道德提升过程中真正领会道德的真美之贵；通过观察生活中"祸兮福之所倚，福兮祸之所伏"（通行本《老子》第五十八章）的现象，人们可以辩证地把握各种道德概念之间的关系并确立适当的道德尺度与合理的道德原则；通过观察生活中的母子关系，人们可知晓"孝""慈"的品质以及"子尊母—母爱子"的天然伦理关系；通过观察或参与"烹小鲜"（通行本《老子》第六十章）的过程，人们可知晓谨言慎行的品质及其价值，并领会不打扰、顺自然的道德原则与方法；通过知晓"古之善为道者"的"非以明民，将以愚之"（通行本《老子》第六十五章）的统治，人们可获知尊重人之内在本性的道德前提和道德内容；通过观察"小邦以下大邦，则取大邦"（通行本《老子》第六十一章）的社会现实，人们可知"处下""居后"的道德品质及其价值；通过观察"合抱之木""九层之台"（通行本《老子》第六十四章），人们可知"天下难事，必作于易，天下大事，必作于细"（通行本《老子》第六十三章）的道理，进而体认有德之人慎始慎终、见微知著的道德境界。

"作为抽象的存在，大道虽然费而隐，然而它又是可观察、可体认的。"[1] 道德原理与规律可通过主体之"我"的主动观察与领会直接获得。老子认为人们对于道德原理及法则的获知需要发挥认识的主动作用，其以"察"作为道德认识的主要方式，重点关注的是人之于自我道德发展的主体能动性。人的主体性是道德养成的起点与基础，比之于被动、间接地接受道德规范与道德条目，通过主动观察自身之外的事物而不断地"逼近"道德原理及法则更符合人之为人的内在本性，更有助于人们对道德原理的体认与

---

① 司马云杰：《大道运行论——关于中国大道哲学及其最高精神的研究》，陕西人民出版社 2003 年版，第 133 页。

践行。

二、思"自然"

在《老子》中，"思"主要是指依靠人之思维而展开的对于道德原理的认识活动。运用"察"的方法，人们可以他物为中介体认和获得一般的道德观念与法则。相比之下，运用"思"的方法，人们则可借助自身的思维达成与高深道德原理的"照面"。老子之所以主张人们运用"思"的方法体认道德原理，原因在于人们并不能够通过"察"的方法深知、尽知道德原理。"它虽然是宇宙万物法则秩序的肯定形式与抽象形式，但已不是经验实在的法则与秩序，不是具体事物存在的变化及其规律性，而是由他们提升出来的纯法则、纯秩序了。"①对于一般的道德观念及法则，人们通过观察、概括、总结等方式便可获得，而对于作为纯粹法则的形上道德原理的获得则需要人们借助富含想象力、批判力及创造力的思维。

摒弃对身外之物的依赖，以主体之"我思"的方式体认道德有其前提与基础。人们的思维活动总是需要借助于"先见"，依靠"思"的方式体认与获得道德原理亦需要以既有的道德认知为前提。然而，即便满足道德认知的前提，"思"的方法也并非简单易用。"个人内在德性和精神空间被规约化的社会伦理限制在日趋狭小的领域，以至于人们往往因生活的过度社会化而渐渐失却了对自我德性精神的敏感与自觉。"②主体之人有意识、自觉地"思"的过程需要借助特殊的思维环境，而《老子》的"涤除玄览"便蕴含着"思"的特殊环境及其进程。具体地说，老子"思"的道德认识方法包括两方面内容。

一方面，道德主体之"我思"的对象是深奥复杂的道德原理。为体认与获得道德原理，道德主体的思想应处于纯粹的、无羁绊、无纷扰的"清

---

① 司马云杰：《大道运行论——关于中国大道哲学及其最高精神的研究》，陕西人民出版社 2003 年版，第 12 页。
② 万俊人：《寻求普世伦理》，北京大学出版社 2009 年版，第 132 页。

净"状态。有鉴于此，人们对自我思想的"清扫"是"思"的必要前提，此即《老子》的"涤除玄览"。"涤除玄览"中的"涤除"与"玄览"是两种不同的过程。"涤除"是"玄览"的前提，"涤除"方能"玄览"。张岱年指出："玄览即一种直觉。"① 依靠直觉体认道德原理表现为人们运用哲学思维想象、思辨、推演道德原理。既然人们依靠哲学思维体认道德原理之前需"涤"思，那么明确"涤"的对象则是方法运用的另一前提。"涤除玄览，能无疵乎？"（通行本《老子》第十章）。"言能涤除邪饰，至于极览，能不以物介其明，疵其神乎？"② 可见，老子所"涤""除"者是为阻碍"人"之思维澄澈、纯粹的事物。如，巧智、假象以及过分的欲望等。当思维的"邪饰"之物被"涤除"之后，所剩为最纯粹、最自然之思维，此种思维处于"虚""静"的状态。在《老子》中，人们"涤思"的理想结果是"至虚极，守静笃"。"虚""静"指人的清静无欲的内心和思维状态；"极""笃"二者则表明"虚""静"的"深""甚"程度。"玄览"之前先"涤思"，人们获知道德原理的过程中充满着主动意识与主体精神。

另一方面，通过"涤除"巧智、欲念等蒙蔽澄净思维的阻碍物，人之思维达至"虚""静"状态并具备"清净"的环境。在这种思维环境下，"思"之主体的所思所想能够最大限度地撇除主观成见而最能洞见事物本原。至此，人们可运用"思"的方法展开体认道德的过程。《老子》的"万物并作，吾以观复。夫物芸芸，各复归其根"（通行本《老子》第十六章）是对"思"之过程的具体描述。"万物并作，吾以观复。夫物芸芸，各复归其根"是存于"思"者思维或脑海中的景象。借助蕴含思辨、反省、想象、推理的"思"，人们无须依靠他物便能体认芸芸万物"生长—发展—消逝—新生"的过程，并进而懂得"归根曰静，静曰复命"（通行本《老子》第十六章）的万物生发规律以及"出死入生"的道理。"懂得了生来自死的道理，也就懂得了高来自低、上来自下、强来自弱的道理，这样就会正确对待死亡、低

---

① 张岱年:《中国哲学大纲》，中国社会科学出版社 1982 年版，第 531 页。
② （魏）王弼注，楼宇烈校释:《老子道德经注校释》，中华书局 2008 年版，第 23 页。

下和柔弱，从而安于柔弱而不一味追求刚强。"[1]在清除主观成见和欲望执念的前提下，人们依靠"思"的方法体认道德，彰显人之思维的强大力量。人类思维的想象、批判、反省、创造等能力在个体道德养成方面有极大的发挥空间，对于个体真正体认与领悟道德真谛具有深刻而久远的意义。

相对于人们运用分析、综合等能力接受与获得道德知识，《老子》的"思"是一种系统的方法论，其综合道德认识的前提、环境及方法等多种内容，对人们道德认识的获得与提升具有重要的指导和镜鉴价值。从道德原理本身看，在一般的道德观念之上有最高的道德原理，可被现实中人广泛体认的道德原理有其理论的最高来源和最终依据。《老子》"思"的道德认知方法致力于获得的是有关道德的哲理而非一般的道德知识。从思维本身看，一般的思维活动对应着较常见的结果，而往往是思辨的、批判的、创造的思维能够发现与体认事物及活动的真谛。老子运用"思"的方式达成对道德哲理的体认更有助于成就人们的道德生活及道德人生，不啻为对一般与常用道德教育方法的升华和超越。

三、损"有为"

人经由有意识地"剥落"自身不道德的言行而促使良善本性的显露，此即《老子》"损"的德育方法。不断地去除蒙蔽良善本性的事物从而使自身的道德素养及境界持续获得提升，则是"损之又损"的德育过程。运用"减损"的方法获得道德的递加，道家德育之法，妙哉！

"为学日益，为道日损，损之又损，以至于无为"（通行本《老子》第四十八章）。"为道日损"中的"损"是个体修道符德、修身养性的方法，通过"损之又损"的过程，人们可"返自观照内心的本明"[2]，并最终达至自然无为的道德境界。"损"意为"减少"，"损之又损"意为"不断减少"。

---

① 张松辉：《老子译注与解析》，岳麓书社 2008 年版，第 56 页。
② 陈鼓应：《老子注译及评介》，中华书局 1996 年版，第 101 页。

"损之又损"的目的在于无所可损，即将不道德的品行等彻底"涤除"。在《老子》中，"损"的对象包括过度的欲望、执念、争竞、名利、功德以及不知足、好货物、骄奢、荒淫等诸此品行。老子之所以主张对上述诸者采取"损"的方式，原因在于各者掩盖与背离道德的良善本质。"人性中固有的基本特性，出生时就赋予所有人或大多数人的潜能……由于人适应社会上存在的文化，就被掩盖或被抑制而大多丧失了。"① 在老子看来，人们的不道德既因于道德品质的弱化和消失，也由于不道德事物遮蔽道德本心，遮蔽物越来越多以至于人们竟然忘记良善本心，转而只能在那些背离道德的外物的驱使下逐渐沦落。现实之人的沦落是与质朴、善良的自我渐行渐远的过程，而"剥落"遮蔽物可使人重新发现自身良善的道德本心并逐渐回归。"损之又损，以至于无为"，"损"的最终结果是"无为"的理想境界。"人之思也，其神远矣。故寂然凝虑，思及千载。悄焉动容，视通万理。吟咏之间，吐纳珠玉之声。眉睫之间，卷舒云之色。观山则情满于山，观海则意溢于海。"（《刘勰·文心雕龙》）这种顺自然又超自然的"神思"有助于人们体会"损"的过程和结果。道德即自然，通过"损"的方式，人们的纯真良善本心得以再次显明。

在《老子》中，人的道德本心即自然、质朴的"赤子之心"，人之初始形态的"婴儿""赤子"是人的理想道德样态。"含德之厚比如赤子"（通行本《老子》第五十五章）既是对婴儿德性的肯定，又在相当程度上表明老子的"性善"观。道德"不需要寻找和发明，它早就存在于所有人的理性中，并被归入他们的本质，而这就是道德的原理"。② 人本为"道德自我"，是后天生长发展过程中的私心、杂念、巧智、淫技等蒙蔽本性，从而使人背道离德。既然人生而为善者，人之后天发展的不道德并非因于人之善性的消失，而在于善性被遮蔽，故而"损之又损"的目的在于显明自身原有的"赤子之心"，不断地向"婴儿"的道德状态"复归"。事实上，"损"是"复归于婴

① ［美］马斯洛等：《人的潜能和价值》，华夏出版社1987年版，第246页。
② ［德］康德：《康德著作全集》（第4卷），李秋零编译，中国人民大学出版社2007年版，第112页。

儿"（通行本《老子》第二十八章）的主要方法。老子主张人们通过不断减损那些蒙蔽本性的事物，重新达至淳朴、善良、柔弱的"赤子"境界。可见，经由"去蔽"而显现的"本心"即是显现"赤子之心"，回归自我即是归向纯真良善之"婴儿"的道德状态。《老子》于"损"的方法之外为人们运用方法提供真实参照，"婴儿"可作为人们运用"损"的方法修身养性的榜样和典范，人们在减损自身不道德心性及言行的过程中可以"婴儿"作为目标和方向。

通过"剥落"的方式澄明人的本性是老子"损"的目的，何能"剥落"遮蔽物则涉及方法的具体运用。个体通过减损私心、欲念而使自身的自然本性得以澄明，需以个体对"知识"的"日损"为基础。"为学日益，为道日损"（通行本《老子》第四十八章）是老子对知识学习与道德养成的综合论述。在老子看来，知识获得与道德养成不能混为一谈，二者各有独特路径。"学问是加法，修道是减法。"① 对于知识与能力的增加而言，知识越多越好；涉及修身养性，知识有时反倒阻碍个体道德境界的提升；只有德知、善知能够促进人的道德发展。老子对知识持谨慎态度，主张人们在区分知识的前提下合理运用知识以促进自身道德发展。学界针对老子的知识观有两种观点。一种观点认为老子"反知"。"老子普遍地被视为是一个不可知论者。"② 由于知识的获得易于强化世俗欲望、蒙蔽人之自然天性，故而老子持杜绝知识的立场。另一种观点认为老子并非彻底的反知主义者。"老子对于具体的个别的一般事物的知识，采取了可知论的态度，并不能是反对外界的事物可以认识，所以他说为学日益，为道日损。"③ 关于个别事物的一般知识揭示的是事物存在与发展的规律和原理，属于真知。对于真知人们应当"日益"，"为学日益"（通行本《老子》第四十八章）主张人们经由不断获得那些关乎事物发展的"真知"而增加自身的学识与能力。相比之下，"为道日损"则以关注知识与道德之间的关系为前提，主张人们"损知"。老子的"损知"以

① 南怀瑾：《老子他说续集》，（台北）老古文化事业股份有限公司 2009 年版，第 182 页。
② 朱晓鹏：《道家哲学精神及其价值境遇》，中国社会科学出版社 2007 年版，第 24 页。
③ 任继愈：《中国哲学史论》，上海人民出版社 1981 年版，第 192 页。

其对知识的衡量为条件。个体智慧的提升以不断增加真知为内容和方法，道德的获得与提升则以不断减损和弃绝伪知、妄知为内容和方法。老子后学庄子认为知识有真伪、善恶之分，认为人们争权夺利、尔虞我诈之观念与行为皆因自"伪知"。"道恶乎而有真伪，言恶乎而有是非？"（《庄子·齐物论》）关于知识何以有真伪，《庄子》有言："牛马四足，是谓天；穿牛鼻，落马首，是为人"（《庄子·秋水》）。经过人们有目的、有计划的加工和处理，知识成为供人们争夺权势，标榜自身的工具，"知也者，争之器也"（《庄子·人世间》）。正是针对有害之知，老子主张"绝学无尤"（通行本《老子》第十九章）。"绝学无尤"是指"惟绝世俗末学则无尤。"[1]"世俗末学"是指经由"人的主观的偏执和专断的取舍"，不合道之自然本性的，"不能成为真正的知"[2] 的知识。"老庄并非绝对的不要知识，反对智识，而是绝对地反对妄知，警惕妄知，从而发现真知。"[3] 面对伪知、妄知，人们当自觉绝弃，而倘若已有之则应当"损之又损"。"为道日损"（通行本《老子》第四十八章）主张人们通过不断减损遮蔽与误导德性提升的恶、伪之知促成"道德自我"。

"为道日损"的道德修养方法中蕴含人性观、知识观、知识与道德关系等多重内容。老子决绝地抛弃那些表面化、形式化的知识，转而将真善之知纳入道德教育的范畴，是东方学者关于"知识即美德"的最早表达。通过"日损"的方式促使人们道德人性的回归与彰显，并以"婴儿""赤子"作为可供效仿的道德典范，明确表明《老子》道德理论的现实关怀与现世价值。诚如杨启亮先生所说："道家德育不是外部环境和教育强行灌输于人，而是人性本真朴素的东西的自然生长。"[4] 道家老子"剥落"外物而彰显本性以及减损知识而提升美德的逆向思维和办法有其独特的视角与理路，可为今日道德教育提供新的思路和方法。

---

① （清）魏源:《老子本义》，华东师范大学出版社 2010 年版，第 82 页。
② 朱晓鹏:《道家哲学精神及其价值境遇》，中国社会科学出版社 2007 年版，第 25 页。
③ 公木、邵汉明:《道家哲学》，长春出版社 2007 年版，第 83 页。
④ 杨启亮:《先秦道家德育思想辨析》，《教育科学》1995 年第 1 期。

四、行"道德"

"上士闻道，勤而行之"（通行本《老子》第四十一章），"实践活动是德性得以表现的载体，人类唯有通过对实践的理解，才能真正把握德性概念。"① 老子倡导人们通过积极践行道德而成为真正的道德者。"德者，同于德"（通行本《老子》第二十三章），只要人们愿意并积极践行道德，就会成为有德之人。由于"人们参与社会生活的最终根源，是对意义和尊严的渴望，而非表面上所看到的游戏带来的利益"②，是故个体的"德行"是源自个体内心的真切诉求，人们实则都愿意通过道德角色确立自身存在的合理性。相比于"察""思""损"的道德养成方式，"行"是检验各者效果的最终标准，是评判人们道德水平的重要尺度。

老子认为借助"他者"的道德实践之于人们的道德养成具有非凡意义。在《老子》中，借助自身之外的事物体认和践行道德是一种较为普遍的道德实践方式。老子对"域中四大"之"道""天""地"三者德性的肯定论述，在于为现实中人的道德实践提供参照。在《老子》中，人们体认与求索天地万物生长发展的自然过程，可得知万物"谦卑""柔弱""不争""居后"等德性。依照有德之万物，人们调整自身言行，自觉地做合乎道德之事。当人们遵循事物发展的原理与规律为人处世时，则道德规定、道德法则是人们道德实践的内容。在《老子》中，此种道德实践表现为人们对道德条目的遵行。以《老子》中的"人主"与"众人"为例，统治者理应遵行的道德条目为"不尚贤""不贵难得之货""不见可欲""不仁""不自见""功成身退""以身轻天下""善救人""以百姓心为心""不以兵强天下""贵身""治于未乱""言下民""慈""俭""不敢为天下先"等。民众则应具备"不争""不为盗""心不乱""知足""知止""贵身"之品行。何以诸如谦逊、诚信等德目可以作

---

① ［美］阿拉斯代尔·麦金泰尔：《德性之后》，龚群、戴扬毅等译，中国社会科学出版社1995年版，第183页。

② ［法］P. 皮埃尔·布尔迪厄：《科学的社会用途——写给科学场的临床社会学》，刘成富等译，南京大学出版社2005年版，第4页。

为人们道德实践的标准，究其原因在于任何一种美德都自带规范属性。德性伦理学学者赫斯特豪斯明确指出："德性形成了大量规则。不仅每一个德性都产生了一个描述——做诚实、仁慈和慷慨之事，而且每一个恶习也产生了消极的规则——禁止不诚实、不仁慈和吝啬。"①上述道德条目是"行"的重要内容，道德养成依赖于对繁复的道德条目的落实，这也是大多数人的道德实践样态。除却遵行道德条目之外，一般人的道德实践亦可参照道德榜样展开。在《老子》中，"婴儿""赤子""圣人"作为有德者，是人们效仿的道德典范。通过效仿榜样展开的道德实践有助于道德的提升。比如，效仿圣人"后其身"（通行本《老子》第七章），人们能够谦虚、卑逊；效仿圣人"为腹不为目"（通行本《老子》第十二章），人们能够避免色、声、香、味之祸；效仿圣人"豫兮若冬涉川，犹兮若畏四邻，俨兮其若客，涣兮若冰之将释，敦兮其若朴，旷兮其若谷，混兮其若浊"（通行本《老子》第十五章）的形态举止，人们能够谨慎、从容、质朴、旷达、包容；效仿圣人"去甚，去奢，去泰"（通行本《老子》第二十九章），人们能够俭约、节制、自律；效仿"骨弱筋柔而握固"（通行本《老子》第五十五章）的婴儿，人们能够和气、不争。由于《老子》道德榜样的特殊性，人们对于道德榜样的效仿从来不以对榜样的宣传和标榜为前提，作为榜样的"圣人""婴儿"对于人们的影响是无声无形的。"道德榜样之所以具有强大的道德感召力和影响力，并不在于或主要不在于对他们的倡导和宣传，而在于他们的个人德性与公众日常生活之间存在内在而密切的联系。"②亚当·斯密的"道德同感"或"道德同情"可被用以表明道德榜样主体与榜样对象之间的感召—被感召关系。

依照"他者"的道德实践，看似可以他物为参照而按部就班的展开，实则困难重重。道德条目繁多复杂，人之"行"则会零散且不成体系；道德榜样之品性内隐，人之"行"则容易有所缺失。如同在道德养成中之于欲念的

---

① Rosalind Hursthouse, *Apply Virtue Ethics*, Rosalind Hursthouse, Gavin Lawrence & Warren Quinn edited, *Virtue And Reason Phillippa Foot and Moral Theory*, New York：Oxford University Press, 1995, pp.56–71.

② 冯庆旭：《论道德榜样》，《齐鲁学刊》2016 年第 3 期。

"损之又损"，人们的道德实践应当"行之又行"。"九层之台，起于累土"(通行本《老子》第六十四章)，道德获得与提升是一个漫长的历程。与人们道德实践的经验和规律相符，即便人们自觉主动地遵行道德条目，积极效仿道德榜样，也并非必然导致快速"得德"。更不要说，道德实践过程中时常存在着"明道若昧，进道若退"(通行本《老子》第四十一章)的层层阻碍，这要求人们必当谨小慎微、防微杜渐。可见，依照道德条目及榜样而"行"，对人们的道德认知、道德情感及道德意志提出较高要求。

在《老子》中，能够依"道"而行的是"得道者"。不同于一般人的道德实践，得道之人的道德实践是动态的、开放的，持续贯穿于日常生活的"惯习"。此种道德实践既无须借助他物，亦不必刻意为之，而是存于主体眉目、唇齿、手足须臾之间。对比于遵照"德目"而"行"，有德之人以道德实践构成整体生活。抑或说，对"有德"者而言，生活即是道德。不同于一般人有意识的道德实践，有德之人的道德实践无须有意识。它既不是自觉的，也不是外加强迫的，而是本来如此。不同于一般人的道德实践是为了"成其自身"之德，有德之人的道德实践是为着成就他者。倘说前者意在成"私德"，而后者则为成就群体、国家和社会的"公德"。

《老子》中处于"得道""成德"状态的有两类人，一是"圣人"，二是"婴儿"或"赤子"。"圣人"是老子称道的道德楷模；"婴儿"或"赤子"则被老子视作最原初的有德者。二者相较，圣人是经过"我"之向内、向外不断求索的德性境界完满的一类人；婴儿则是天生便具淳厚之德者。老子多次倡导"复归于婴儿"(通行本《老子》第二十八章)，主张"返本复初"，呼吁"人"返回到本来的合德状态。"返本复初"的过程正是上文以"损之又损"(通行本《老子》第四十八章)为手段彰显"人"之德性的过程。在《老子》中，婴儿、圣人与道德同体，道德实践遍布圣人、婴儿之言行、心性自然流露的一切过程。圣人、婴儿心性澄明，其自然而然地显示自身便是彰显道德。老子对"婴儿""赤子"的褒扬，一方面指出"人"在有生之初均为有德之人的事实；另一方面则指出后天生活蒙蔽德性以及人们距离道德越来越远的现实。

由于有德者以道德构成其全部生活，故而与一般人对于道德的求索不同，遵从"他者"已然不再是有德之人道德实践的方式，"成德"亦不再是道德实践的目的。在自身"成德"之后，有德者作为道德在人世间的代表致力于使万千"他我"成为有德者。由于"婴儿"天生有德，其对自身之德处于不自知的状态，是故真正能够担当弘扬道德之重任的是经由后天努力而"成德"的"圣人"。在《老子》中，"圣人"弘扬道德主要通过政治统治和教育两种途径。"凡以道业诲人谓之教，躬行于上，风动于下，谓之化。"①"圣人"通过"以身示德"的道德教育方式致力于德之推广，从事着"以德教人""化人成德"的善业。

人们的道德实践需要借助于道德条目和道德榜样，此是古今道德教育的共识。《老子》"勤而行之"的道德实践方式有其独特的逻辑与效用。当人们依靠道德条目践行道德行为时，任何条目本身都具有道德规范的属性。"从实质性的意义上看，所有的道德伦理都具有规范的特性和效用"。②然而，老子的道德条目具有规范与约束人之言行的作用，却并不具备制度规范之强硬属性。抑或说，相对于强制性的道德规制，老子的道德条目具有弱规范性。所谓"大制不割"（通行本《老子》第二十八章），制度符合人性的程度是衡量制度道德与否的关键标准。建立在人性论基础上的道德理论和道德教育从来不是单纯依靠制度能够成就的，任何时代都"需要一些谦逊和圆融的伦理价值取向"③。依靠制度的道德教育或许能为个体的道德行为提供依据和范式，但易导致道德行为流于形式，亦难以提供一套普遍有效的道德框架。"个体的道德行为不是道德规则的自动结果，而是面对不同道德情境的实践意识。"④习惯于"嵌套"道德规则的个体，一旦面临多变的道德情境，往往难以通过灵活运用规则的方式做出恰当的道德反应与道德行为。事

---

① 南宋校勘重订《增韵》。转引自姚进生：《朱熹道德教育思想论稿》，厦门大学出版社2013年版，第1页。

② 万俊人：《美德伦理如何复兴》，《求是学刊》2011年第1期。

③ 刘峻杉：《老子的智德观及其德育价值》，《教育科学》2014年第4期。

④ 袁久红：《正义与历史实践：当代西方自由主义正义理论批判》，东南大学出版社2002年版，第222页。

实上，人们之所以经常违逆道德规则，正在于道德规则并非必然关乎道德。正如麦金泰尔所说："在德性与规则之间，有另一种非常关键的联系，因为只有拥有德性的人，才可能了解怎样运用规则。"① 在《老子》中，道德榜样虽有教化民众的资格，却并非居于道德制高点而俯瞰他人。道家道德典范从来不是居于道德高位以及具有充分话语权的人，老子的道德榜样不在人们之上而在人们之中，他"被褐怀玉"（通行本《老子》第七十章）、宠辱不惊，无有名利功德傍身、无有如簧口舌为用，却总能诲人无言、化人无声。《老子》的"圣人"不自以为圣，反倒更有资格成为榜样。相反，标榜和鼓吹榜样力量的道德教育却容易偏离其向善本质，而乐于被标榜者亦容易丧失其纯良之德。

第五节　《老子》道德思想的价值取向

《老子》五千言以"道""德"为主旨，以"修道德"为务。"道"与"德"具有直接而密切的关联。道既是德的上位概念，也是德的内涵与实质，"得道"即是"德"。由于"道"与"自然"同义，"道法自然"（通行本《老子》第二十五章），是故有道德的表现是因循自然，有道德者是因循自身自然本性存在与发展者。从这种意义上讲，《老子》道德思想的价值取向正在于达成"自然"。"《老子》之'自然'不是自然界，不是原始状态，不是野蛮状态，不是无政府状态，也不是强制的秩序，而是一种值得追求和向往的原则，或理想，或状态，是内无冲突、外无压迫的理想状态。它是人类文明社会的一种可能的理想状态和秩序。"② 对《老子》道德思想"自然"取向的分析，可以上文的"道德主体"为线索。在《老子》中，"道大，天大，地大，人亦大。域中有四大，而人居其一焉。"（通行本《老子》第二十五章）

---

① ［美］阿拉斯代尔·麦金泰尔：《德性之后》，龚群、戴扬等译，中国社会科学出版社1995 年版，第 192 页。

② 刘笑敢：《"自然"的蜕变：从〈老子〉到郭象》，《文史哲》2021 年第 4 期。

"道""天""地""人"既是自然主体也是道德主体。将宇宙万物人格化并赋予其道德人格，此不独是老子也是古时人们看待宇宙万物与自身关系的重要思维方式。"域中四大"中的"道""天""地"自然而然的存在与发展，各者皆具自然之德，皆是《老子》肯定的有德者。相比之下，"域中四大"中的"人"则不然，《老子》中存有多处描写人违反与背离自然本性的内容。人作为道德主体却未必道德，此是人世社会的现实状况。人之背道离德的观念与行为是《老子》明确批判的对象。《老子》五千言无一不以人世道德作为落脚点，改良与改善人世社会的道德样态是《老子》"救时弊"的根本方法。在老子看来，只有道德能够解救时弊丛生的人世社会，"域中四大"中有待提升与完善的道德主体是"人"。实际上，《老子》五千言的受众，不会也不可能是"域中四大"的"道""天""地"，有且只有"人"能够体会和领悟其中的要旨与妙方。"在道家这一方面，从老子到庄子，都把人看成一个起点，不是一个终点。……道家思想是从人出发，但是要把人的极限打破，然后在宇宙的客体里面，找着客体的核心。这个客体的核心就是大道的绝对自由精神。"①《老子》道德思想价值取向的实现全靠"人"：以"人"之道德的提升与完善为根本目的，经由发挥"人"的道德功效，促成由人组成的社会、国家乃至与人密切相关的宇宙自然整体上处于和谐美好的理想状态。"惟天地万物之母，惟人万物之灵"（《尚书·泰誓上》）。"人"作为万物之灵，对于宇宙自然和谐状态的达成负有天然的使命与职责，将宇宙自然和谐理想的实现寄希望于人的主体能动性，是古今思想家的共识。老子虽然多次批判不道德的人世，但从未放弃对人之道德的关注，《老子》道德思想具有"为人"的特征与目的。这表现为，一方面，老子将自然万物人格化并赋予各者以道德的根本目的，在于为"人"的道德养成提供启发；另一方面，老子对人世不道德现象的描述与批判，深刻表明其迫切而又无奈的忧患意识和人道主义关怀。

---

① 方东美：《原始儒家道家哲学》，中华书局 2012 年版，第 258 页。

一、个体之人身心的自然合一

《老子》道德思想最根本的目的在于促使人的道德发展。更确切地说，在于促使每个人获得自然而然的发展。不同于先秦时期的其他道德家，老子主张人人都可以通过发展道德而成为具有理想人格的"圣人"。在《老子》中，作为德行高尚之人，"圣人"的道德榜样作用面向所有人。"天地不仁，以万物为刍狗；圣人不仁，以百姓为刍狗"（通行本《老子》第五章）；"善者，吾善之；不善者，吾亦善之，德善。信者，吾信之；不信者，吾亦信之，德信"（通行本《老子》第四十九章）。有道德的"圣人"面对道德不完备的"众人"无有分别之心，其寄希望于人人经由"勤而行道"而人人得道。何以《老子》的"圣人"是人人皆可的，原因在于人人皆有成为圣人的潜质。成为"圣人"的潜质存于每一个人身心之中，此即"自然性"。只要人体认、保持并扩充自身本性，在生活中因循自身本性而存在与发展，那么人人都有可能成为"圣人"。在《老子》中，最完备的自然性体现在"婴儿"处，婴儿是最自然的"含德之厚"者。由于人人都经历过"婴儿"阶段，是故人人都曾拥有最天然与圆满的自然性，人人都可经由对自身自然性的"复归"而成为有道德的人。"婴儿"与"圣人"作为《老子》中的道德者，前者之德具有天然性，后者的道德更多是后天持守和扩充自然性的结果。由"婴儿之德"与"圣人之德"的关系而言，天然圆满的婴儿德性为人们成为"圣人"提供最原始的动力，为人们成为圣人提供最切身的指导，为人们能够成为圣人提供最具说服力的论据。在老子看来，人们发展的理想状态就是过一种合乎自然的生活。在这种生存样态下，人的身心会如德行厚重的"婴儿"那般和谐自然、自由自适。只有自然和谐的身心状态能够促使人们于不堪的现实中脱身，从而真正过上一种合乎自然的理想生活。

何以人人均应成为身心和谐统一的道德之人，老子除以自然的"道""天地""万物"的"自然""长久""自由"等启发现实中人外，亦通过描述不自然的不良后果警醒时人。"五色令人目盲；五音令人耳聋；五味令人口爽；驰骋畋猎，令人心发狂；难得之货，令人行妨"。（通行本《老子》第十二章）老子通过列举各种各样的"不自然"言行，表明背离自然性贻害身心的事实。"夫耳目口心，皆顺其性也。不以顺性命，反以伤自然。"① 道家历来主张"形养德生""形神双修"，身心本不离，若其中一者不顺自然，另一者也会被损伤。概或正是由于意识到身心自然合一的重要性，"圣人"从来不会"以身害心"或"以心害身"，而是为着保证身心的和谐"为腹不为目，故去彼取此"（通行本《老子》第十二章）。"守五性，去六情，节志气，养神明。目不妄视，妄视泄精于外。去彼目之妄视，取此腹之养性。"②"为腹者以物养己，为目者以物役己，故圣人不为目也。"③"为腹不为目"的圣人从来不会让身心被外在事物奴役，其于满足自身需求的物质需要之外不会过度欲求。为淡泊、宁静、质朴的内心状态的达成，圣人不会让自己的身心受外物牵累。相比之下，不道德的人之所以不道德，相当程度上因于违背身心自然性。人世社会中有太多甘愿冒着"目盲""耳聋""口爽""心发狂""行妨"的危害而肆意追求"五色""五音""五味""驰骋畋猎""难得之货"的人。这种对外在事物的过度欲求，于人们身心的健康与和谐而言实在是有百害而无一利。"五色令人目盲；五音令人耳聋；五味令人口爽；驰骋畋猎，令人心发狂；难得之货，令人行妨"（通行本《老子》第二十章）既是对人的警示与劝诫，也揭示出人违背本性、背离道德的真实情状。"宠辱若惊，贵大患若身。何谓宠辱若惊？宠为下，得之若惊，失之若惊，是谓宠辱若惊。"（通行本《老子》第十三章）"宠辱若惊"之人过分看重身外之物，为权势、名利、地位所累。倘若人们不计较外在得失，更多持守内心的澄澈与宁静，则面对世俗的"宠""辱"会更加坦然与自定，也便谈不上宠辱若惊。"名与身孰亲？身与货孰多？得与亡孰病？甚爱必大费，多藏必厚亡"（通行本《老子》第四十四章），也从外物之于身心影响的角度，揭示出自然之于身心的重要性。"尚名好高，其身必疏。贪货无厌，其身必少。得多利而亡其身，

---

① （魏）王弼注，楼宇烈校释：《老子道德经注校释》，中华书局 2008 年版，第 28 页。

② （汉）河上公，（三国）王弼，（汉）严遵：《老子》，刘思禾校点，上海古籍出版社 2013 年版，第 26 页。

③ （魏）王弼注，楼宇烈校释：《老子道德经注校释》，中华书局 2008 年版，第 28 页。

何者为病也？甚爱，不与物通；多藏，不与物散。求之者多，攻之者众，为物所病，故大费、厚亡也。"①"尚名好高""贪货无厌""得多利"等心理与行为皆非源于人的内在本性，亦不是人的必然需求。这种背离本性的观念与行为对于个体身心的伤害极大，甚至会造成"大费""厚亡"的极端后果。人们对于自然本性的背离不断危害身心，可谓"害之又害，以至于费亡"。通过描述现实中人违背自然性的事实，老子既揭示出自然性之于个体发展的重要价值，又提供给人们理性认识自然性积极价值的切己参照。抑或说，老子之所以论述人们背离自然本性的现象，目的在于促使人们反思自身的观念与行为，从而切实向自然人性"复归"。

从现实中人的"不自然"出发，将人们背离自然性的观念、行为与其所导致的不良后果相联系，以此警醒与劝诫世人重视和珍视自然德性，此是老子强烈呼吁人们"复归"婴儿、复归自然的方式之一。除此之外，老子也为现实中人提供榜样和典范，人们可通过观察、效仿等方式体认、获得与实践榜样的道德生活。众所周知，"圣人"是老子赞同的理想人格，是"众人"的道德榜样。"圣人"持守自然德性并在生活中"勤而行之"，是现实人世的"活榜样"。作为世人的道德榜样，"圣人"并非居于高位，不为人们所常见；亦非归隐山林，为人们所不知；更非以道德权威自居，拒人于千里之外。《老子》的"圣人"无处不在，在众人身边，在日常生活的各个场所，是道德化身，是众人的"教父"，担负教化众人的重要职责。概或正是在这种意义上，《老子》的圣人能够因德性的厚重与高尚而具有权威性。抑或说，圣人之所以能够成为人们的榜样，究其根本原因在于圣人因德行厚重而权威自立。在《老子》中，圣人是与天地齐同的道德主体，圣人效法与彰显天地之德，"天地不仁，以万物为刍狗；圣人不仁，以百姓为刍狗"（通行本《老子》第五章）。天地与圣人虽有权威，却从不利用权威成就地位与权势，而是"万物作而弗始，生而弗有，为而弗恃，功成而弗居"（通行本《老子》第二章）。何以《老子》的天地与圣人如此不重世俗权威，原因在于相

---

① （魏）王弼注，楼宇烈校释：《老子道德经注校释》，中华书局 2008 年版，第 121—122 页。

比于权威，自然德性更重要。作为众人榜样的"圣人"，其道德生活的展开是抱持与实践自然德性的过程。在《老子》中，"圣人"不是远离人们，而是在人们中间，与"众人"开展相同或相似的社会活动，且以自身道德生活的展开潜移默化地影响人们。

"荒兮，其未央哉。众人熙熙，如享太牢，如春登台，我独泊兮，其未兆，沌沌兮，如婴儿之未孩，儡儡兮，若无所归。众人皆有余，而我独若遗，我愚人之心也哉！俗人昭昭，我独昏昏；俗人察察，我独闷闷。澹兮其若海；飂兮若无止。众人皆有以，而我独顽且鄙。我欲独异于人，而贵食母"（通行本《老子》第二十章）。处于相同或相似环境中的"圣人"与"众人"，在生存和生活样态方面却大相径庭。在生活中，"众人"是"五色""五音""五味""难得之货"（通行本《老子》第十二章）忠实而疯狂的追随者，圣人则"为腹不为目"（通行本《老子》第十二章）；"众人"是"金玉满堂"（通行本《老子》第九章）的拥有者和"富贵而骄"（通行本《老子》第九章）之人，圣人则不为金玉、富贵所累，宁愿"见素抱朴，少私寡欲"（通行本《老子》第十九章）；"众人"自我显现、自我标榜、自以为是，圣人则认为这些都是"余食赘形"（通行本《老子》第二十四章）。造成种种"圣人"与"众人"迥异状态的深层原因在于圣人自然而众人造作。老子运用对比方式揭示圣人与众人区别的目的在于以"圣人"的道德生活为"众人"提供借鉴与参照，促使人们通过观察与体会"圣人"的道德生活，认识到自然、质朴的可贵，并通过效仿与追随圣人，拥有合乎自然本性的道德人生。

二、社会生活的"自定"

老子之时社会动荡、民不聊生，连年的战争与杀伐致使社会生活中充满恐惧与慌乱。在动荡的生活中，人心涣散、心绪不宁是社会环境作用于人们思想与心理的直接结果。面对不堪的社会现实，有识之士将原因归结为道德沦丧。重建道德从而"解救时弊"是彼时思想家的共识，《老子》道德思想的目的和旨归也无外乎此。老子强烈呼吁人们重新认识并"复归"自然德性，希冀人们通过抱持与顺遂自然本性而成为有道德的人，过一种合乎道德的生活。无论从道德理论抑或社会现实的角度，个体道德之于社会道德具有直接影响，社会由众多个体共同构成，个体道德是社会道德的基础和保障。老子之所以看重个体德性的养成，明确主张与强烈呼吁人们"复归"自然，原因在于欲以自然的个体促成自然的社会，以从根本上改变不自然、不道德的社会现实。抑或说，当每个人都有道德时，"道德社会"也便形成了。从这种意义上讲，《老子》道德思想促成个体道德养成的价值取向实则与促成道德社会的目标之间互相促进，前者是后者的基础，后者为前者提供环境支持。

单纯从理论层面分析，以人人都有道德促成道德社会，确有其合理性；但倘若结合现实，则这种方法往往更多停留在理想层面。毕竟人人都有道德本身是一种难以企及的理想，以人之道德促成社会的道德也并非具有必然性，更遑论个体道德的养成具备长期性与复杂性。现实社会的复杂性往往会弱化甚至阻碍人们道德养成的自然过程，使得道德个体和道德社会迟迟不来。那么，除了通过"人人道德—社会道德"的方式和途径外，道德个体和道德社会的理想是否还有其他实现路径？结合《老子》思想可知，理想的政治统治是实现道德个体和道德社会的另一良方。

政治统治之于社会秩序的重要影响广为人知，政治统治与社会民生之间具有天然而直接的关联。良性的政治统治成就良性的社会人世，反之亦然。春秋末年，与社会动荡相伴随的是政治动荡，而政治"失德"是导致不良社会现实的重要原因。比如，在《老子》中，统治阶层奢靡无度的生活、频繁发动战争的政治举措等直接造成民不聊生的社会境况。"天下有道，却走马以粪；天下无道，戎马生于郊"（通行本《老子》第四十六章）。面对不堪的社会现实，基于对政治统治重要性的认识，老子寄希望于有道德的统治者。有道德的统治者经由实施良性统治促成道德社会，此是《老子》用以"解救时弊"的重要方略。实际上，重视统治者的德性并非老子首创，殷商、西周时期已将统治者的德性看作构建良性政治从而造福民生的基本条件。西周时期"天德—政德"的直接相关性，表明彼时人们对统治者德性的重视。事实上，重视"政德"是古今中西由来已久且相互贯通的共识。在中国先秦时期的道家、儒家典籍以及西方古希腊的哲学理论中，早已奠定"德政"的思想基础。"王敬作所，不可不敬德。我不可不监于有夏，亦不可不监于有殷。我不敢知曰有夏服天命，惟有历年，我不敢知曰不其延，惟不敬厥德，乃早坠厥命。我不敢知曰有殷受天命，惟有历年，我不敢知曰不其延，惟不敬厥德，乃早坠厥命。……斯惟王其疾敬德，王其德之用，祈天用命"（《尚书·诏告》）。西周德政是统治者遵循天命的必然结果，政治无德则统治不久。德政的存有与实施离不开有道德的统治者，统治者的道德是德政的根本。西周时期人们已然开始关注统治者的道德，将理想社会的构建寄希望于有道德的统治者。西周时期的"德政"和"政德"为老子将"人主之德"和"无为之治"作为构建道德社会良方的策略提供理论与现实支持。《尚书·诏告》中的"王其疾敬德"指出，统治者要尽快、努力地提升自己的德性，结合西周的社会现实，依靠有道德的统治者实施德政始终是急迫而紧要的关键事务。也是基于这种急切的现实需求，在"朝甚除，田甚芜，仓甚虚"（通行本《老子》第五十三章）的社会现实中，权贵阶层的"服文采，带利剑，厌饮食，财货有余"（通行本《老子》第五十三章）显得如此扎眼而可悲。这种上层人士弃底层危难于不顾，在民不聊生之际仍旧肆意挥霍的现象，揭示出统治阶层的不道德，也直接促使人们发出质疑与诘问：依靠不道德的统治怎么可能成就安定有序的社会？

道德之于统治具有决定性的意义，"天下多忌讳，而民弥贫；人多利器，国家滋昏；人多伎巧，奇物滋起；法令滋彰，盗贼多有"（通行本《老子》第五十七章）。不道德的统治者定然带来不道德的民众与社会，极端情况下甚至会对民众和社会造成不可估量的重创。"人主之政，布德施利，明目察察，万民昭昭，皆知祸福，孝悌仁义，万事差别，惶惶儴儴，知伪缺缺，故失所安，性命夭绝。"[1]在这种乱象丛生的现实社会中，因统治者的不道德，人们也不再敬畏和认同其统治。"民不畏死，奈何以死惧之"（通行本《老子》

----

① （汉）严遵著，王德有译注：《老子指归译注》，商务印书馆2004年版，第186页。

第七十四章），民众之于政治统治失望、鄙夷甚至绝望的态度，也注定了政治统治的无力与无效。在这种境况下，"救时弊"首要而核心的工作是"解救"具有广而教之功能的政治统治，即必须将政治统治诉诸能够真正担当与胜任统治与教化职责的有德之人。唯此，方能解救处于水火中的民众并重建安定有序的社会。鉴于《老子》"道德"内涵的独特性，既以有道德的统治者作为救时之弊的主要力量，则《老子》的理想统治者一定不像之前统治者那般。对于理想统治者，《老子》中有明确预设，清晰规定着统治者的"可"与"不可"。"不尚贤，使民不争。不贵难得之货，使民不为盗，不见可欲，使民心不乱"（通行本《老子》第三章），统治者不应"尚贤""贵难得之货""见可欲"，而应"不尚贤""不贵难得之货""不见可欲"。"爱民治国，能无为乎？"（通行本《老子》第十章）的反问表明彼时统治者以智治国的事实，而"故以智治国，国之贼"（通行本《老子》第六十五章）则明确表明统治者以智施政的不可取。"太上，不知有之；其次，亲而誉之，其次，畏之；其次，侮之。信不足焉，有不信焉"（通行本《老子》第十七章）中"畏之""侮之"的施动者是民众，作用对象是统治者，以此可见有为之治的不良后果。"绝圣弃智，民利百倍；绝仁弃义，民复孝慈；绝巧弃利，盗贼无有"（通行本《老子》第十九章）。"弃智慧，反无为；绝仁见之恩惠，弃义之尚华言；绝巧者，诈伪乱真也。弃利者，塞贪路，闭权门也。"① 以"服文采，带利剑，厌饮食，财货有余"（通行本《老子》第五十三章）的统治阶层的言行对照之，可见统治者及其统治的大致状态。"以道佐人主者，不以兵强天下，其事好还。师之所处，荆棘生焉。大军之后，必有凶年。……物壮则老，是谓不道，不道早已"（通行本《老子》第三十章）中的"不道早已"表明政治统治与社会状况的不堪，指出因统治者"以兵强于天下"，频繁发动战争，导致民不聊生、灾祸连年的事实。"天下多忌讳，而民弥贫；人多利器，国家滋昏；人多伎巧，奇物滋起；法令滋彰，盗贼多有"（通行本《老子》第

---

① （汉）河上公，（三国）王弼，（汉）严遵：《老子》，刘思禾校点，上海古籍出版社2013年版，第40页。

五十七章）表明统治者看重权势、依赖刑罚、忌讳民众、崇尚伎巧。"人谓人君，百里诸侯也。多知伎巧，谓刻画宫观，雕琢服章，奇物滋起，下则化上，饰金镂玉，文绣采色，日以滋甚。"① 河上公对"人多伎巧，奇物滋起"的注解极为形象地诠释出统治阶层"服文采，带利剑，厌饮食，财货有余"的生活样态及其向民众传达的不良价值观。"民不畏死，奈何以死惧之？"（通行本《老子》第七十四章）的反问是专对统治者而发，"民众不畏惧死亡，又何必再用严苛的刑罚吓唬他们？"其间对统治者的否定与批判昭然可见。"民之饥，以其上食税之多，是以饥。民之难治，以其上之有为，是以难治。民之轻死，以其上求生之厚，是以轻死"（通行本《老子》第七十五章），通过分析"民之饥""民之难治""民之轻死"的原因，揭示出统治者"食税之多""过度作为""求生之厚"的非自然状态。结合春秋末年的社会现实，"民之饥""民之难治""民之轻死"，无一例外是对社会现实的真切描述。对此，不道德的统治者显然承担极大的责任。"天之道，损有余而补不足。人之道则不然，损不足以奉有余"（通行本《老子》第七十七章）表明人道背离天道的主旨，描述出人世社会"损不足以奉有余"的扭曲价值观。"损有余而补不足"的自然之道促使宇宙万物都能受到天地的庇佑与恩泽，在天地的滋养与润化下，自然事物各成自身、和谐共生。相比自然天地，作为人之主的统治者担负着教化民众、治理社会的重要职责，促使民众在其统治下获得安定富足的生活，是统治者最为重要的使命。然而，"损不足以奉有余"的统治者置民众于不顾，为欲望与私利的满足不断地压榨与剥削民众，并最终导致"民之饥""民之难治""民之轻死""民不畏死"的社会乱象与"侮之"乃至"推翻之"的不堪统治境遇。"天下无道，戎马生于郊"（通行本《老子》第四十六章），借助于兵权而频繁发动战争的统治者，不仅对百姓的安居乐业无益，就连自然万物都深受其害。"战伐不止，戎马生于郊境之上，久不

---

① （汉）河上公，（三国）王弼，（汉）严遵：《老子》，刘思禾校点，上海古籍出版社 2013 年版，第 143 页。

还也。"①"不道"的政治统治势必对人类社会产生广泛而深远的危害。"天子失道,诸侯不朝,谿异谷别,法制舛殊,四方背叛;力正相凌,举兵争权,弱者为虏,强者为君。是以天下选将简士,砥砺甲兵;悬烽烈火,四面相望;深奸大诈,谋于庙堂;作变生奇,结纵连横;轻车枭骑,兴敌相当;士马生郊,历年不还……"② 将统治者的"失道""不道"与其对人世社会乃至自然世界的不良影响做直接关联,从中可以得见统治者德性关乎重大。可见,为从根本上改变道德沦丧的社会现实,老子虽然寄希望于政治统治,却决然不再相信彼时"不道早已"的统治。在老子看来,理想统治者必须是不重名利、不谋私利的抱持与践行自然之德的人。在《老子》中,抱持与践行自然之德的理想统治者是"圣人"。

老子常借"圣人"之口谈政治,常将"圣人之治"与现实政治相对比,常将"圣人"与民众直接对应。在《老子》中,以"圣人"作为理想的统治者,主张依靠有道德的"圣人"教化民众,希冀借助"圣人之治"成就安定有序的人世社会的内容俯拾皆是。"是以圣人处无为之事,行不言之教。万物作而弗始,生而弗有,为而弗恃,功成而弗居"(通行本《老子》第二章)明确表明对"圣人之治"的肯定与推崇。"是以圣人之治,虚其心,实其腹,弱其志,强其骨,常使民无知无欲,使夫智者不敢为也"(通行本《老子》第三章)肯定圣人之治的"无为"策略。"天地不仁,以万物为刍狗;圣人不仁,以百姓为刍狗"(通行本《老子》第五章),以圣人与天地并举,明确肯定圣人"不仁"的统治策略。"悠兮其贵言,功成事遂,百姓皆谓我自然"(通行本《老子》第十七章),通过对百姓生存状态的描述表明圣人之治"功成事遂"的价值与功效。"是以圣人抱一为天下式"(通行本《老子》第二十二章)表明圣人以身作则,可堪为天下人之表率。"是以君子终日行,不离辎重,虽有荣观,燕处超然"(通行本《老子》第二十六章)肯定作为统治者的"圣人"的生存样态。"圣人无常心,以百姓心为心。善者,吾善

---

① (汉)河上公,(三国)王弼,(汉)严遵:《老子》,刘思禾校点,上海古籍出版社 2013 年版,第 109 页。

② (汉)严遵著,王德有译注:《老子指归译注》,商务印书馆 2004 年版,第 85 页。

之，不善者，吾亦善之，德善。信者，吾信之，不信者，吾亦信之，德信。圣人在天下，歙歙焉，为天下浑其心，百姓皆注其耳目，圣人皆孩之"（通行本《老子》第四十九章）中的"圣人无常心，以百姓心为心"表明圣人对待民众的态度与方式，即"德善""信善"的"圣人"施以爱护与庇佑百姓的"德政"。"故圣人云：我无为而民自化，我好静，而民自正，我无事，而民自富，我无欲，而民自朴"（通行本《老子》第五十七章）借圣人之口论述不扰民众、不折腾民众、顺应民众自然本性的"圣人之治"。"是以圣人方而不割，廉而不刿，直而不肆，光而不耀"（通行本《老子》第五十八章）表明圣人言行无损事物自然性、清廉而爱民、正直却不自我标榜、光明而内敛的特征。"是以圣人处上而民不重，处前而民不害，是以天下乐推而不厌"（通行本《老子》第六十六章）表明"圣人之治"因其"太上"的统治境界而为人们"乐推不厌"。"民不畏威，则大威至"，"是以圣人自知不自见，自爱不自贵，故去彼取此"（通行本《老子》第七十二章）意在表明作为统治者的圣人具备不自我标榜、自我显现的品质与德性。"是以圣人为而不恃，功成而不处，其不欲见贤"（通行本《老子》第七十七章）表明"圣人之治"以民众的良性发展为最高追求，作为统治者的圣人根本不在乎权势与功名，也不会将道德作为谋利的手段和工具。"是以圣人云：受国之垢，是谓社稷主；受国不祥，是为天下王"（通行本《老子》第七十八章），意在借圣人之口阐明理想统治者的责任与担当。

以圣人作为理想统治者，通过推行"圣人之治"而解救时弊，从而促成安定有序的人世社会，此是《老子》"救时弊"之方略。在老子看来，倘若统治者效仿与遵行"圣人之治"，则之于民众、社会而言善莫大焉。也正是在此种意义上，"圣人之治"具有启迪与指导现实政治统治的意义与价值。在《老子》中，以圣人为统治者而推行的圣人之治，其指导作用和积极意义被明确体现在诸多章节中。比如，第二、三、九、十、十三、十七、十九、二十二、二十六、五十六、五十七章等。诸此各章既有对"圣人之治"的肯定性描述，又体现出对现实统治者的劝谏之意，还表达出希冀现实统治者效仿和推行"圣人之治"的意旨。诚然，"在宇宙体系中，'无为'的'道'

遵循'万物的自然'；在人间社会中，'无为'的'圣人'则遵循'百姓的自然'。"①"我无为，而民自化；我好静，而民自正；我无事，而民自富；我无欲，而民自朴"（通行本《老子》第五十七章）。《老子》的"圣人之教"与"圣人之治"全以"无为"和"不言"为内涵和方式，其旨在经由发挥众人道德修养的主体能动性，促成群体生活的符道合德。

概言之，以有道德的圣人作为统治者，通过推行"圣人之治"而"自然"地成就安定和谐的人世社会是《老子》道德思想的核心旨归。

三、宇宙自然的完满和谐

通过提升人的道德而促成由个体之人组成的群体社会的道德，经由发挥政治的统治与教化功能而促成安定有序的道德社会，体现出《老子》道德思想兼顾个体和社会的双重道德取向。在古代尤其现当代人们的思想中，综合关注个人和社会维度的伦理和道德思想，往往被认为是一种全面而周到的道德结构。然而，在《老子》中，道德的作用、影响、意义和价值并非限于个体和社会，而是指向广大浩瀚的宇宙自然。

在《老子》中，宇宙自然、天地万物的理想状态本即自然，包括人在内的万物都遵循与践行自身的内在自然性。然而，现实的情况是，人并不如自然物那般自然而然。"人法地，地法天，天法道，道法自然"（通行本《老子》第二十五章），"法自然"是本来如此之事，而人对自然性的持守与遵行却更多是一种应然状态。也是基于社会中人"不自然"的实然性，《老子》多次呼吁"复归于婴儿""能如婴儿乎""复归于朴"。事实上，由现实人世的角度而言，《老子》道德思想的最终道德目的是"人法自然"。在《老子》中，道、天、地"法自然"而具自然德性，"人"中"法自然"的婴儿与圣人也是"含德之厚"者，只有违背自然本性的"众人"处于不道德状态。可见，"域中四大"之"人法地，地法天，天法道，道法自然"的关系，于

---

① 王中江：《道与事物的自然：老子"道法自然"实义考论》，《哲学研究》2010 年第 8 期。

"人"处存有断裂和缺口。人背离自然本性，则人"不法地""不法天""不法道"。一旦人"不法道"，则道德沦丧、道德缺失、道德离场，人世社会的道德问题无法获得根本性的解决。由此意义上，"人"的道德是基础和前提。老子关注人世道德，正是意欲通过"个体之人—群体之人"的道德促成完满和谐的宇宙自然。作为万物之灵的"人"是"域中四大"之一，其之于宇宙自然意义重大。

老子对人世问题的论述往往以"自然"为切入点，而其之所以将自然事物与人直接关联，呼吁社会中人效仿与借鉴自然物的根本原因，在于人本是自然物之一类。人与其他自然物并无本质区别，均需要借助自然环境、随顺自我本性并不断向自然本性靠拢。也是基于人与自然物本质的相似性，老子常借自然物喻人，以自然物为人们提供启发。"有无相生，难易相成，长短相形，高下相倾，音声相和，前后相随"（通行本《老子》第二章）是对宇宙万物自成其是、相互作用特点和规律的描述。"凡此数者，天地之验、自然之符，陈列暴慢，然否相随，始终反复，不可别离……"① 自然物可不在外物的干涉下自然生成并与其他事物产生关联，人们的行为也应当持守和遵循自然规律。在《老子》中，人世社会的道德者都会依规律行事为人。"是以圣人处无为之事，行不言之教。万物作而弗始，生而弗有，为而弗恃，功成而弗居"（通行本《老子》第二章），表明"圣人"持守自然规律的主旨。圣人持守自然规律，则"众人"理应效仿圣人的德行。以德通天地的"圣人"作为连接自然与人的桥梁，使得自然奥妙与自然真谛于一般人而言不再神秘不可知、玄妙不可行。"天地不仁，以万物为刍狗；圣人不仁，以百姓为刍狗"（通行本《老子》第五章）以圣人"对接"天地，目的的在于揭示和呈现自然规律，激励人们遵守与践行之。"天长地久。天地所以能长且久者，以其不自生，故能长生。是以圣人后其身而身先，外其身而身存。非以其无私邪？故能成其私"（通行本《老子》第七章），在论述"天长地久"的自然现象及其原因后，用"是以"二字引出圣人，表明圣人对自然规律的笃信

---

① （汉）严遵著，王德有译注：《老子指归译注》，商务印书馆 2004 年版，第 370 页。

与笃行。借由双重肯定的语境和句式,明确可见《老子》呼吁人们效仿圣人、效法自然天地的意旨。针对"是以圣人后其身而身先,外其身而身存。非以其无私邪?故能成其私",一些学者认为老子于"自然"背后隐藏着"不自然"的动机与目的,"后其身"的目的是"身先","外其身"的目的是"身存","无私"的目的是"成其私"。针对这种观点,笔者更倾向于从现实角度解读之,认为老子是从现实人的心理出发,以"身先""身存""成其私"作为人们抱持与践行自然之德的"回馈",以此激励与促使人们成为有道德的人。事实上,即便从字面意思上理解"是以圣人后其身而身先,外其身而身存。非以其无私邪?故能成其私",也不能忽略《老子》中"圣人"之所为圣的基本前提,即圣人虽"身先""身存",但其并不在乎功名、权势、地位等道德之外的事物。"天下敬之,先以为长。百姓爱之如父母,神明祐之若赤子,故身长存。圣人无私而己自厚,故能成其私也。"①圣人"身存""身先""成其私"的身份与地位是人们尊敬、爱戴"圣人"的自然结果,其既非为圣人所看重,亦不是圣人之所以"后其身""外其身""无私"的初衷与目的。更确切地讲,于有道德的圣人而言,"后其身""外其身""无私"不是别的,只是生活常态而已。"上善若水"(通行本《老子》第八章)章以水喻道、以水启人,"人者,体柔守弱,去高处下;受辱如也,含垢如海;言顺人心,身在人后。人之所恶,常独处之;恬若无心,荡然无存;变动无常,与道流止。去己任因,莫过于水,帝王体之,用之为治。其德微妙,有何忧矣?"②上善若水,"上人"亦若水,以自然之水作为启发人们的对象,老子肯定的道德者与常人所谓的道德者截然不同。现实中的道德者更多是自我宣传、自我标榜、居功居德的"强大"之人,而老子的道德者是润物无身、低调内敛、顺应本性的"柔弱"之人。《老子》的"以水喻人"可谓对其时道德内涵与道德者形象的极大颠覆。在《老子》处,"自然"开始具有不可比拟的道德价值与现实意义,人与自然分离甚至异化的关系获得相当程度的优

---

① (汉)河上公,(三国)王弼,(汉)严遵:《老子》,刘思禾校点,上海古籍出版社2013年版,第15页。

② (汉)严遵著,王德有译注:《老子指归译注》,商务印书馆2004年版,第387页。

化与矫正。"功遂身退，天之道"（通行本《老子》第九章）以自然之天的运行规律启迪人世社会。"夫物芸芸，各复归其根"（通行本《老子》第十六章）经由对自然事物生发过程的描述揭示宇宙自然的内在规律，呼吁人们复归生而有德的本心与初心。老子以自然物启迪时人的思路和观点，建基于人之自然本性。比如"合抱之木，生于毫末"（通行本《老子》第六十四章）的自然现象与"千里之行，始于足下"（通行本《老子》第六十四章）的社会现象之间具有本质的一致性，老子旨在以此鼓励人们脚踏实地、勤勉笃行。"江海所以能为百谷王者，以其善下之"（通行本《老子》第六十六章）表明江海低洼而能纳百川的自然特征和自然功能；"是以圣人欲上民，必以言下之；欲先民，必以身后之"（通行本《老子》第六十六章）主张统治者效仿江海成为"谦卑""包容"者。以作为"百谷王"的江海与作为"人之主"的统治者直接对应，老子看重的正是自然现象、自然规律之于人世社会的普遍价值，及其对于人世社会不良道德境况的纠偏与矫正功用。"天之道，不争而善胜，不言而善应，不召而自来，繟然而善谋"（通行本《老子》第七十三章）表明自然之道的功用与价值，其虽未确指"天之道"与"人之道"的直接关联，但不难导出人道顺应天道、人事因循自然的主旨。"人之生也柔弱，其死也坚强。草木之生也柔脆，其死也枯槁"（通行本《老子》第七十六章）将"人"与"草木"直接对应，基于人与自然事物的同质性明示"柔弱"之德的重要性。"故坚强者死之徒，柔弱者生之徒。是以兵强则灭，木强则折。强大处下，柔弱处上"（通行本《老子》第七十六章）中的"木强则折"属于自然现象，其有助于表明天赋自然的柔弱之德对于身心健康的重要价值。"夫巨木高百寻，大连抱，头剖中门，尾判中户，不蒙华实，常在于下，千枝万木，舒条布叶，青青葱葱，共生其上者，以其形大而势强也……强木处上，则根本枯槁……"[1]以树木之自然喻人之自然，表明老子将人作为自然者的观念与思维。事实上，只有关注人与自然事物之间相似与相通的自然性，"人法地，地法天，天法道，道法自然"（通行本《老子》第二十五章）

_____

[1] （汉）严遵著，王德有译注：《老子指归译注》，商务印书馆 2004 年版，第 329 页。

的关系才能够以"自然"为纽带而获得建立与维系。重视与肯定社会中人的自然属性，从人之为人的内在与根本出发，《老子》旨在打通与弥合"人法地，地法天，天法道，道法自然"中"人"与自然万物之间闭塞的、断裂的关系，使人之发展合乎自然规律，顺乎自身之自然性。人之发展合乎身心需求、顺乎真实诉求，则人之安身立命、性命双修乃至社会有序、宇宙完满便具备最为根本的条件和要素，"人法地，地法天，天法道，道法自然"的宇宙和合理想也便具有实现的可能。

概而言之，以"自然"作为宇宙万物的内在德性，人可经由持守与践行自然德性而成为有德者。有道德的个体成就有道德的人世社会，只要人世社会有道德，则由人世社会与自然世界组成的宇宙便和谐完满了。"老子这种道德思维路向是在探寻道德的形上本体，向上求索，求索西周之后渐渐失去统领万物的大道，寻求解决人们日渐沉湎于名利之泥淖的方案，体现了道德理想主义的情怀。"①《老子》"天人同性""道人合一"的道德预设以及"人法自然"的道德诉求，体现出广博而玄远的"万物一体"的宇宙观念，以及深沉而厚重的"天人同道"的自然情怀。

---

① 张文俊：《德性智慧的开启——〈周易〉伦理思想研究》，中国社会科学出版社 2011 年版，第 9 页。

第三章 《老子》的道德者群像

　　道德生活的展开以自然天地为榜样和法则，此在《老子》中体现为人对于自然物的效法。"江河""草木"等自然物蕴含与彰显的道德均是人们效法的对象，自然物的德性亦是人的德性，体认与效法自然物就是人们"法天"进而"法道"的"修道德"过程。老子对现实中人的"修道德"多着笔墨，其以是否有道德为标准将人分为两类，即"圣人"与"众人"。"圣人"是"得道"的道德者，"众人"则指尚未得道的芸芸众生。倘将视角集中在人世社会，关于现实人世层面的道德主体，《老子》中又有多样化的指涉。如，作为先天"圣人"的人之初始阶段的"婴儿""赤子"；单独从统治者的角度，可将统治者划分为有德的统治者与无德的统治者，理想的统治者是"圣人"；以对"道"的态度而言，可将人分为"上士""中士""下士"。诚然，基于《老子》"修道德"的主旨，在涉及道德主体的道德表现形式时，《老子》更多关注"得道者"，致力于以道德者的道德样态为现实中人提供启示和借鉴。《老子》中存有大量对"得道"之人道德表现形式的描写。通过描摹与刻画"得道者"的状态与行为，《老子》提供给人们关于"得道者"心理状态、言行举止、为人处世方式、思想状态、精神境界等的具体内容，以此作为人们道德涵养的榜样与典范。结合《老子》对现实社会中道德主体的分类，真正为老子认可与肯定的有德之人，一是作为人之初始阶段和最初状态的"婴儿"或"赤子"；一是"圣人"。然而，作为"道德主体"的"婴儿"与"圣人"代表的是两种不同的道德样态，二者的道德表现出不同的内容和特征，"婴儿"道德是先天的、自发的，圣人的道德是后天的、主动的。

第一节 作为道德榜样的"圣人"

在《老子》中，自然即道德，事物随顺自然存在与发展便有德。"域中四大"的"道""天""地"以及天地之间的自然物之所以是《老子》肯定的道德主体，原因在于各者都是"自然者"。"人法地，地法天，天法道，道法自然"（通行本《老子》第二十五章），"道"作为终极存在与宇宙本原，无他者可法，顺自身即"法自然"。"天""地"以及自然万物均属于自然界，各者依凭自身本性存在与长成，因而具备自然德性。在《老子》中，"地法天，天法道，道法自然"不仅是一种应然的理想，亦是一种实然的状态。草木、山川、河流无一不是自然而然的存在者，"地法天，天法道，道法自然"成就的是宇宙自然的理想状态，"法自然"的形上世界与形下自然界均处于"符道"的状态。然而，《老子》"道器合一"理想的达成绝不会仅依赖于"地法天，天法道，道法自然"的达成，毕竟现实人世社会是宇宙自然的重要组成部分，也是最具代表性的部分。人世社会作为"器"的层面，是"道—器""天—人"关系中不可或缺的一环。"人"赋予宇宙世界以"属人"的特性，由人构成的人世社会是确证自然界与形上世界意义和价值的关键要素。老子之于形上"道"世界的构建以及对自然物的关注，其最终落脚点均在人世社会。忽略人世社会、不以促进人世社会为目的的思想或理论，其理论价值与现实意义无从谈起。正是从此种意义上，"地法天，天法道，道法自然"的结构之外，一定有"人"的部分，此即"人法地"。按照《老子》思想，"人法地，地法天，天法道，道法自然"整体上是一种应然的理想状态。"地法天，天法道，道法自然"作为应然与实然相融合的状态，本代表着理想与现实的双重完满。然而，因为"人法地"的缺失或断裂，"人法地，地法天，天法道，道法自然"更多成为《老子》的理论设想，在现实中真正践行与实现"人法地，地法天，天法道，道法自然"可谓困难重重。显而易见，"人法地，地法天，天法道，道法自然"之所以是一种理论预设或曰理想，原因就在于"人法地"的未实现。换句话说，现实中人的"不法地"使得"人法地，地法天，天法道，道法自然"的理想从起点处便遭遇困境，使得"人法地，地法天，天法道，道法自然"只能停留在理想层面，无法真正成为现实。在《老子》中，"人法地"是指人们效法自然天地成为随顺本性之人。与之相对应，"人不法地"则指人的生存发展违背自身自然性。事实上，老子之时正是"人不法地"的道德沦丧的时代。《老子》中存有多处描述人们违背自然本性的内容，诸此实是老子对"人不法地"社会现实的揭露与批判。

"不尚贤，使民不争。不贵难得之货，使民不为盗。不见可欲，使民心不乱"（通行本《老子》第三章）既从"统治者"和"民众"角度揭示出彼时人们欲望过度、私欲过多的现实，又表明老子劝诫的态度与观点。"持而盈之，不如其已。揣而锐之，不可长保。金玉满堂，莫之能守。富贵而骄，自遗其咎"（通行本《老子》第九章）从侧面揭示出人们过度追求欲望、过分贪恋财物的事实。"五色令人目盲；五音令人耳聋；五味令人口爽；驰骋畋猎，令人心发狂；难得之货，令人行妨"（通行本《老子》第十二章）则直接表明人们违背自身自然性的可怕后果。"贪淫好色，则伤精失明也。好听五音，则和气去心，不能听无声之声。人嗜五味于口，则口亡，言失于道也。人精神好安静，驰骋呼吸，精神散亡，故发狂也。难得之货谓金银珠玉，心贪意欲，不知餍足，则行伤身辱也"[1]；"夫耳目口心，皆顺其性也。不以顺性命，反以伤自然，故曰聋、盲、爽、狂也。"[2]其他诸如"名与身孰亲？身与货孰多？得与亡孰病？是故甚爱必大费，多藏必厚亡"（通行木《老子》第四十四章）；"天下无道，戎马生于郊。祸莫大于不知足，咎莫大于欲得"（通行本《老子》第四十六章）；"大道甚夷，而人好径。朝甚除，田甚芜，仓甚虚。服文采，带利剑，厌饮食，财货有余，是谓盗夸，非道也哉"（通行本《老子》第五十三章）等则从不同角度表明人们违背自然性的事实及其危害。

---

[1] （汉）严遵:《老子指归》，王德有点校，中华书局2011年版，第133页。

[2] （魏）王弼注，楼宇烈校释:《老子道德经注校释》，中华书局2008年版，第28页。

　　面对"人法地"的反面现实，老子急切地劝诫与呼吁人们遵照自身本性、随顺自然性而行事为人。为向人们提供"何以因循自然性"的指导，老子以"圣人"为榜样，通过对圣人何以与以何开展道德生活的描述，生动地呈现出"人法地"的理想与现实相结合的状态。抑或说，在《老子》中，"圣人"是全部遵行与落实"人法地"原理的道德人，是将应然理想落实成为实然事实的道德者。依照《老子》中"圣人"的外貌特征、生活环境、生活轨迹等，可见其与一般众人并无任何差别。在《老子》中，"圣人"生活于芸芸众生之中，对比普通人看似无有任何特殊之处。"圣人"对比"众人"的唯一区别在于"圣人"是因循自然的"有德者"。圣人抱持的自然德性是其之所以"成圣"的唯一原因与根本依据。何以圣人能够成为抱持自然性的有德之人，原因在于圣人知道、体道、守道、行道。"道法自然"，圣人亦"法自然"。在《老子》中，圣人是与"道"天然关联的一类人，老子既构建"道"，又构建出昭示与落实"道"的"圣人"。如同"道"的不言自明性，老子既未对"圣人"行为的合理性做过论证，亦未为圣人行为的现实性找寻依据。事实上，如同"道"的"不可见"与"不可道"，"圣人"道德行为的全面性和彻底性也往往难以从现实生活中找到具体参照。概或也是因此，"圣人"身份与地位的合理性反而不证自明，"圣人"道德之于现实社会的意义与价值更显可贵与难得。

　　如上文反复提及，"人法地，地法天，天法道，道法自然"，自然即德。圣人之德的全部内涵无外乎"法自然"。结合《老子》中对圣人之德的描述，可明确得见圣人之德的属性、特征、价值和影响。

一、圣人之德不可尽言

　　在《老子》中，"道可道，非常道"（通行本《老子》第一章）。"道"因玄妙、恍惚的内在特性，而无法用语言穷尽之。面对不可尽言的"道"，老子采取"勉强"的态度与方式"论道"，尽可能地描述"道"的形名、特性等。通观《老子》文本，有那么一个与"道"极为相似的概念，它亦是不可尽言的。面对其不可尽言的特性，老子同样采取"勉强"言说的态度和方式。"古之善为道者，微妙玄通，深不可识。夫唯不可识，故强为之容：豫兮若冬涉川，犹兮若畏四邻，俨兮其若客，涣兮其若凌释，敦兮其若朴，旷兮其若谷，混兮其若浊。"（通行本《老子》第十五章）"得道之君"，"其志节玄妙，精与天通也。道德深远，不可识知，内视若盲，反听若聋，莫知所长。举事辄加重慎，豫兮若冬涉川，心尤难之也。其进退犹犹如拘制，若人犯法，畏四邻知之也。如客畏主人，俨然无所造作也。涣者解散，释者消亡，除情去欲，日以空虚。敦者质厚，朴者形未分，内守精神，外无文采也。旷者宽大，谷者空虚，不有德功名，无所不包也。浑者守本真，浊者不昭然也。与众合同，不自尊。"①"古之善为道者"作为"得道之君"正是"圣人"。老子的"圣人"如同"玄之又玄"的"道"那般"微妙玄通、深不可识"。《老子》之于"圣人"不得已的言说，正说明"凡此诸若，皆言其容象不可得而形名也"②。诚然，如同"道"之重要价值与意义使得老子不得不尽力言说之，以使人们相信与遵行"道"；老子对"圣人"之所以"强为之容"的根本原因，在于"圣人"是得道者，得道的"圣人"言行举止须臾不离道，是道在人世间的化身，其道德可与天地齐同，可为现实中人提供榜样与典范。结合《老子》"道""德"的特点，圣人的道德是区别于彼时社会主流道德的"自然""无为"之德。"自然"是人之为人的本性，"圣人"秉持自然性即是时刻保持与坚守本性而为人处世。相较于现实中人对道德的追求与标榜，圣人的道德内隐于心、外化于行。圣人道德之所以不可尽言，原因在于其是人之本性的显现，人之本性的自然性和内隐性使得自然德性本无须多言也言说不尽。在此种意义上，"不可道"的"道"与不可尽言的圣人之德，在"自然"处相重合。"自然"可以作为何以"道"与"圣人"之德皆不可尽言的根本原因。

"古之善为道者，微妙玄通，深不可识"（通行本《老子》第十五章），

---

① （汉）河上公，（魏）王弼，（汉）严遵：《老子》，刘思禾校点，上海古籍出版社 2013 年版，第 32—33 页。

② （魏）王弼注，楼宇烈校释：《老子道德经注校释》，中华书局 2008 年版，第 33 页。

"圣人"德性深厚玄远，不可用言语穷尽。然而，"夫唯不可识，故强为之容"（通行本《老子》第十五章）。为发挥圣人道德的现实功用，促使人们对圣人德性的体认与效仿，老子又不得不对圣人的道德样态予以描述，揭示蕴藏于其中的道德意旨。

二、圣人之德遍施万物

作为终极存在与价值起源，"道"是万物之所"奥"，赋予万物成其自身的本质，并为万物生发提供条件与环境。"道生之，德畜之，物形之，势成之。是以万物莫不尊道而贵德。道之尊，德之贵，夫莫之命而常自然。故道生之，德畜之，长之育之，亭之毒之，养之覆之。生而不有，为而不恃，长而不宰，是谓玄德"（通行本《老子》第五十一章）。在宇宙万物生发的过程中，"道"是生万物的主体，之后"德"赋予万物成其自身的属性，"物"赋予事物以形象，"势"为事物的发展提供条件与环境。"道""德""物""势"分别在事物发展的不同阶段发挥作用。"道生一，一生二，二生三，三生万物"（通行本《老子》第四十二章）明确表明"道生万物"。"道"是万物之"母"，为人们所熟知，相比之下，"德"代表事物内在自然性，其赋予事物成其自身的自然属性。至于"物""势"，二者可被理解为"道"的不同表现形式。与"德"被诸多学者视为"道体""道相""道用"相似，"物""势"皆是"道"的表现形式。"凡物之所以生，功之所以成，皆有所由。有所由焉，则莫不由乎道也。故推而极之，亦至道也。随其所因，故各有称焉。"[1] 可见，在宇宙万物生发的各个阶段，"道"全面发挥积极作用，其伴随万物生发的"道生之，德畜之，长之育之，亭之毒之，养之覆之"（通行本《老子》第五十一章）的全部过程。

与"道"之于万物的普遍作用相似，圣人之德亦具备遍施万物的特点与价值。圣人之德之所以遍施万物，原因在于圣人言行遵循"人法地，地法

---

[1] （魏）王弼注，楼宇烈校释：《老子道德经注校释》，中华书局 2008 年版，第 137 页。

天，天法道，道法自然"（通行本《老子》第二十五章）的原则与路径。圣人法天地，"天地不仁，以万物为刍狗；圣人不仁，以百姓为刍狗"（通行本《老子》第五章）。"天地任自然，无为无造，万物自相治理，故不仁也。仁者必造立施化，有恩有为。造立施化则物失其真，有恩有为则物不俱存。物不俱存，则不足以备载矣。地不为兽生刍，而兽食刍；不为人生狗，而人食狗。无为于万物而万物各适其所用，则莫不赡矣。若慧由己树，未足任也。"[①] 依照王弼的注解，"法道""法自然"的天地之德遍及宇宙万物。"天地"本有自然之德，其道德之于万物的影响体现为顺物自然、不加干涉。因天地之自然，万物各得其所、各尽其用、各显其能，宇宙自然处于自然而然的状态。当"天地不仁"的自然德性为"圣人"所"法"时，"圣人"的德性亦体现为"不仁"。"圣人爱养万民，不以仁恩，法天地行自然。"[②] 天地对待宇宙万物天然平等，圣人对所有人一视同仁，"善者，吾善之；不善者，吾亦善之"，"信者，吾信之；不信者，吾亦信之"（通行本《老子》第四十九章）。如同天地之德遍流万物，促成万物的自然生发，圣人之德亦成就个体与社会"自定""自化""自朴""自正"（通行本《老子》第五十七章）的理想状态。

三、圣人之德重实践

在《老子》中，"圣人"从来不是夸夸其谈的"宣道者"，而是躬身亲为的"行道者"。"豫兮若冬涉川，犹兮若畏四邻，俨兮其若客，涣兮其若凌释，敦兮其若朴，旷兮其若谷，混兮其若浊"（通行本《老子》第十五章），描摹出一个低调、内敛的"圣人"形象。质朴无华、纯粹自然的圣人将道德实践与自身生活融为一体，既不因道德的高深而自视甚高、孤芳自赏，亦不会凭借深厚德行坐享名利、安受尊崇。"圣人"从外在形态上看起来与普通

---

① （魏）王弼注，楼宇烈校释：《老子道德经注校释》，中华书局 2008 年版，第 13 页。

② （汉）河上公，（三国）王弼，（汉）严遵：《老子》，刘思禾校点，上海古籍出版社 2013 年版，第 11 页。

人无异，甚至在外表与衣着上不及一般人，但圣人"被褐怀玉"（通行本《老子》第七十章），拥有人格光华与思想光芒。作为得道之人，圣人从来都身体力行地体道、行道。"上士闻道，勤而行之"（通行本《老子》第四十一章）描述的正是"圣人"之于"道"的态度和行为。"勤而行道"的"圣人"以"道"作为生活的最高指导，以对道德的获得与提升作为根本目的。关注"道德"的圣人，决然不会沉溺于对道德之外事物的追求与享受。在圣人看来，道德实践的过程充满着惊喜与乐趣，执着于追求道德的人根本无暇关注他者，更遑论声色名利等外物。一心行德的"圣人"，一切以"道德"为重。圣人将道德实践与生活密切结合，其日常生活本身迥然异于众人。众人以声色名利作为生活的内容和目标，而圣人纯以道德为对象和目的。鉴于实践对象与目的不同，圣人的生存样态、生活状态与众人截然相异。

"众人熙熙，如享太牢，如春登台。我独泊兮，其未兆；沌沌兮，如婴儿之未孩；傫傫兮，若无所归。众人皆有余，而我独若遗。我愚人之心也哉！俗人昭昭，我独昏昏。俗人察察，我独闷闷。澹兮其若海，飂兮若无止。众人皆有以，而我独顽且鄙。我独异于人，而贵食母"。（通行本《老子》第二十章）"圣人"秉持和实践自然之德，其不会像"熙熙""皆有余""昭昭""察察""皆有以"的众人那般"淫放多情欲，迷于美进，惑于荣利，欲进心竞，余财以为奢，余智以为诈"①，而全是一副自然的样子，"如婴儿之未孩"般质朴。相较于众人竞相追求与竭力获得外在物质，"圣人"更为关注内在自然德性的持守与扩充，并在现实生活中毫不犹豫地摒弃众人般的思维方式与生活态度，不加迟疑地否定与放弃"道"的"余食赘行"（通行本《老子》第二十四章）。圣人重视道德实践，道德实践是其生活重心乃至生活本身。"重为轻根，静为躁君。是以圣人终日行，不离辎重，虽有荣观，燕处超然"中的"圣人终日行，不离辎重"（通行本《老子》第二十六章），揭示出圣人"终日行德"的生存样态，"圣人终日行道，不离其静与

---

① （汉）河上公，（三国）王弼，（汉）严遵：《老子》，刘思禾校点，上海古籍出版社2013年版，第42页。

重也。"①"重为轻根，静为躁君"中的"重""静"之所以能够作为"本"，原因在于二者符合人之自然性，关乎人之修身养性与安身立命。"人君不重则不尊，治身不重则失神。草木之花叶轻，故零落，根重故长存"；"人君不静则失威，治身不静则身危。龙静故能变化，虎躁故夭亏也"。②"静""重"是宇宙万物得以安宁、久存的根本之"道"。圣人"终日"持守与践行人之为人的根本，正体现为圣人始终抱持与践行"道"。其他诸如"人之所教，我亦教之"（通行本《老子》第四十二章）；"使我介然有知，行于大道，唯施是畏"（通行本《老子》第五十三章）等亦在不同层面表明圣人之德重实践的特性。

四、圣人之德重"无为"

圣人之德合于道之自然性，其本质"无为"。圣人的外在样态和生活状态均呈现自然而然的特征，其于日常生活、言谈举止中须臾不离自然之德。由于圣人之德合于道，"无为"是道的内在属性与根本特征，无为即自然，故而圣人的自然之德又可被称为"无为"之德。"无为"既是道的内涵，又是《老子》倡导的为人处世的方法与原则。"道常无为而无不为"（通行本《老子》第三十七章），运用"无为"的方式能够达到"无不为"的效果。"圣人处无为之事，行不言之教"（通行本《老子》第二章），有道德的圣人以"无为"作为处世方略。至于何以"圣人"以"无为"作为道德生活的方式与途径，根本原因在于"无为"富含积极价值与久长功效。

《老子》的"无为"并非"什么都不做"，而是适当的"为"。在《老子》中，最适当的"为"，是顺乎与合乎事物自然本性的"合道"之"为"。由于"无为"是"道"的属性，而"道"是终极原理与最高法则，是故"无

---

① （汉）河上公，（三国）王弼，（汉）严遵：《老子》，刘思禾校点，上海古籍出版社2013年版，第55页。

② （汉）河上公，（三国）王弼，（汉）严遵：《老子》，刘思禾校点，上海古籍出版社2013年版，第55页。

为"可作为处世的通用原则与方法，是人们的道德实质与道德追求。老子多次肯定"无为"的理论与现实价值，并通过举例、对比、类推等方式表明"无为"的现实功用。"治大国若烹小鲜"（通行本《老子》第六十章），何以治国之大事能够与烹小鲜之琐事相类比？原因在于二者皆应"无为"。结合生活经验，"烹小鲜"最当"不去肠，不去鳞，不敢挠，恐其糜也"。[①] 基于"小鲜"本身的特点，人们在烹制过程中不可有大动作，而是理应"无为"，否则小鲜糜也。从"烹小鲜"的事例看，"无为"正表现为人对"小鲜"自然本性的体认与随顺。倘若人们不顾"小鲜"易糜的自然本质，在清洗与烹饪过程中放手施动则必然损伤"小鲜"的完整性，也难有美味佳肴。可以说，《老子》的"无为"提供给人们一条重要法则，即做事需要考虑对象的属性与特点。在了解和把握对象需求与特点的前提下，随顺对象的内在自然而实施行动更容易获得理想效果。"为无为，事无事，味无味，大小多少，报怨以德"（通行本《老子》第六十三章）说明"无为"之于人们生活开展和道德养成的重要意义。"因成修，故无所造作。豫有备，除烦省事也。深思远虑，味道意。欲大反小，欲多反少，自然之道也。"[②] 能够"为无为"的是修道成德之人，有道德的人自然知道"无为"的重要性，亦会在生活中无所造作、无有烦恼、深思远虑、清心寡欲、报怨以德。可见，"无为"即道德，有道德的人是"无为"之人。"是以圣人欲不欲，不贵难得之货，学不学，复众人之所过，以辅万物之自然而不敢为"（通行本《老子》第六十四章），圣人的"无为"之德具有"辅万物之自然"的积极功用，能够实现万物"自然"的理想结果。正是由于意识到"无为"的重要价值，"圣人"反而"不敢为"。河上公对"不敢为"的"圣人"之"动作因循，不敢有所造为，恐远本也"[③]的注解，明确表明"无为"无悖于事物自然本

[①] （汉）河上公，（三国）王弼，（汉）严遵：《老子》，刘思禾校点，上海古籍出版社2013年版，第153页。

[②] （汉）河上公，（三国）王弼，（汉）严遵：《老子》，刘思禾校点，上海古籍出版社2013年版，第162页。

[③] （汉）河上公，（三国）王弼，（汉）严遵：《老子》，刘思禾校点，上海古籍出版社2013年版，第166页。

性的内在特征，以及随顺并促进事物生发的外在功用。"天之道，不争而善胜，不言而善应，不召而自来，繟然而善谋"（通行本《老子》第七十三章）明确表明"无为"的"无不为"功效，是对"无为"价值的直接肯定。"不争""不言""不召""繟然"皆是"无为"的表现，"天"之"无为"成就天之威信，带来"万物自动以应时"，"万物皆负阴而抱阳"① 的万物自然生发的和谐场景，以及"修善行恶，各蒙其报""天网恢恢，疏而不失"② 的奖惩有序的人世社会。以"天"之"无为"为示范，老子重在表明"无为"的合理性与权威性，意在促使人们重视与践行"无为"。

从社会现实的角度而言，"无为"理应成为人们道德生活的依据与法则。老子之前及其时的社会生活中广泛充斥着"有为"，人为的制度规定成为限制与约束人们言行的重要工具。人的主体意识、主动精神、自由意志在制度的规约下被严重束缚、拘禁和忽视。以外在、形式、固定、强硬的制度规范对应生动、灵活、充满创造性的自然人性，这使得存于制度与人性之间的鸿沟与差距势必愈积愈深、越拉越大，以至于导致矛盾与冲突的爆发。这种存于"有为"与"自然"之间的矛盾及其危害，反应在实际生活中，便是道德沦丧、社会动荡、民心不安等不堪境况。事实上，春秋末年的社会状况，在相当程度上便是早前矛盾逐渐累积并最终爆发的结果。西周以来的"礼乐"文化极具"有为"特色和效用。依靠制度规范，西周时期形成了一套繁芜丛杂且机制严密的制度体系——礼乐制度。礼乐制度对不同阶层的人的言行举止做出明确而严格的限定，人们需要且只能依礼行事，否则便会依礼受罚。众所周知，制度的强规范性与人的自然性之间具有不可化约的矛盾，人们对制度的遵从往往以对自身本性的压制为条件。抑或说，制度效用的实现来自人们被动或主动地自我压制。这种制度与人性之间的背离关系，使得制度越是严密则越是压制人之自然性。人之自然性的长久与频繁被压抑的最终结果

① （汉）河上公，（三国）王弼，（汉）严遵：《老子》，刘思禾校点，上海古籍出版社 2013 年版，第 192—193 页。

② （汉）河上公，（三国）王弼，（汉）严遵：《老子》，刘思禾校点，上海古籍出版社 2013 年版，第 193 页。

是人的异化，即人背离本心和本性，远离人之为人的内在自然性。春秋末年
战事频发、民生动荡的现实背后正蕴藏着人之本性的异化以及道德沦丧的事
实。对于这种因"有为"而导致的不堪社会现实，《老子》中多有揭露。如，
"民不畏死，奈何以死惧之"（通行本《老子》第七十四章）；"天下有道，走
马以粪；天下无道，戎马生于郊"（通行本《老子》第四十六章）等。既然
"有为"的消极影响已然被历史证实，那么是否可以找寻到另一种用以指导
人世道德生活展开的方式和依据？基于对现实生活的反思，《老子》给出的
答案是"无为"。

"无为"即"自然"，一切合乎、顺乎事物自然本性的思想和行为均属
于"道德"范畴。《老子》中存有多处对圣人"无为"之德的描述。"是以圣
人处无为之事，行不言之教。万物作而弗始，生而弗有，为而弗恃，功成而
弗居"（通行本《老子》第二章），圣人随顺万物之自然本性，不干涉与干
扰万物的自然生长，即便"功成"亦以"无为"自持。"不尚贤，使民不争。
不贵难得之货，使民不为盗。不见可欲，使民心不乱"（通行本《老子》第
三章），作为统治者的"圣人"随顺民众的自然本性，不做引发人们争竞之
心、私己之欲、聚财敛物之念的事情，而是致力于促成自然、安泰、和乐的
民众生活。"是以圣人为腹不为目，故去彼求此"（通行本《老子》第十二
章），指出圣人之为的适度、适当性，表明圣人在生活中不妄为、不胡为、
不乱为的"无为"德性。"古之善为道者"（通行本《老子》第十五章）章
重点描述"无为"的圣人形象及其德行。"太上，不知有之；其次，亲而誉
之；其次，畏之；其次，侮之"（通行本《老子》第十七章），通过比较"无
为"与"有为"在政治统治中的优劣，肯定圣人的"无为之德"与"无为
之治"；"悠兮，其贵言，功成事遂，百姓皆谓我自然"（通行本《老子》第
十七章），表明圣人以"无为"促成"自然"理想状态的统治之道。"不自
见，故明；不自是，故彰；不自伐，故有功；不自矜，故长"（通行本《老
子》第二十二章）中的"不自见""不自是""不自伐""不自矜"皆属"无
为"，是"无为"的具体表现形式。诚然，也正是圣人的"不自见""不自
是""不自伐""不自矜"，成就其为圣、处圣的身份与权威。此外，《老子》

第二十四、二十六、二十八、四十四、六十四章等亦从不同角度揭示与阐释圣人的"无为"之德。

第二节　作为最初道德形象的"婴儿"

在《老子》中，"圣人""婴儿"是有道德的人。作为道德者的"圣人"，其道德境界是后天养成的。相比之下，人之初始阶段的婴儿之德具备先天性。婴儿的道德是生而就有的，而圣人之所以成圣，更大程度上是后天持守与践行道德的结果。老子崇尚自然，认为事物随顺自然便是"德"，生而自然的"婴儿"生而有德。"含德之厚，比于赤子"（通行本《老子》第五十五章）表明老子的"性善"观。在《老子》中，只要个体秉持与扩充自身的自然性，矫正与完善自身的德性，扩充与深化自身的道德，就能成为"圣人"。由于《老子》的"婴儿"是合乎道之自然性的存在，是故按照老子对"圣人"道德的规定，"婴儿"似乎也可归属于"圣人"范畴。只不过，结合《老子》中有关"圣人"的论述，可见"圣人"指的是心智、思维、道德等处于纯然成熟状态的人；加之"圣人"在《老子》中被视作理想的统治者，这也使得将"婴儿"归于"圣人"的范畴颇有牵强之嫌。抑或说，"婴儿"的心智、思维、身心、道德皆出于天然，因其天然而成，故而是纯粹的自然。相比而言，"圣人"的心智、思维、身心、道德的"自然"则是有意识选择与实践的结果，具有后天性。

事实上，结合生活经验也较易对《老子》的"婴儿"与"圣人"做出区分。人之初的婴儿，其身心成长有赖于父母哺育与外界环境支持。由于思维、心智处于发展的最初阶段，婴儿能且只能随顺自然的存在与成长。甚或说，"婴儿"没有或缺乏选择与改变自身的能力，其内在的自然性是确保生存发展的内在动力和根本源泉。"夫赤子之为物也，知而未发，通而未达，能而未动，巧而居拙，生而若死，新而若弊，为于不为，与道周密；生不生之生，身无身之身，用无用之用，闻无闻之闻；无为无事，无意无心，不求道德，不积精神；既不思虑，又无障截，神气不作，聪明无识；柔弱虚静，魂魄无事；乐无乐之乐，安无欲之欲；生不枉神，死不幽志，故能被道含德与天地同则……"① 严遵对"婴儿"或"赤子"的描述中明确揭示出婴儿"无我""无执""无思""无识"的纯任自然、全凭本性的特点和状态。相比之下，生活中人时常违背人之为人的本性，做非自然之事，以求得私利和欲望的极大满足。何以在成人世界中，人之自然性竟被如此忽略？究其原因在于成人已然获得生存与发展的各种能力，人之为人的内在自然性在相当程度上被有意或无意遮蔽。概或正是在此种意义上，老子对时人发出"含德之厚，比于赤子"（通行本《老子》第五十五章）的劝诫与呼吁。

老子以"自然"作为人之为人的根本，由于"自然"即"德"，故而先天秉持自然性以及后天持守与扩充自然性的人皆是有德者。生而即有道德的是"婴儿"，经过后天修为而获得道德的是"圣人"。生而有德的"婴儿"或"赤子"是老子多次明确肯定的对象。与"道""圣人"合理性的不证自明一致，老子对"婴儿""赤子"的肯定也是笃定、不容置疑的。在老子看来，纯任自然的婴儿必然是"含德之厚"者，婴儿天然具备成为道德者的条件与资质。

一、婴儿之德保全身心

最具自然性的"婴儿"之"德"，是婴儿生长与发展的内在动力，为婴儿身心的健康发展提供最为根本而内在的保障。"含德之厚，比于赤子。毒虫不螫，猛兽不据，攫鸟不搏。骨弱筋柔而握固，未知牝牡之合而朘作，精之至也。终日号而不嗄，和之至也。"（通行本《老子》第五十五章）老子明确肯定"婴儿""赤子"的厚重德性，认定"婴儿"是有道德的人。

有道德的"婴儿"是被保护与庇佑的对象。"赤子无求无欲，不犯众物，

---

① （汉）严遵著，王德有译注：《老子指归译注》，商务印书馆 2004 年版，第 162 页。

故毒虫之物无犯之人也。含德之厚者，不犯于物，故无物以损其全也。"[1] 何以"含德之厚"的婴儿竟能抵挡外界的强力侵害，原因在于"婴儿"的心性、意志、精神等的特殊性。"骨弱筋柔而握固，未知牝牡之合而脧作，精之至也。终日号而不嗄，和之至也"是对"婴儿"何以能够抵挡外来侵害原因的解释。"赤子筋骨柔弱，而持物坚固，以其意专心不移也。赤子未知男女之合会，而阴作怒者，由精气多之所致也。赤子从朝至暮啼号，声不变易者，和气多之所致。"[2] 可见"专心不移""精气""和气"是"婴儿"生来就有的内在本性，是"婴儿"自然性的体现。由于"婴儿"的"精气""和气"处于"极致"，各者为婴儿的生存发展提供内在动力和外在保障，是故面对具有强大生命力、旺盛意志力、强烈生存欲、一团和气、精力十足的"婴儿"，虽然蜂虿、蛇虺、猛兽、攫鸟等具有伤害婴儿的能力，却受到婴儿自然德性的感召，失却害物之心性。结合《老子》中"天地不仁，以万物为刍狗"（通行本《老子》第五章）以及《老子》有关宇宙万物皆有"道德"的思想观念，蜂虿、蛇虺、猛兽、攫鸟亦皆有其自然本性。因循自然、无害于物的"婴儿"，因其自然而然，而能与自然之万物交感互应，从而使得外在事物无害于己。正所谓"蜂虿虫蛇无心施其毒螫，攫鸟猛兽无意加其攫搏。"[3] 宇宙事物各因自然、各安其是、各得其所，此在"婴儿"与蜂虿、蛇虺、猛兽、攫鸟的关系中得到明确体现。"含德之厚"的"婴儿""赤子"依靠内在极致的"精气""和气"保全自身，说明"道德"之于个体成长发展的重要价值。自然即"德"，全任自然的"婴儿"最有德；有德之婴儿随顺自然，自然之德具有保全与成就"婴儿"的积极功用。鉴于"自然"与"道德"之间的直接关系，"含德之厚，比于赤子。毒虫不螫，猛兽不据，攫鸟不搏。骨弱筋柔而握固，未知牝牡之合而脧作，精之至也。终日号而不嗄，和之至也"（通行本《老子》第五十五章）既肯定婴儿的自然性，也肯

---

[1] （魏）王弼注，楼宇烈校释：《老子道德经注校释》，中华书局 2008 年版，第 145 页。

[2] （汉）河上公，（三国）王弼，（汉）严遵：《老子》，刘思禾校点，上海古籍出版社 2013 年版，第 137 页。

[3] （汉）严遵著，王德有译注：《老子指归译注》，商务印书馆 2004 年版，第 162 页。

定婴儿的道德。甚或说，"含德之厚，比于赤子"确定了《老子》"婴儿有德"的主旨。从这种意义上讲，是道德保全并促成婴儿的成长与发展。以"道德"作为保全"婴儿"的力量，一方面说明《老子》重视道德，另一方面则表明道德之于个体的意义与价值。在《老子》中，道德对于个体的积极价值自"人之初"始，伴随着人之发展的全部阶段和过程。在人之初期的"婴儿"阶段，道德能够凝聚人之精气，涵养人之和气，强化人之意志力，聚焦人之注意力，从而为人之心智、思维、情感等的和谐发展乃至纯然成熟提供基础而全面的保护与指导。道德之于"婴儿"成长的重要性表明，一旦人的发展失却道德的"保驾护航"，人之意志、态度、情感、理性等的发展极易偏离"轨道"，从而造成人的"异化"。这种因忽略、忘却道德而造成的"异化"结果，在《老子》中表现为人们对自然本性的忽略、遗忘与摒弃。诚然，这种对待自然本性的错误态度及行为，亦会致使人走上不道德的"斜径"，成为不道德者。

二、婴儿之德贵在柔弱

老子将人的道德本性集中概括为"自然"，事物遵循"自然"，即是因循自身本性，即是道德者。"人法地，地法天，天法道，道法自然"（通行本《老子》第二十五章），就连玄妙、深远的"道"都以"自然"为依据，遑论其他事物。"道生之，德畜之"（通行本《老子》第五十一章），作为宇宙万物的内在性，"自然"依靠"德"与万物发生关联。抑或说，是"德"赋予万物自然本性。对于"域中四大"中的"人"而言，人之为人的"自然"本性最初存于"婴儿""赤子"处。作为人之初始阶段，婴儿的身体、心智、思维、情感皆处于有待并亟待发展的状态，而发展过程是否持守与扩充人之本性，决定着人是否有道德。《老子》中的婴儿之所以"含德之厚"（通行本《老子》第五十五章），原因正在于"婴儿"抱持、因循与随顺自然本性。老子肯定婴儿的根本原因，无外乎婴儿是自然而然的人。"人之生也柔弱"（通行本《老子》第七十六章），婴儿自然而生、生而柔弱。"柔弱"既是婴儿的内在本性也是外在表现，是婴儿的自然天性。由于自然即德，故而"柔弱"既是婴儿的天赋本性，也是自然而然、自然天成的婴儿存在样态，还是婴儿道德的表现形式。老子将"柔弱"作为婴儿道德的特征和表现形式，建基于"柔弱"与"自然"之间的包含与被包含的关系。确切地说，"柔弱"是"自然"的内在特性与外在表现形式，其是婴儿之所以为"婴儿"的重要特质，若"婴儿"不"柔弱"，则不是"婴儿"了。从这种意义上讲，"柔弱"确保与成就婴儿的自然而然。由此，"柔弱"本身即是道德品质。事实上，老子正是通过对婴儿外在柔弱状态的描述肯定其道德。

"骨弱筋柔而握固，未知牝牡之合而朘作，精之至也。终日号而不嗄，和之至也"（通行本《老子》第五十五章）中的"骨弱筋柔"表明婴儿外在体态的柔弱，"握固"表明婴儿柔弱表象下的旺盛生命力。何以婴儿"骨弱筋柔而握固"，王弼注解曰："以柔弱之故，故握能周固"①。正是由于婴儿具有"柔弱"的自然本性，是故具有强大的自然生命力和天赋能力。抑或说，自然性在婴儿身上既体现为外在体态的柔弱，又体现为内在精神的强大。"未知牝牡之合而朘作""终日号而不嗄"皆可被视作婴儿具有强大生命力、旺盛精力以及坚强意志力的论据，此在现实生活中的婴儿身上体现的不可不谓淋漓尽致。何以柔弱是持守自然德性的婴儿的外部表征？何以柔弱之中蕴含着强大？根本原因皆在于"柔弱"合于"道"。有生命、有活力的事物全具柔弱的外部特征，且生命力越是旺盛，外部表现越是柔弱。比如，人之初的"婴儿"以及纤细柔脆的初生之草木。针对"知和曰常，知常曰明，益生曰祥"（通行本《老子》第五十五章），河上公有言："人能知和气之柔弱有益于人者，则为知道之常也。人能知道之常行，则日以明达于玄妙也。益生欲自生，日以长大。心当专一和柔，而气实内，故形柔。而反使妄有所为，和气去于中，故形体日以刚强也。"② 婴儿天然"和气"、本就柔弱，柔弱有益于人；人知柔弱的作用，便是知"道"；人知"道"，便会合乎本性的

---

① （魏）王弼注，楼宇烈校释：《老子道德经注校释》，中华书局2008年版，第145页。
② （汉）河上公，（三国）王弼，（汉）严遵：《老子》，刘思禾校点，上海古籍出版社2013年版，第138页。

发展与长成。可见，婴儿筋骨柔弱的外部特征，正表明其持守与践行自然之"道"的观念和行为。需要进一步指出的是，婴儿的"柔弱"亦表现为精神、心理、思想等的"柔弱"。"无为无事，无意无心，不求道德，不积精神；既不思虑，又无障截，神气不作，聪明无识；柔弱虚静，魂魄无事；乐无乐之乐，安无欲之欲。"①在严遵对婴儿心理和精神的描述中，呈现出一个"淡泊""寡欲""坦然""安静"的非凡形象。现实地看，人的生存状态往往体现出"强大"的特点。人们总想名利双收、财货两全；汲汲于功名利禄，不断地扩充与满足自身欲望；总是乐意并执着于在各种竞争中拔得头筹、争得名号、不甘人后；总是自以为聪明，为使自己居于高位而不择手段；人们时常看不起地位卑微、无有权势之人，并自诩为强大者；总是乐意成为他人的主宰者，喜欢挥动着权力之棒肆意起舞。相比之下，柔弱的婴儿无心于权势、欲望、名利，其心地纯净、心思纯洁，身体不适则哭、身心愉悦则笑，纯任自然、不加掩饰。对比于常人的"强大"，婴儿不仅在外表上是柔弱的，其内心亦柔弱。然而，正是内外皆"柔弱"的婴儿，却拥有超乎常人、令人震撼与惊叹的强大生命力和意志力，却拥有"毒虫不螫，猛兽不据，攫鸟不搏"的强大能量。何以如此？究其根本只在一个"德"字：是婴儿"柔弱"的自然德性成全其柔弱的外部肢体与内在心理，是婴儿"柔弱"的德性成就其强大生命力和顽强意志力。若继续探索"柔弱"之德的归属，则毫无疑问会找寻至"道"处。柔弱是"道"的表现形式，得道即有德，拥有"和气""精气"的婴儿之"柔弱"天然合于"道"，是婴儿的天赋道德。

《老子》中多次肯定"柔弱"之德。"天下之至柔，驰骋天下之至坚"(通行本《老子》第四十三章)。"至柔者水，至坚者金石，水能贯坚入刚，无所不通。"②水是自然界中最柔弱的事物，却有穿石入金的力量。人世社会中最柔弱的当是人之初的"婴儿"，但即使最凶猛残暴的蜂虿、虺蛇、猛兽、攫鸟对婴儿也不螫、不攫、不搏。可见，"天下之至柔，驰骋天下之至坚"

---

① （汉）严遵著，王德有译注：《老子指归译注》，商务印书馆2004年版，第162页。
② （汉）河上公，（三国）王弼，（汉）严遵：《老子》，刘思禾校点，上海古籍出版社2013年版，第100页。

意在说明"柔弱胜刚强"(通行本《老子》第三十六章)的道理，肯定"柔弱"之德的价值。"揣而锐之，不可长保"(通行本《老子》第九章)阐明对"强大"的理性态度，"既揣末令尖，又锐之令利，势必摧衄，故不可长保也。"①强大不可长久，其与"物壮则老，谓之不道"(通行本《老子》第三十章)具有相似的主旨，皆肯定柔弱的积极价值。"知其雄，守其雌，为天下谿"(通行本《老子》第二十八章)，"雄以谕尊，雌以谕卑。人虽知自尊显，当复守之以卑微，去雄之强梁，就雌之柔和"②，老子主张人们积极践行"柔弱"，经由秉持与践行柔弱之德促成自身的发展与进步。"柔弱胜刚强"(通行本《老子》第三十六章)直接肯定"柔弱"的意义与价值。"见小曰明，守柔曰强"(《老子》第五十二章)亦肯定"小""柔"的作用，主张人们重视柔弱，通过抱持与践行柔弱之德而日益强大。"人之生也柔弱，其死也坚强。草木之生也柔脆，其死也枯槁。故坚强者死之徒，柔弱者生之徒"(通行本《老子》第七十六章)，通过举例论证的方式说明"柔弱"的重要性，表明"柔弱"作为事物自然性有助于万物发展与长成的观点；其与"骨弱筋柔而握固，未知牝牡之合而朘作，精之至也。终日号而不嗄，和之至也"(通行本《老子》第五十五章)的婴儿依循自然性可相互印证。

以认同"柔弱"之德为前提，老子多次肯定"婴儿"的柔弱之德。"物壮则老，谓之不道，不道早已"(通行本《老子》第五十五章)，将"壮""老"与"不道"相对应，直接肯定"婴儿"之"柔弱"。相比于事物的强壮、衰老状态，婴儿显然柔弱而有活力，"万物壮极则枯老"③，老子对婴儿"柔弱"的积极作用做出双重肯定，以此表明"柔弱"之德出于并合于"道"的观点。"众人熙熙，如享太牢，如春登台。我独泊兮，其未兆，如婴儿之未孩，傈傈兮，若无所归"(通行本《老子》第二十章)，通过以圣人

---

① (魏)王弼注，楼宇烈校释：《老子道德经注校释》，中华书局2008年版，第21页。

② (汉)河上公，(三国)王弼，(汉)严遵：《老子》，刘思禾校点，上海古籍出版社2013年版，第59页。

③ (汉)河上公，(三国)王弼，(汉)严遵：《老子》，刘思禾校点，上海古籍出版社2013年版，第138页。

自比婴儿，肯定婴儿之德。其中婴儿淡泊、安静的形象和心性与"含德之厚"（通行本《老子》第五十五章）章中"无物可以损其德，渝其真""无争欲之心"的"柔弱"婴儿正相一致。"载营魄抱一，能无离乎？专气致柔，能如婴儿乎？"（通行本《老子》第十章）则明确肯定婴儿的"柔弱"之德，通过反问的句式与语气强调柔弱之德的重要性。

三、婴儿之德乃成人道德之来源

古今道德理论之于道德问题的反思往往基于一个大致相似的理路，即先确定人性问题再谈道德问题。人性问题是构建道德理论的前提，不同的人性假设促成内涵与主旨各异的道德思想。"人性问题是关于人的道德本性的认识，不同的人性假设，有不同的伦理设计。人性善恶的假设是中国伦理思想的基石，人性论突出了人的道德价值主体性。"[①] 虽然在《老子》中无法明确寻得关于人性问题的内容，但"含德之厚，比于赤子"的说法实则在相当程度上表明《老子》的"性善"观。在老子看来，自然是道的根本属性，事物合乎自然便是"德"。婴儿是自然而然者，是最为自然的人；作为人之初始阶段的婴儿生而有德，是具有深厚德性的人。《老子》肯定婴儿道德的根本依据在于婴儿的"自然"。在《老子》中，"道"最自然，"人法地，地法天，天法道，道法自然"（通行本《老子》第二十五章），道之"自然"是宇宙万物效法的根本之所在。由于"道"是"万物之母"（通行本《老子》第一章）；"道法自然"（通行本《老子》第二十五章），是故在《老子》中天地万物的理想状态体现为万物随顺与因循自然。"域中有四大，而人居其一焉"（通行本《老子》第二十五章），"域中四大"之一的人理应成为"自然"者。"自然"是宇宙万物的统一属性与共有特征，是宇宙万物皆应持守与践行的依据与法则。然而，在《老子》之前的道德理论中，"自然"概念

---

① 张文俊，《德性智慧的开启——〈周易〉伦理思想研究》，中国社会科学出版社 2011 年版，第 18 页。

并未被重视，有关"人性自然"的假设亦未曾出现。有鉴于此，《老子》自然德性论的构建，需要不断挖掘和赋予"域中四大"以自然属性。概或由于天地万物的生发过程直观彰显各自的自然本性，加之"道"作为形上存在与价值起源本是最自然的存在，是故"道"与自然事物的自然性不证自明、无须多言。"道大、天大、地大，人亦大"（通行本《老子》第二十五章）中的"道""天""地"皆具自然性，唯独"人"之自然性未被老子予以全方位肯定。何以老子对"人"的自然性作保留？究其根本在于老子对人性自然的呼吁在相当程度上正是由于其时之人的"非自然"。众所周知，老子之时道德沦丧，人世社会处于"不道早已"（通行本《老子》第三十五章）的不堪境况。在道德日渐衰微的社会现实下，战火频仍、灾祸连年，人性处于异化状态。人性异化最突出地体现为对自然本性的违背，具体表现为人们甘愿冒着"目盲""耳聋""口爽""行妨""心发狂"的危险不顾一切地追逐"五色""五音""五味""难得之货"（通行本《老子》第十二章）。人们被欲望蒙蔽双眼，被私利阻塞心灵，被奢靡蛊惑思想，舍去对自身自然本性的观照而成为背离本心、本性之人。在这种境况下，老子重视与呼吁自然性表现出深远的社会忧患意识和厚重的人道主义关怀。可见，人世社会的"不自然"或"不道"是《老子》自然人性论得以确证的最大阻碍。概或在这种意义上，老子不得不对自然人性进行论证。结合《老子》文本可见，老子以"婴儿"或"赤子"作为论证自然人性的论据，通过论述婴儿的"自然"力证"自然性即道德人性"。老子以"婴儿"论证人性自然的精彩之处在于其把握住一切人的共性——人人都必然经历"婴儿"阶段。"骨弱筋柔而握固，未知牝牡之合而朘作，终日号而不嗄"（通行本《老子》第五十五章）的婴儿自然状态不仅人人亲历，也可以经由观察而获知。人们经由回顾自身的"婴儿"体验，抑或通过观察"婴儿"的日常表现，很容易形成关于婴儿纯任自然、心思纯洁、思想纯净等的感受和观念。经由对"婴儿"自然性的论说，"人"之自然性也相应地获得确证。由此，"域中四大"的"人法地，地法天，天法道"关系，以"自然"作为沟通与贯穿的中介而具备合理性。

以婴儿作为论证自然人性的论据，赋予自然人性论以合理性，此并非

《老子》的全部目的。在《老子》中，自然人性论不仅具有理论合理性，亦具有现实意义。《老子》以"圣人"的自然道德与"婴儿"的自然德性相呼应，使得婴儿的自然德性有其现实价值，是一种可供人们切实践行且行之有效的理论。"独泊兮，其未兆，如婴儿之未孩"（通行本《老子》第二十章）的"圣人"，其"儽儽兮，若无所归""独若遗""沌沌""昏昏""闷闷""澹兮其若海""独顽且鄙"的生存状况与生活样态，正与"婴儿"相通与相同。圣人"乘乘如穷鄙，无所归就""独廓然，无为无欲""不与俗人相随""无所分别""无所割截"①的心理、情感和行为均在相当程度上与"未孩"之"婴儿"相同。"是以圣人抱一为天下式。不自见，故明；不自是，故彰；不自伐，故有功；不自矜，故长"（通行本《老子》第二十二章）。"不自见""不自是""不自伐""不自矜"皆是自然之德的实质与表现形式，圣人在生活中抱持与践行自然之德直接表明自然之德可以也正在被践行的事实。结合生活常识与实际经验，造作、虚假、虚伪之人才会自我显现、自以为是、自我美化、自高自大，真正有道德的人会将道德与生活合而为一，不会刻意宣称与有意标榜道德。显然，无知无识、不谙世事的"婴儿"是"不自见""不自是""不自伐""不自矜"的人。"强梁者不得其死，吾将以为教父"（通行本《老子》第四十二章），老子由"圣人"的角度强调柔弱的婴儿之德的重要性，表达自然之德亟须获得重视的强烈诉求。"强梁，谓不信玄妙，背叛道德，不从经较，尚势任力也。"②"强梁"即是"不自然"，不自然之人违背道德、倚重权势、遗失本心，不会成为"善摄生"之人。既然现实中人追捧、追随与追求"强梁"，人人乐意成为"强梁者"，那么就需要有人改变这种趋势与现状，成为"教人不当为强梁"的"教父"。可见，老子自觉承担呼吁人们抱持与坚守自然人性的"教父"角色。"善者，吾善之，不善者，吾亦善之，德善。信者，吾信之，不信者，吾亦信之，德信"（通行本《老子》

---

① （汉）河上公，（三国）王弼，（汉）严遵：《老子》，刘思禾校点，上海古籍出版社2013年版，第42页。

② （汉）河上公，（三国）王弼，（汉）严遵：《老子》，刘思禾校点，上海古籍出版社2013年版，第97页。

第四十九章）总述"圣人"为人处世的原则与方法，而以"婴儿"作为该句的主语亦无不妥。若说"圣人"的"德善""德信"是后天养成的结果，则"婴儿"的"德善""信善"是天赋自然。婴儿对草、木、鱼、虫皆施以善念与善行，以至于凶猛残忍的野兽都被婴儿的德行感化而收其尖牙利爪。可见，婴儿的"德善""德信"是天性使然。由圣人之德和婴儿之德间先天—后天、无意—有意、自然—主动的区别，圣人"德善""德信"的内在德性与外在行为实则是秉持与扩充婴儿自然德性的必然结果。抑或说，舍去婴儿的自然德性，圣人德性无有来源与依据。

《老子》的婴儿之德是构建人世道德的重要依据。老子以彼时的社会现实为参照，从人的自然本性出发，为自然人性的积极价值提供合理论证。在论证"婴儿"自然德性后，"自然人性即自然德性"的观点得以确证。由于人人都曾是"婴儿"，人人都有关于婴儿的体验与经历，是故"婴儿"的自然德性是每个人的天赋道德。"婴儿"之德在《老子》道德理论中具有"人性论"的地位与价值，是《老子》道德思想的基础与依凭。在老子看来，面对人性异化的不道德社会，找寻遗落的天赋道德对人们解蔽身心、回归自我、安放心灵意义重大，是真正解决个人和社会道德问题的根本环节和重要途径。《老子》由道之自然推演人之自然，由婴儿之自然德性证成人之自然德性，由人世社会的非自然揭示婴儿自然德性的理论与现实价值，以圣人积极践行自然德性表明婴儿自然德性的积极效用，其理论归旨在于以"婴儿"作为成人道德养成的榜样参照。

四、婴儿与成人之德反差显著

"婴儿"之德是人之道德的起点和依据，生而道德的"婴儿"自然而然地存在与发展。"含德之厚，比于赤子"（通行本《老子》第五十五章）为人们的道德认识和道德实践提供明确可见的参照，即"婴儿"。既然人人生而有德，天然秉持自然德性，何以《老子》只明确肯定人之初始阶段的"婴儿"之德，而并未对其他人的道德予以明确肯定？原因在于生来即有的自然道德，在后天发展中被人为地忽略甚或遗弃。这主要表现为，人们不愿意自然而然，而是在欲望的漩涡中忘却天赋秉性和自然本性，为追求道德之外的目的而违背自然初心做不道德的事。人们对于自然本性的否定与背离表现为对一己私利、物质欲望等的过度关注与满足。被物欲蒙蔽双眼、阻塞心灵以至于最终成为不道德者，此乃现实中人背离自然本性的常见现象。何以人们容易背离自然而成为不道德的人？"唯之与阿，相去几何？美之于恶，相去若何？"（通行本《老子》第二十章）。"善者和誉，恶者谏争，能相去何如？疾时恶忠直，用邪佞也。"①《老子》中有关"善""恶"相对又相近的观点，实则揭示出善恶之间一体两面的密切关系以及人之道德发展容易摇摆不定、偏离方向的现实。"善之与恶，相去若何？"善、恶的观念及其评判标准并非具备唯一性和永恒性，此时此地的"善"，换个时空就可称之为"恶"。诚然，在善恶并存的现实社会中，人们的确太容易被五颜六色的外在事物扰乱心智、迷惑耳目，从而变成掩盖真实自我的虚假之人。这种有关善恶的辩证思维可提供给人们看待生活与世界的全面视角。然而，需要注意的是，老子有关善恶一体两面、辩证存在、互相转化的观点，并非意在抵消和抹平善恶间的区别与差异，否则其便是混同善恶的不道德者。在揭示善恶关系为世人提供启发外，老子更加强调人们对是非善恶抱持明确区分的态度，既有所否定与摒弃，又有所肯定与秉持。结合《老子》文本，老子实际上主张人们在区分善恶的基础上，对"善"抱持全然肯定的态度并积极践行之。在"美之与恶，相去若何"后，有关圣人知善、行善的例举，明确表明老子肯定"善"而否定"恶"的态度与观点。"众人熙熙，如享太牢，如春登台。我独泊兮，其未兆；沌沌兮，如婴儿之未孩；儽儽兮，若无所归。众人皆有余，而我独若遗。我愚人之心也哉！俗人昭昭，我独昏昏。俗人察察，我独闷闷。澹兮其若海，飂兮若无止。众人皆有以，我独顽且鄙。我独异于人，而贵食母"（通行本《老子》第二十章）。面对

---

① （汉）河上公，（三国）王弼，（汉）严遵：《老子》，刘思禾校点，上海古籍出版社2013年版，第41页。

"熙熙""有余""昭昭""察察"的"众人"，圣人坚守自然本性，抱持道德初心，由内而外地扩充与彰显自然之德。将"圣人"与"众人"的生存样态相对照，《老子》意欲揭示的道理是：圣人之所以为圣，关键在于圣人面对繁华能够安守淡泊之心。较之于强调人们自我迷失的不可取，老子更加重视人的自我掌控。抑或说，虽然现实生活的纷繁复杂、光怪陆离极易使人迷失方向、混淆是非，然而人之为人的根本在任何情况下都不可丢掉。这也是老子以意志坚定、秉持初心的"圣人"为人们提供参照与榜样的深层意蕴。

"美之与恶，相去若何"（通行本《老子》第二十章），人的道德观念与道德行为具有复杂性。"明道若昧，进道若退，夷道若类，上德若谷，广德若不足，建德若偷，质真若渝，大白若辱，大方无隅，大器晚成，大音希声，大象无形，道隐无名"（通行本《老子》第四十一章），老子从"道"的角度对人们道德养成的复杂性予以论述。"明道之人，若暗昧无所见。进取之道，若退不及。大道之人不自别殊，若多比类也。上德之人若深谷，不耻垢浊也。大洁白之人，若污辱，不自彰显。德行广大之人，若顽愚不足也。建设道德之人，若可偷引，使空虚也。质朴之人若五色，有渝浅不明。大方正之人，无委屈廉隅。大器之人，若九鼎瑚琏，不可卒成也。大音犹雷霆，待时而动，喻常爱气希言也。大法象之人，质朴无形容。道潜隐，使人无能指名也。"[①] 道德本是内敛、低调、不耀眼的，真正的道德暗昧、柔弱、空虚、广廓。然而，人们向往与追求的更多是光芒、强大和盈满，这使得人们往往容易看重道德的表象及其眼前效用，而忽视道德的本质及其长远价值。在这种态度和观念下，人们较容易成为道德养成进路中的妥协者和"逃兵"。结合上文有关"明道若昧，进道若退"的注解，实可见道德养成的困难性。按照古今道德家的共识，道德实践是道德养成的必经之途，道德水准与境界的提升需要人们"勤而行之"（通行本《老子》第四十一章）。"（庄

---

① （汉）河上公，（三国）王弼，（汉）严遵：《老子》，刘思禾校点，上海古籍出版社 2013 年版，第 91—92 页。

子)'神遇'说就是在实践中认识'道',并使自己的主观认识和客观规律相一致,这样就会由必然到自由,进行得心应手的创造……这些都说明了'道'是客观存在的普遍规律,这些规律不是不可知的,只要通过不断的实践是可以认识的,人们正是在不断的实践过程中,才能使主观认识与客观规律达到高度完美的统一。"① 诚然,在人们勤而行德的过程中存在各种各样的障碍,既有来自人们之于道德"明道若昧,进道若退,夷道若类,上德若谷,广德若不足"(通行本《老子》第四十一章)认识上的挑战,又有对人们在道德实践过程中"千里之行,始于足下"的考验。由是,在追求道德的过程中,当面对压力与磨难不知所措和无所适从时,人们往往倾向于退缩甚至放弃。"得道"并非易事,其对人的精力、意志力、承受力等提出较高要求。老子承认道德体认、道德实践的困难性,也明确表述何以道德养成如此困难的原因及其表现。然而,相比于道德养成的困难性,老子更加强调迎难而上、知难而进的个体态度与行动。"上士闻道,勤而行之"(通行本《老子》第四十一章)肯定有志、勤行道德的"上士",而此"上士"实则正是"闷闷""昏昏""独若遗"(通行本《老子》第二十章)的始终抱持与践行道德的"圣人"。

如同圣人不惧艰难、不畏困境地追随与实践道德,"婴儿"对待道德也持有同样的态度与行为。更确切地说,婴儿的每一次成长和变化都伴随着对自然道德的践行,是持守与扩充自然天性的结果。婴儿尚且自觉持守与践行自然德性,心智成熟的成人更当认识到道德的价值并积极实践之。然而,遗憾的是,成人不但不珍视道德,反而随意践踏与败坏道德。成人世界的道德状况与婴儿之德完全不可同日而语。成人世界是一个"持而盈之","揣而锐之","金玉满堂","富贵而骄"(通行本《老子》第九章)的物欲至上的社会;成人世界充斥着"五色""五音""五味""难得之货"(通行本《老子》第十二章),人们为此不惜冒着"目盲""耳聋""口爽""心发狂""行妨"(通行本《老子》第十二章)的危险而肆意追逐之;成人世界有着"得之若惊,

---

① 高起学:《道家哲学与古代文学理论》,中国社会科学出版社 2009 年版,第 36 页。

失之若惊"（通行本《老子》第十三章）的令人心神不宁的复杂氛围；成人世界充满着"自见""自是""自伐""自矜"（通行本《老子》第二十二章）者，他们自我标榜、自以为是、自我鼓吹；成人的世界充满着战争与杀伐，人们总是擅长"以兵强天下"（通行本《老子》第三十章），乐意挥舞权力的指挥棒左右甚至主宰他人，进而从中收获异化的快感与愉悦；成人世界热衷于"甚爱"与"多藏"（通行本《老子》第四十四章），不懂得"知足不辱，知止不殆"（通行本《老子》第四十四章）的道理，人们宁愿在争名逐利中死，也不愿在淡泊宁静中活；成人世界用以评判道德的标准并非"生而不有，为而不恃，长而不宰"（通行本《老子》第十章），而是重在计算孰者更有功名、孰者更有权力；成人世界大有不顾"朝甚除，田甚芜，仓甚虚"（通行本《老子》第五十三章）的不堪现实而乐享"服文采，带利剑，厌饮食，财货有余"之奢靡生活的"盗夸"（通行本《老子》第五十三章）之人；成人世界中总有热衷于获得与运用"伎巧""奇物"（通行本《老子》第五十七章）并擅长投机取巧的巧智之徒。

《老子》中存有诸多描述成人世界道德败坏的内容，在此不做逐一列举。事实上，无论参照《老子》抑或现实社会生活，均可明确得见成人道德造作、虚伪、表面的特征。从这种意义上讲，《老子》的婴儿之德与成人道德形成鲜明反差。这种对比与反差，能为社会中人的道德反省、道德省察、道德认识、道德实践等提供具体参照。

五、婴儿之德可为成人之借镜

人人都曾是那个"含德之厚"的"婴儿"，老子对于"婴儿"德性的肯定，表明其"性善"观。既然人生而本善，人的后天发展便有法可依。在《老子》中，自然即德，个体合乎自然本性的生存与发展，是持守与扩充道德的关键甚或唯一途径。这种由人性论推演而出的道德思想中蕴含着破解现实道德问题的良方。倘若人人都像"婴儿"那般因循自然性而生存与发展，人人都处于一种自然而然的生存样态下，则现实社会中人性的异化、道德的沦丧以及非正常的社会问题等便会迎刃而解、不攻自破。

《老子》中存有关于人们如何以婴儿为榜样的内容。"专气致柔，能如婴儿乎？"（通行本《老子》第十章）的反问，既肯定婴儿道德，又呼吁成人"以婴儿为师"。"专守精气使不乱，则形体能应之而柔顺。能如婴儿内无思虑，外无政事，则精神不去也。"①婴儿始终保持旺盛精力与生命力的关键在于"专气致柔"，老子主张人们学习婴儿精神专一不涣散、气质柔弱不刚强的品性。"任自然之气，致至柔之和，能若婴儿之无所欲乎？则物全而性得矣"。②对比河上公的注解，王弼直指自然本性之于身心发展的重要价值，主张经由持守与扩充自然本性成全事物发展，提倡人们学习婴儿抱持自然、柔弱不争、守真无欲的德性。"我独泊兮，其未兆，沌沌兮，如婴儿之未孩"（通行本《老子》第二十章），以"圣人"自陈其生存样态表达对婴儿德性的肯定，揭示出人们理当学习"圣人"与"婴儿"淡泊、宁静、静心、寡欲等心性与品质的意旨。由于在《老子》中，圣人的生存样态和精神境界在相当程度上与婴儿重合，故而圣人之德与婴儿之德彼此互通。比如，圣人的淡泊安静、廓然开阔、不喜财物、无为无欲、任守自然、愚钝质朴、无所分别、低调内敛等品质皆备于婴儿。有鉴于此，"我独泊兮，其未兆，如婴儿之未孩"（通行本《老子》第二十章）章中有关圣人德性的内容亦是人们理当效仿与践行的婴儿之德。"含德之厚，比于赤子"（通行本《老子》第五十五章）阐明"以婴儿为榜样"的主旨。"毒虫不螫，猛兽不据，攫鸟不搏"（通行本《老子》第五十五章）则从婴儿德性保全婴儿身心的角度确证婴儿道德的可贵性，促使人们形成对婴儿德性的深度认同。"骨弱筋肉而握固，未知牝牡之合而朘作，精之至也。终日号而不嗄，和之至也"（通行本《老子》第五十五章），通过描述直观可见的婴儿生存样态，论证婴儿德性的意义与价值，再次肯定道德之于个体身心发展的重要作用。"知和曰常，知常曰明，益生曰祥，心使气曰强"

---

① （汉）河上公，（三国）王弼，（汉）严遵：《老子》，刘思禾校点，上海古籍出版社 2013年版，第 21 页。

② （魏）王弼注，楼宇烈校释：《老子道德经注校释》，中华书局 2008 年版，第 23 页。

(通行本《老子》第五十五章) 重在表明婴儿合道的主旨。"物壮则老,谓之不道,不道早已"(通行本《老子》第五十五章) 则以"物壮则老"的万物发展趋势与状态表明柔弱之婴儿因纯任自然而全其身心的观点,并以"不道早已"的成人社会为落脚处阐发"不道早已"的成人理当学习婴儿之德的主旨。婴儿的专心不移、不害于物、无欲无求、至真不渝、柔弱不争、精气饱满、和气充盈等品行与道德皆是人们学习的内容。"人之生也柔弱,其死也坚强"(通行本《老子》第七十六章) 中"人之生"的最初形态便是"婴儿"。婴儿阶段是人一生之中最"柔弱"的时期,随着身体的不断发育与成长,人们的骨骼肌肉等逐渐变得"坚强",这是合乎个体身心发展趋势的自然结果。然而,相比人之身体逐渐"坚强"的自然发展趋势,人们思想、精神、心性、气质等的不断"坚强"则是背离自然本性的表现。何以背离自然本性,人们的精神与道德会愈加坚强?究其根本原因在于人们不再秉持与坚守柔弱、不争、谦虚、包容的自然之德,而是处处争强好胜、凡事追求利益最大化。"人之生也柔弱,其死也坚强"(通行本《老子》第七十六章),经由对比人的生死状态,揭示人之初生时期的自然本性、柔弱德性之于身心发展的积极意义,以此警示人们凡事莫任强使能、造作极端。身体与心性是人之存在的内外形式,二者相互作用、荣辱与共。"是以人始生也,筋骨柔弱,血气流行,心意专一,神气和平;面有荣华,身体润光,动作和悦,百节坚精;时日生息,旬月聪明","及其老也,骨枯筋急,白发肌羸,食饮无味,听视不聪;气力日消,动作日衰,思虑迷惑,取舍相违。及其死也,形槁容枯,舌体伸缩。"[①] 严遵有关"人之生也柔弱,其死也坚强"(通行本《老子》第七十六章) 的疏解明确揭示出婴儿时期的自然本性之于个体成长发展的积极意义,以及人们背离自然性的消极后果。

道家倡导"身心不离""形神合一",也是在这种意义上道家的"养生""养身""摄生"富含浓厚的精神指向和深远价值。"草木之生也柔脆,

---

① (汉)严遵著,王德有译注:《老子指归译注》,商务印书馆 2004 年版,第 325 页。

其死也枯槁"（通行本《老子》第七十六章）中明确蕴含"身心不离"的观点。当身体"柔弱"时，内在心性亦"柔弱"，其结果是"生"，如"人之生"之最初阶段的"婴儿"；当身体"坚强"时，精神、思想亦"坚强"，其结果是"死"。《老子》中"人之生也柔弱，其死也坚强"以及后文的"草木之生也柔脆，其死也枯槁"（通行本《老子》第七十六章），皆是用以论证"柔弱"之德的论据。抑或说，老子通过举例论证的方式，用可为人们较易得见的生活现象与自然事物肯定"人之生"的"柔弱"之德，从而呼吁人们抱持自然本性，做纯任自然的"柔弱"之人。以纯任自然的德性作为促使"婴儿"身心良性发展的内在动力与根本保障，老子意在告诫人们违背本性、背离本心的危害，旨在规劝那些已然违背自然德性的人尽快地、尽最大努力地学习与效仿"婴儿"之德。

婴儿全任自然的德性成就其"精之至""和之至"的理想状态。相比之下，成人世界对于自然本性的否定与抛弃带来的则是异化与扭曲的人性与现实。"众人则不然，见闻知病。见闻知病，合于成事，不睹未然之变，故贵则刚。大权造势，众务不制；深度柔弱，远绝微寡；动与道舛，静与天忤；神明溃浊，众事并兴；思虑迷惑，妄喜妄怒，福禧出门，妖孽入户，天网以发，不可解之也。滂然祸生，怆尔觉悟，屈约而言卑，将死而辞善，虽欲改过为新，反于微寡，自然不释，与生路远，破国亡家，祸及子孙。"①现实中人对自然本性不屑一顾，人们不知柔弱的自然之德，只是一味看重与追逐强大、强悍与强力，为此不计代价地任强使能；人们害怕孤、寡，不爱慎独、静思，容易受他人言行的左右，从而随波逐流。"我们的心，却往往由于受到外物的诱惑，在各种情绪欲望的翻腾纠结之际，原本安和之心性便因过度波动而遭受搅乱。"②在《老子》中，这种违背自然本性的行为本身即是最大的不道德。道德促成人的身心发展，不道德则阻碍身心发展并导致不可收拾的后果。结合现实中人矫揉造作、虚伪矫饰、功利世俗的情态，可直接得

① （汉）严遵撰，王德有点校：《老子指归》，中华书局2011年版，第19页。
② 陈鼓应：《管子四篇诠释——稷下道家代表作解析》，商务印书馆2016年版，第45页。

见，婴儿无论从生存状态、精神境界抑或发展路径和方向上，都与"众人"截然相反。这种以"婴儿"对比"众人"的方式，不得不说具有极大的道德警醒与劝诫作用。毕竟，人们只要尚存稍许良知便能够对自身言行的道德与否做出判断，而在反观自身德性的基础上与婴儿做比则较易激起人们心中的涟漪："婴儿尚且具备道德，成人何以如此不堪"？在与婴儿的对比中，成人当较易形成诸此反思与自诘。

概而言之，人人都是或曾是婴儿，婴儿是自然之德的最初拥有者。对于"婴儿"之德的体认，可改变人们之于道德的不当认识，促使人们矫正道德与自我发展相分离的观念和行为误区，从而使得人们将道德与本我相关联，使得"得道成德"成为自然而然、关乎自身的必然之事。事实上，成人的精神涣散、思想混乱、意识分散，在相当程度上正是由于违背自身本性所致，而不道德的行为与不堪处境亦不得不说是背离本真人性的必然结果。将成人世界的困境或不堪与"婴儿"的自然之德相对照，人们较易获悉"道德"之于个体和社会发展的重要价值，从而有助于人们自觉树立道德为本、道德优先的观念。婴儿道德的厚重及其之于身心发展的重要价值，可对现实中人尤其那些"不道早已"之人发挥警醒与规劝功效。以"婴儿"作为"众人"的榜样，老子实则对背道离德者仍旧抱持同情与期待。在老子看来，只要人人愿意回望自身，便一定能够发现作为婴儿的自己：至真至纯而无所烦扰，无欲无求而性命双全，天真质朴而忧伤自去，心地善良而众人庇护……经此回顾，一定能够引发人们对于自身道德的反思与自省。

六、婴儿之德是道德归宿

在《老子》中，"人法地，地法天，天法道，道法自然"（通行本《老子》第二十五章），事物发展的最高法则与最终依据是"道"。在自然之道的指引下，"有无相生，难易相成，长短相形，高下相盈，音声相和，前后相随"（通行本《老子》第二章），万物各是其是、同生共存。"荣华扶疏，始于仲春；乔麦阳物，生于秋分；冬至之日，万物滋滋；夏至之日，万物愁悲。"①万物应时而生、随时而变，宇宙的大化流变、生生不息全是自然而然的过程和结果。道生天地，自然天地涵养自然事物，道、天、地、人四者之所以是"域中四大"，究其根本原因在于各者皆自然。在《老子》中，宇宙万物的生发合乎自然，用以评判事物的唯一标准是"自然"。合于自然的事物得"道"，得道即德。理想状态下的事物均具成其自身的自然性，均应"符道合德"。然而，遗憾的是，总有事物不断地背离与否定自然本性，此即"人"。老子对人们背离自然本性的不良后果多有阐发。由于上文涉及相关内容，在此不复赘述。然而，老子虽对人们忽略与否定自然本性予以强烈批判，但其并非针对所有人。人之初生阶段的"婴儿"是"含德之厚"者，自然德性在"婴儿"处得到完好的保留与淋漓尽致的展现。以"婴儿"作为有德者，表明老子对人世道德抱持希望、怀有期盼的内在心理；揭示"含德之厚"的婴儿之德的内涵与特征则为每个人反身回顾"童年"提供真实参照和可行路径；确指婴儿的榜样作用则提供给人们明确的道德目标与方向。可以说，在《老子》中，成人世界的不道德境况可经由对婴儿之德的体认与学习获得改变，成人世界的道德沦丧可经由对婴儿道德的体认与践行而获得救赎。"常德不离，复归于婴儿"（通行本《老子》第二十八章）明确表明以婴儿道德作为道德发展目标与归宿的观点。"复归于婴儿"中的"复归"，其要旨在于"复"字。何以成人对于婴儿道德的体认与实践是"复归"的，原因在于婴儿的道德人人都曾拥有，只不过在后天的发展过程中忽略、遗忘了而已。对于曾经属于自己却忽略或遗失的美好事物，再次捡拾起来并加倍珍惜是最允妥的方式。

春秋末年，道德沦丧是彼时社会人世的重要特征。在"异化"的生存环境下和社会洪流中，道德之于个体与社会的意义微乎其微。身处社会巨变与道德旋涡中的老子，面对时弊丛生的社会和背道离德的世人，从人性这一核心道德命题出发，找到"复归于婴儿"（通行本《老子》第二十八章）的社会改良途径和道德改善方法。结合一般的思维方式或生活经验，当社会动

① （汉）严遵著，樊波成注：《老子指归校笺》，上海古籍出版社2013年版，第235页。

荡、人心不稳之际,人们往往会依赖于制度的强制效力。这表现为,通过制定与推行各种制度约束与规范人们言行。这种将道德问题的解决诉诸制度规范的做法,至今仍有相当"市场"。相比之下,几千年之前的老子早已摒弃这种思路。在《老子》中,人的问题只有人能解决,道德问题的解决只能用道德的法子。概或因这种将问题与方法直接关联的思路,老子从未将道德问题的解决寄希望于人之外的事物,而是从"人"出发,主张通过改变与提升人的道德,从根本上消除因不道德造成的各种现实问题。《老子》的这种思路可被概括性地描述为:人世道德问题的解决诉诸每一个个体,个体通过解决自身的道德问题而成就道德的群体、社会、国家;个体解决自身道德问题的方式是由自身入手,即"复归"那个被忽略与遗忘的"婴儿"。由此而言,"复归于婴儿"的道德养成思路和方式,以人的身心发展为切入点和落脚点。人人都曾是"婴儿","婴儿"的情状极易体察与获知,"复归于婴儿"于人们而言并不陌生。然而,倘将这种观点放置于现实之中似乎较易引发人们的疑惑与诘问。原因在于,一方面现实中人重视事物、方法等的实际功用,回归自然之德到底是否"有用",此当是人们普遍关注的问题。另一方面,自然德性一旦与现实需求相遇,人们可能更倾向于充分满足物质需求,而非在道德的高台上寂静淡然,毕竟"人非圣贤"。从这种意义上说,虽然《老子》的"复归于婴儿"在古今道德思想的"丛林"中熠熠生辉、独树一帜,且在理论层面具有不可比拟的创新性与独特性,但若将其放置于现实,则易因人们"往前看""向前冲"的思维路径与行为样态而被认为是对人之发展的"倒行逆施",其理论价值也容易被弱化、消解甚至否定。然而,在《老子》中,"复归于婴儿"是一种天然和必然,这种"似乎"既不是"复归于婴儿"的属性,也不在老子考量的范围内。事实上,无论结合理论抑或现实,"复归于婴儿"都有其与时俱化的普遍适用性。如前所述,人世社会因"有为"而导致的矫饰、伪善、虚假、造作等问题,究其根本在于人的"不自然"。由人之不自然导致的各种道德问题、社会问题、文化问题等也无时无刻不在提醒着人们回归自然。回归自然就是回归自己的初心、本心,就是认识、反思并最终接纳自己,就是找寻自身与身外之物间的和谐关系,就是坦然、平实的做人与生活。从这种意义上讲，《老子》的"复归于婴儿"不仅是道德养成理论，更是关乎个体、群体乃至人类发展与命运的终极方法。人在多大程度上能够接纳自己并与自身和谐相处，便是在多大程度上尊重和珍视曾经拥有而被遗落掉的自然人性。人对自然人性的"复归"不仅是解决自身矛盾与冲突的关键，也是解决社会问题、自然问题的根本之所在。《老子》"能如婴儿乎"的反问中表达出对人体认、接纳、珍惜自我本性的强烈呼吁。

"反者道之动"（通行本《老子》第四十章），《老子》"重反"。"反"即"返"，意为"返回""复归"。"重反"的思维方式与理论特点，可作为理解老子何以倡导"复归于婴儿"的深层原因。在《老子》中，不仅人的道德发展要以自本自根的内在自然性作为目标与方向，"域中四大"中的"道""天""地"都是"复归"者。"反者道之动"（通行本《老子》第四十章）描述的是"道"的运行规律和特点。河上公将"反者道之动"中的"反"注解为"本"，认为"反，本也。本者，道所以动。动生万物，背之则亡也。"① 依照河上丈人的注解，"反"是道之存在与运行的根本法则，失却"反"，道之运行与万物生成无从谈起。可见，"反"是道之为道的"本"。既然连"道"都"返木复初"，那么包括人在内的宇宙万物均应"反"。"致虚极，守静笃，万物并作，吾以观复。夫物芸芸，各复归其根。归根曰静，静曰复命，复命曰常"（通行本《老子》第十六章）描述的便是万物"反"的过程。"天地反复，故能长久；人复寝寐，故能聪明；飞鸟复集，故能高翔；走兽复止，故能远腾；龙蛇复蛰，故能章章；草木复本，故能青青。"② 事物不断向自身的自然本性处"复归"，才不至于迷途。然而，"域中四大"的"道""天""地"皆"重本""返本"，唯独有思想的人认识不到"本"的重要性，经常舍本逐末、重末轻本，要么对自己"舍本""轻本"的思想与行为不自知，要么自我麻痹、得过且过。严遵的"失道之人，废弃经常，事其聪明，纵其志欲，妄作行凶。故知以受祸，明以遭殃，深察以死，博辩

---

① （汉）河上公，（三国）王弼，（汉）严遵：《老子》，刘思禾校点，上海古籍出版社 2013 年版，第 90 页。

② （汉）严遵著，王德有译注：《老子指归译注》，商务印书馆 2004 年版，第 410 页。

以亡"①，极度写实地刻画出人们舍去自然本性而专做不自然之事的现实。因于、起于"不自然"的各种问题，其根本的解决办法只有"复归"自然，否则"不反元始，不复本根"②的思想与行为只会使人在遗失自我、忘却本心的泥潭中越陷越深。

概而言之，"复归于婴儿"具有理论与实践的双重价值，以婴儿的自然德性作为人们道德发展的目标与归宿，与《老子》"重本"的思想特征相符合。在老子看来，人世社会的道德问题根本上源于人们对本根的背离，而重建道德的关键在于"返本复初"。"返本复初"即观照自己的内心，回归自己的本心，找寻自己的本性。以婴儿德性作为个体道德的指引与归宿，是老子呼吁人们在道德层面"返本"的重要体现。在道德养成过程中，积极体认与实践婴儿德性是人们"重本"并以此成就和谐自我的根本途径。

---

① （汉）严遵著，王德有译注：《老子指归译注》，商务印书馆 2004 年版，第 410 页。
② （汉）严遵著，王德有译注，《老子指归译注》，商务印书馆 2004 年版，第 410 页。

第四章 《老子》道德思想的德育适切性

作为古已有之的道德理论，《老子》道德思想之于现代德育的促进作用较大程度上取决于其与现代德育的相关性。在古今理论的关系问题上，相关性既是促成"古为今鉴""古为今用"传统文化价值的重要因素，也是彰显古今一贯、古今互通的历史与文化规律的重要元素。分析《老子》道德思想与现代德育之间的相关性，一方面，需要从《老子》道德思想本身出发，探掘其中与现代德育相同、相似、相关的理论；另一方面，需要用现代德育理论与《老子》道德思想相对照，采用以古观今、古今互证、比对性分析的方式，找寻当前德育思想与《老子》道德思想的内外关联。

第一节 《老子》道德思想中的德育命题

古时"政教合一"、文教不分，教育与哲学、政治、文化之间的关系并不如当前般泾渭分明。"古代与今天思想道德教育最相近似的概念应该是'教化'，这在古代可以说是一个常用词，从一定意义上说，古代的'教化'与今天的'思想道德教育'是同义词。"①道德是古时教育的核心内容与根本目的，道德教育等同于教育。老子极为关注道德之于教化的积极作用，关注个体的道德养成并率先提出"不言之教"的观点。论及《老子》道德思想与道德教育思想及实践之间的关联，可由《老子》道德思想入手，找寻其中蕴含

---

① 张世欣：《中国古代思想道德教育史》，浙江大学出版社 2010 年版，第 18 页。

的道德教育命题。此既可以彰显《老子》思想的现代性，从而为人们有的放矢地"以古为鉴"提供参照；又能深化与拓宽《老子》道德思想的内涵与价值，赋予《老子》道德思想合乎当下时代发展需求的新价值和新意义，丰富其理论性与实践性。

一、《老子》道德思想中的古代德育命题

最早明确提出"知识即美德"命题的是古希腊哲学家苏格拉底和柏拉图。然而，以思想产生的时间为线索，最早思考知识与美德的关系问题并给出明确答案的是先秦时期的老子。知识在多大程度上可以成就美德，什么样的知识能够成就美德，如何依靠知识成就美德，诸此都是教育学问题。诚然，依靠"教"与"学"，那些成就美德的知识被称之为教育内容，而后促成人们的道德观念与道德实践。在教育活动中，只有教育者审慎对待知识，不利于美德形成的知识才有可能被排除在外。比如，由道德发展的角度而言，古希腊柏拉图对《荷马史诗》的删减，便是为避免恶知阻碍人们的道德养成。相比之下，老子对知识属性的反思与批判，也是为肃清恶知、俗知、巧知，而以美知、真知促成人的道德。至于如何依靠知识成就美德，教育显然是最为核心的方式与途径。与柏拉图对知识与道德关系的理解不尽相同，在老子看来，虽然美知、善知可以成就道德，但对待美善之知亦需要谨慎持重，原因在于世俗所谓的美善之知，恰恰可能具备恶俗属性，比如，老子主张"攘臂而扔"的"礼"以及富含"区别"属性的"仁""义"之知。既如此，到底什么样的知识才是真正的美善之知？《老子》提供给人们判定知识美善的唯一标准：合乎人性的知识是真正的美善之知，即"道知"或"德知"。在"道德"范畴内谈论"知识"是古今学人的一贯思路，宋明理学中张载的"德性之知"以及王阳明的"良知"皆以"善"为知识属性。事实上，由老子对待知识的标准着眼，人们很容易发现日常生活中那些促进物质丰裕与欲望实现的知识，并非一定有利于人们品德与精神的提升。"经验知识的追求，恰能不断激起人们的欲望，从而使欲望主宰人的精神而降低人的

境界。"① 人在知识、思想、观念的浸染下权力地位得以攀升，但是品格境界反而下降和减弱的现象数不胜数。人们知道得越来越多，却越来越随波逐流，逐渐成为别人而不是自己的样子。在《老子》中，一旦人们不成为自己而成为他人，便已是违背自身自然性的不道德之人。也是基于知识与美德的非直接对等性，《老子》的"为学日益，为道日损"（通行本《老子》第四十八章）提供给人们知识学习和道德养成的不同路径，鲜明地表达出知识并不必然促成道德的观点。"在道家看来，人的崇高精神境界表现为与宇宙和人自身的本然性合二为一，而知识的学习恰恰是以主体与客体、主体与自身的二元分立为基础并通过主体对客体的把握而实现的。这两个东西本质上就是不同的。"② 可见，审慎地看待知识与道德的关系，谨慎地选择与对待知识，慎重地运用知识的德育作用，是老子早在几千年前便已发出的呼吁和劝诫之词。

　　与"知识是否是美德"直接相关的另一个道德教育命题是"美德是否可教"。在柏拉图的《美诺篇》中，苏格拉底认为只有当美德是知识时，美德才可教。与之相似，在《老子》中，知识与美德之间的非直接相关性使得"美德"的可教性存在一定程度的保留。这种"美德不一定可教"的道家观念可与现实道德教育活动形成直接对照。抑或说，现实德育在相当程度上忽视美德与知识的关系，而较多地在"教"美德。在《老子》中，"美德是否可教"命题的表述及其答案最直接地体现为首章的"道可道，非常道"（通行本《老子》第一章）。经由"道可道，非常道"中存在的"道言悖反"实质，可见老子对道德与教育关系理解的深刻性。可以说，《老子》开篇首句便抛出一个道德教育命题，且此命题具有浓厚而深远的理论价值与现实意义。以此，《老子》道德思想之于古今教育之间的关联概可得见。鉴于后文会对相关内容进行详细论述，故而此处且做保留。

---

① 谭唯智：《道德教育的非知识化路径》，《教育研究》2011 年第 6 期。
② 陈文华：《道家"反向"教育思想探究》，《当代教育科学》2008 年第 5 期。

二、《老子》道德思想中的现代德育命题

《老子》道德思想具备强烈的现实关怀，是基于其时道德问题而构建的道德理论。道德之于现实生活的不可或缺性，是老子意欲以道德成就理想人世社会的核心依据。在《老子》中，人世社会的道德是现实而具象的，道德之于人们并不是理论的空中楼阁，而是需要人们"勤而行之"的生活本身。当前流行的德育理论与实践，譬如信仰德育、生活德育等广泛体现在《老子》思想中。"五色令人目盲，五音令人耳聋，五味令人口爽，驰骋畋猎，令人心发狂；难得之货，令人行妨"（通行本《老子》第十二章），道德与人们身心发展、生活开展密切相关，有道德的人用道德的方法过合乎道德的生活。"德育本身就是一种生活，一方面，生活赋予德育存在的价值，是道德生命得以成长、发展的田园；另一方面，德育具有生活的意义，德育是生活中真善美价值追求的体现，它塑造的是品质与品位相统一的生活。"[1]生活是人们道德形成与发展的真实场域，人们的生活开展离不开道德，道德发展也必须以现实生活为载体。以现实生活为背景，着浓墨描摹道德之人的真实形象和生活样态，极力阐发道德之于生活的积极价值，着力批判生活中的不道德现象，用力描述千姿百态的道德人生，诸此皆表明《老子》的"生活德育"理念。在老子看来，越是有道德的人，越懂得生活的真义与真谛，从而也越能体会质朴、纯真、美善的可贵并极力追随与实现之。

比之于"重生活"的道德旨意，"重信仰"的主旨在《老子》道德思想中同样明确而浓烈。"信仰德育是以关于道德的价值性和本体性知识为基础，以培育教育对象的道德理想、道德信念和道德价值为核心，以终极价值体系建立为目标的教育活动"[2]。《老子》的"道德"以"道"为价值起源，围绕"道""德"构建的道德本体论、道德知识论、道德方法论，以及包括价值层级、价值取向等在内的相关理论，均在相当程度上与信仰德育的思想和实践

---

① 朱春英：《重返生活世界：走出道德教育"灌输"的困境》，《江苏高教》2005 年第 4 期。
② 韩云忠：《先秦儒家礼乐文化的德育价值研究》，人民出版社 2017 年版，第 237 页。

高度重合。由信仰德育的现实关怀与长远指向中，也可见《老子》道德思想的现代主旨与内涵，及其之于当前德育的意义与价值。

《老子》道德思想的目的、内容、方法等与今日德育多有重合，有助于今日德育理论的丰富、修正与完善；《老子》道德思想中的宇宙意识、社会担当与人道关怀可为今日德育目标和方向的确立提供启示与借鉴。以全面与发展的眼光看待《老子》道德思想，以肯定与认可的态度对待《老子》道德思想，以踏实具体的行动实践和检验《老子》道德思想，以现代研究方法"创造性诠释"《老子》道德思想，以"以古鉴今"的思路运用《老子》道德思想，促使《老子》道德思想与当前德育理论和实践发生更多、更广、更深的"化学反应"，此既符合当前时代背景下"创新性发展及创造性运用"传统文化的大趋势，也是实现教育现代化与教育特色化发展的重要内容和途径。

第二节 《老子》道德思想与现代德育理念的契合度

探究《老子》道德思想与现代德育之间的相关性，为现代德育理论与实践提供有益启发与借鉴，需要找寻连接二者的切入点。抑或说，用什么样的方式使得二者之间能够较为自然地发生关联，既关乎《老子》道德思想现代德育价值的发挥，也是古今理论之间产生正向作用的关键。如前所述，自觉探究《老子》道德思想的现代意旨、主动赋予《老子》道德思想以现代性，离不开"古今对比"的思维和方式。将《老子》道德思想与现代德育理论相比照，可见《老子》道德思想具备丰富的现代德育意旨，以及《老子》道德概念、价值层级、道德主体、道德表现形式、道德实践方法、价值取向与现代德育之间相似、相通乃至相同的关系。

一、概念层面的契合度

作为《老子》道德思想的核心概念，"道""德"与现代语境下的"道德"

之间既有区别又有联系。《老子》的"道""德"既有今日伦理学层面的"道德"义，又是人们身心发展的内在需求与根本目的，还是宇宙万物的内在本性和最高价值。其中，"德"主要是"道德""美德""品德"，"道"是"道德"来源以及人们道德追求的方向与归宿。《老子》"道德"价值起源的形上特性，实则类似于人们常说的"敬畏心""道德信念""道德理想""境界"。《老子》道德的形上特性赋予道德超越性、本体性、内隐性、玄远性以及强大的指导功用。这表现为，道德的形上特性使得道德具有说服力与权威性、震慑力与约束力，能够促使人们不断地追寻与接近道德。相比之下，现代道德教育理论以"道德"作为核心概念，"道德"仅具伦理性而不具备《老子》"道""德"的多重指涉与意义。以"道德"的"属人"内涵而言，现代语境下的"道德"在相当程度上失却来源与归宿，人们的道德追求缺乏根本而内在的动力以及明确而终极的目的。概或也是由于"道德"形上性的缺失，人们对待道德并非虔诚而专一，而是更多将道德作为谋取利益的工具或手段。以道德为"器"，将道德作为自身发展之外的目的似乎是当前人的"共识"。然而，道德失却形上特性往往意味着道德权威性的解构，由此道德沦为工具，为人们宰制甚或践踏的命运也便在所难免。

将《老子》道德思想中的"道""德"与现代德育中的"道德"相对应，明显可见现代"道德"的"无根"和"无方向"。当道德教育中的"道德"失却形上特性而仅具备世俗功用时，道德的工具价值便会即时凸显。工具之于人的关系在于，当工具可用时，人们乐于并积极运用；当工具不可用时，人们会立即弃之不用。无论结合社会生活抑或教育生活现状，明显可见的事实是：道德的确在经历着"工具"的遭遇。由现实教育的角度而言，"道德"在相当程度上被教育中人视为"工具"。比如，在各种各样的教育评价中，道德评价结果的重要性使得教育中人时刻谨言慎行。为避免犯错误，人们往往倾向于对不道德的人和事视而不见。更有甚者，倘若时机恰当，人们甚至会主动经由不道德的行为达成目的。在教育中有一类人，他们既不主动亲身实践道德，也从不拒绝"不道德"，只是在那里默默观望与"耐心"等待，人云亦云、随波逐流。相比之下，教育中另有一类人，他们自以为圣、自比为贤，乐于标榜与宣扬道德，擅长利用道德成就自身。在当前的道德评价中，上述两类教育中人似乎都有其明显优势，前者因不露锋芒而"无公害"，后者因"好德"而居于道德高位进而收割名利和地位。可见，在现实道德教育中，道德因工具属性而可被随意切割、让渡、划分、取舍，因具备世俗特点而可以用主观标准予以判别与衡量。诸此对待道德的态度和方式已经广受教育中人诟病，人们几乎一致性地认为不可用外化的分数或指标作为道德评价的主要依据。然而，即使人们达成"共识"，倘若不诉诸道德的形上特性而只是变革具体操作方法，类似的问题也难以找到根本性的解决办法。抑或说，只要将道德视为"器具"，人们可以寻找到数不胜数的替代物作为道德评价的硬性指标。诚所谓"形而上者谓之道"（《易经·系辞》），人们在思想与观念上摒弃对道德的宰制、切割，形成对道德的敬畏、敏感、尊崇心理，一定离不开对道德超越性意旨与价值的赋予和认同，即道德于人们而言必须是值得追求的、高高在上的、权威可依赖的。只有当人们不再将道德看作形下之"器"，而是视其为权威、美善且值得始终追求与接近的形上存在时，道德才能够与人之"灵性"相契合，从而真正成为人们推崇、敬畏、追随与向往的对象。

二、价值层级的契合度

《老子》中存有"道—德—仁—义—礼"与"上德—不德"两种形式不同却本质一致的道德结构和价值层级。在《老子》中，真正有道德的人是"上德"（通行本《老子》第三十八章）之人。"上德"之人依循自然本性而行事为人，其既不将道德视作身外之物，亦不将道德作为获取身外之物的工具或器物。在"上德"之人那里，道德是生活不可或缺的一部分，倘若生活中缺乏道德认识和道德实践，那么生活本身就是有缺憾与不完整的。在将生存与道德密切关联的"上德"者的世界中，道德是构成生命、促进成长、丰盈生活、成就人生、提升境界不可或缺的因素。也正是基于对道德价值的高度认同，真正有道德的人认为道德是自然而然的事情，从来不自以为有德，更不会凭借道德宣传与标榜自身。相比于"上德不德，是以有德"，"下德不失德，是以无德"（通行本《老子》第三十八章）。真正有道德的人看重并依赖道德，将道德视为生活的关键内容与根本目标；"下德"之人则将道德作为身外之物，将生活与道德看作两码事。由于人们往往将道德需求与自身的生存或生活相割裂，更多关注道德之于自身的外在价值，从来没有真正意识到道德保全与成就自身的内在价值，故而道德在人们心中更多是可计算、可交换、可为可不为的事务。这在现实教育生活中鲜明地体现为：当道德具有实际可见的、近期即时的功用时，人们对道德趋之若鹜；当成为道德者并非必然地获得巨大、丰富的物质、财富、权势等利益时，人们也会在精确估算与衡量后极为理智地选择或抛弃道德。诚然，也是以"是否真正重道德"为标准，《老子》的"上德不德，是以有德；下德不失德，是以无德"（通行本《老子》第三十八章）明确将人划分为两类：真正有道德的人与无德之人。现实地看，这种道德评判标准极具针对性与启发性，其从根本上将那些假仁假义、虚伪造作、以道德为工具的所谓道德者拉出"道德"的范畴，而列入"不道德"的名单。这对现实中人模糊、随意、表面、形式化的道德判断不啻为当头棒喝。何以现实社会中那些顶着道德光环的人经常性地"毁人三观"，究其根本正与社会中人道德判断的模糊与表面性密切相关。一般来说，人们期待道德者，往往愿意相信和追随有道德的人，但人们也容易被道德表象欺骗。依照《老子》道德思想，恰恰是不道德的人看重道德得失，他们时刻追求"不失德"，生怕与道德的福利——名利、权势等擦肩而过，担心错失任何一个依靠道德扬名显达的机会，故而总是"得之若惊，失之若惊"（通行本《老子》第十三章）。基于这种汲汲于外物的心理，人们会刻意隐藏自己的真实想法，擅长将自己的道德假面公之于众，习惯性地在他人面前伪装成为道德者。也正是依靠伪装与矫饰的道德，很多人名利尽收、权势尽得。"下德不失德，是以无德"（通行本《老子》第三十八章），德行低下的人害怕失去道德，故而尽其所能的"有为"，最终却只能落于"无德"境地。对待道德患得患失的背后隐藏的恰恰是对世俗名利的宠辱皆惊，这意味着人们未将道德看作切己的自然之事，未将道德追求与生命、生活融为一体。诸此之于道德态度摇摆不定、意志不坚定、方向不明确、眼光不长远的所谓"道德"之人,极有可能上一秒做着仁义之事,当目的达到后便立马撕下面具。在《老子》中,因道德层级的明确性,这类在道德与不道德之间徘徊与犹豫的"下德"之人定然不会被列入道德者的范畴。

在"上德不德,是以有德;下德不失德,是以无德"开出的"上德—下德"的价值层级之外,《老子》亦有"道—德—仁—义—礼"的价值分层。"失道而后德,失德而后仁,失仁而后义,失义而后礼。夫礼者,忠信之薄而乱之首"(通行本《老子》第三十八章)。作为《老子》"德经"开篇以及集中论述"德"的章节,"上德不德"章(通行本《老子》第三十八章)最富伦理学内涵与特点。在阐释"仁""义""礼"后,《老子》给出"失道而后德,失德而后仁,失仁而后义,失义而后礼"的结论。结合"上德不德"章的文本内容与文意,可明确得见"上德—下德"与"道—德—仁—义—礼"之间的对应关系。作为价值,"道""德"属于"上德"范畴,"仁""义""礼"属于"下德"范畴;作为不同层次的人,"符道合德"之人是"有德"的"上德"者,其道德纯任自然且粲然完备;遵行仁、义、礼的人则是"下德"者,其德性随着"仁—义—礼"价值层级的不断下落而渐次降低。"人物禀假,受有多少,性有情粗,命有长短,情有美恶,意有大小。或为小人,或为君子,变化分离,剖判为数等,故有道人,有德人,有仁人,有义人,有礼人。"[1]诚然,虽"上德—下德"与"道—德—仁—义—礼"的价值层级之间存有较大重合,但二者也反映出不同的道德教育内涵与意旨。"上德—下德"的价值层级,有助于人们摒弃模糊、表面、形式化的价值判断,能够促使人们理性而正确地进行道德认识与道德判断。相比之下,"道—德—仁—义—礼"的价值层级因内容的细化而可为人们提供更加清晰与具象的道德判断标准和依据,"道人—德人—仁人—义人—礼人"的划分有助于厘定与区分人的道德状态与道德水平。

众所周知,儒家德育思想是我国传统德育理论的核心内容,

---

[1] (汉)严遵著,王德有译注:《老子指归译注》,商务印书馆2004年版,第5页。

"仁""义""礼"是极为重要的儒家德育概念和理论。《老子》"道—德—仁—义—礼"的价值层级在"仁—义—礼"之上独设"道—德",其独特的理论与实践价值在于其指明了人世道德的来源与归宿。儒家"仁—义—礼"的道德层级以"仁"为起源,"亲亲,仁也"(《孟子·尽心上》),"仁"一开始就落入人间。人们体认与践行"仁"的全部思想与行为只能追溯到"人"处,道德只能在人与人之间发生而很难成为人们精神超拔、人格超越的依据。相比之下,"道—德—仁—义—礼"的价值层级以"道"为起源,人们可在终极与权威的"道"处找寻到道德来源,并可由"道"之终极身份处获得道德权威性与可信性的合理依据。"道"高于人世、落于人世而成就人世,其一方面融入人世社会生活,与人世道德密切相关;另一方面又在高处指导人世道德生活,指引人们精神境界与道德水平的提升。《老子》"道器不离"的思维与理论特点,使"道"兼具形上和形下属性。"道"既促使人们精神、气质、人格、道德等的形成,又促成人们道德人格的超拔与超越;既促使人们过好现实生活,又促使人们精神自我的实现。以"道"为起源的"道—德—仁—义—礼"的价值层级,提高了人们精神生活的层次,拓宽了人们看待道德的视野,丰富了人们道德生活的内容。在教育领域中,精神自我的实现于人的发展而言至关重要,道德与人格的超越是教育中人理当穷尽心力追求的理想。倘若道德只限于形下人世社会,抑或说更多限于低层次的认知与实践,这无疑对人之精神、人格的自由和超越造成束缚与阻碍。在当前,促使人们树立与践行不断超越自我道德水平与精神境界的理想,道德教育具有不可推脱的责任。汲取与借鉴《老子》"道—德—仁—义—礼"的价值层级,有助于弥补或弥合主流德育理论与实践的不足,能为人们的道德与精神追求提供可溯之源,能够打消人们对道德的排斥与疑虑心理,有助于夯实人们道德追求的观念与行为,有利于人们超越性道德目标的树立与实现。

《老子》"上德—下德"以及"道—德—仁—义—礼"的价值层级,深层地触及包括教育在内的现实社会生活的诸多领域,深刻地揭露出德育生活中的诸多乱象。其之于道德教育环境的净化、道德教育评价标准的完善、道德教育目标的厘定、道德教育者的选拔等均有积极的镜鉴价值，与当前道德教育理论与实践具有内在、直接和密切的关联。

三、道德主体与道德表现形式的契合度

《老子》中的道德主体与道德表现形式具备多样性，各种道德主体之间具有直接相关性，多样化的道德表现形式具有共同本质。在《老子》中，道德不独属人，宇宙万物皆为道德主体。"道大，天大，地大，人亦大。域中有四大，而人居其一焉"（通行本《老子》第二十五章）。老子将宇宙万物作为道德主体，对万物采取等量齐观的"不仁"态度，其间蕴含着对当前人类中心主义、科技至上主义等的深刻启思。自认为在自然之外、高于自然的人类更多处于不自然的生存样态。人们不自然的根本原因在于对自然本性的违背，用老子的话来说就是过度追求"五色""五音""五味""难得之货"等身外之物，置自己的身心安危于不顾，使自己的身心沉溺于享乐与奢靡，最终导致身心的沉沦与堕落。身心的不自然必然引发一系列不自然的外在表现和行为，这明显体现为，人们宁愿被他人嗤之以鼻、躲之不及，也要做虚伪、矫揉、造作之事；人们欲望的满足往往以损害他人利益为前提条件和实现方式；人们在权势、名利面前，往往不会考虑人与人之间的情感，真情时常经不起利益的诱惑与考验。这种广泛存诸现实中人身心的或隐或现、或内或外的"不自然"，无一例外皆是人们道德不自然的体现。现实中人的道德往往脱离自然本性，是"人为"和"为人"的，更多指向自身发展以外的目的。在《老子》中，有道德的人遵乎与顺乎自然本性，不道德的人违背与远离自然本性；有道德的人对待万物一视同仁，不道德的人不仅自认为在万物之外，还自认为在万物之上。一旦形成高于万物的观念，则人与万物之间的关系一定是不平等的。在这种不平等思想的驱使下，人们不正当、不合理的行为不但不曾减少反倒变得理所当然。人类是否真正享受到了来自不道德行为的所谓胜利果实？长远来看并没有，人们一直在为自身的不道德行为"埋单"。人类破坏自然的矛头直指自身，人们在亲手营造的不自然环境

与氛围中追悔不已、苦不堪言。"善者，吾善之；不善者，吾亦善之"（通行本《老子》第四十九章）。大自然永远是慷慨的，它对道德的人慷慨，对不道德的人同样慷慨！自居于自然之外、自然之上的人类，反而时常经历身心内外的矛盾与困顿，始终走不出自我设计的牢笼。事实已经证明，人们越是极尽能事地与自然对抗，越是意味着亲手为牢笼扎上细密的铁网。既然如此，以何解禁人们被束缚与框定的身心，使人们获得自我救赎？《老子》给出的答案是"自然"。

在《老子》语境中，"自然"指事物自身的属性，人之"自然"指人之为人的本性。人之为人的本性是那个让人成为自身的唯一性，对自身本性的持守与扩充促使在后天发展过程中"成为自己"。自然本性之于个体发展意义重大，一旦背离自然本性为人处世，人们较易"成为他人"而非"成为自己"。"成为自己"意味着身心不离；"成为他人"则身心发展充满矛盾与冲突。现实中人时常会扪心自问"我是谁""我要的是什么"，这种追问多源自人们有悖自我初衷与初心，按照别人的意愿或主意行事为人。诚然，当过度遵照他人意愿时，人便容易成为他人的样子，也不再是自己了。然而，人之所以成为自我的本性一直在那里，人与本性之间的距离越远，拉扯便越严重，人便越"疼痛"。针对这种异化现象，老子无数次呼喊：备感疼痛的人们，为什么不学一学自然的草木、山谷、河流？为什么不向着自己的本心、本性归复？为什么偏要做背离自然本性的不道德者？也正是为着引导人们体认自然本性，老子常将人与自然事物做比，通过肯定自然事物的方式来强调自然本性之于人的重要性。"天地不仁，以万物为刍狗"（通行本《老子》第五章），老子倡导平等对待自然万物，认为人既不居于万物之外，也不居于万物之上，而是在万物之中，是"域中四大"之一。需要注意的是，老子虽将自然事物作为道德主体，将人与自然万物等量齐观，但其并非主张绝对"齐同"，否则其理论既会落入肯定共性而否定个性的泥沼，也否定了人之为人的特殊性与主体性。《老子》"不仁"意在告诫人们自然万物遵循本性发展方可全生的道理，并以此呼吁人们准确定位和安置自身，不做有损自然本性之事。在老子看来，人们理应时刻抱持与坚守自身本性，原因在于人们不做违背自然本性之事，便不会自食身心背离的苦果。如上所述，老子所谓的人之本性指的是个体的唯一自然性。每一个人都有独属于自己的唯一性，抱持与坚守这个唯一性，人才能够成为自我。从这种意义上讲，现代社会的热词"初心"，实则与《老子》的自然本心相契合。人人都有初心，每个人的初心可能不尽相同，正是不尽相同的初心成就了性格、气质、喜好等不尽相同的个体人生和人类世界。人们牢记初心就是在后天发展中不忘自我的自然本性，只有不忘本，才能在前行的过程中有力量、有方向；只有不忘本，才能在前行的过程中不畏艰难与险阻；只有不忘本，才能在前行的过程中规避欲望或私利等重重障碍；只有不忘本，才能在前行的过程中不被他人主宰与牵制；只有不忘本，才能在不断回望的过程中看清自我坚实的脚步与笃定的心灵；只有不忘本，才能最终成为那个自己要想成为的人——成为自己。守住本心方得始终，守住人之为人的内在自然性方能始终为人。

在《老子》中，"域中四大"的"道""德"虽有"柔弱""不争""居后""处下""包容"等多种表现形式，但各者的自然本质相同。多样化的外在表现形式不仅没有改变内在本质，反而彰显出多向度、多维度的自然道德。与之相似，由于本性或初心的不同，人们的成长与发展表现出不同的轨迹、过程与结果。然而，在人们各不相同的本性与初心背后却有着相同的本质，这个相同的本质就是"道德"。换句话说，千人千面、万人万心，无论人们差异若何，道德是人们共同的底线，是人们最原始的本性与初心，也是用以衡量与评价人的根本标准。老子对人的道德初心持肯定态度，在其看来人们最初都是秉持与践行道德初心的人。"含德之厚"的"婴儿""赤子"作为人人都会经历的阶段，表明《老子》人人都有道德本性与道德初心的意旨。既然人人都有婴儿阶段，那么人们珍视与珍爱道德本心就体现为：不道德的人回归道德，道德的人继续坚守与扩充道德。《老子》的"含德之厚，比于赤子"（通行本《老子》第五十五章）以及"常德不离，复归于婴儿"（通行本《老子》第二十八章）意正在此。可以说，"域中四大"之"道""天""地""人"之间的关系可在"道德"处获得融通、和合与平衡。

依靠"道德"，人与自身、外界之间可达成一致与和谐，人之身心的内外冲突能在"道德"处获得消解与弥合。

概言之，《老子》道德主体及其表现形式的多样化，在相当程度上是对当前道德现实的直接表达，可为人们的道德反思提供切入点。当道德仅"属人"时，是否反而助长了人们的嚣张气焰？是否反而导致人们的骄纵与蛮横？是否反而加快了道德的工具化进程？是否反而致使人们糟践道德？同样，社会生活中多样化的道德表现形式，是否反而迷惑了人们的理智与情感？是否致使人们忘却反观形式背后的实质？又有多少打着道德幌子的行为？诸此种种关乎重大，是当前德育理论与实践正在面临和有待解决的问题。

四、道德养成方式的契合度

老子主张道德是人之本性，人们对于道德的体认与获得从来不可外求，而更多只能通过内求的方式。在《老子》中，多样化的道德实践方法均指向对行为主体道德观念和道德行为的提升。"知识是道德理性形成和发展的基础，学校道德教育要以知识教学为基础。"[1] 相比今日道德教育之于道德知识的倚重，老子更倾向于将"为学"与"为道"分而视之。在《老子》中，知识学习与道德提升是两件性质不同的事情，不可混为一谈。"为学日益，为道日损，损之又损，以至于无为"（通行本《老子》第四十八章）。在做学问方面需要不断增加知识，在道德养成方面则需要不断减少知识。对此，河上公结合老子之时的社会状况注解曰："学谓政教礼乐之学也。日益者，情欲文饰，日以益多。道谓自然之道也。日损者，情欲文饰，日以消损。"[2] 在老子之前及当时的社会生活中，礼乐文化关乎人们日常生活的各个环节和领域。礼乐制度极为复杂的程式规定着人与人的关系，约束与规范着人们的观

---

① 周晓静、朱小蔓:《知识与道德教育》,《全球教育展望》2006 年第 6 期。

② （汉）河上公,（三国）王弼,（汉）严遵:《老子》,刘思禾校点,上海古籍出版社 2013
年版, 第 115 页。

念和行为。诚然，礼乐制度规定性的积极意义体现为有助于规约与减少人际交往过程中的不道德现象，使人们不至于明明目张胆地公然作恶。公允地说，礼乐制度的确对人们的道德养成与提升具有积极作用。对礼乐文化蕴含的礼节、礼仪等规范的获得与认同，是人们"非礼勿视，非礼勿听，非礼勿言，非礼勿动"（《论语·引用》）的前提与基础。也是从这种意义上，人们似乎应当"日益"政教礼乐倡导与肯定的"情欲文饰"。抑或说，由于礼乐文化规定的"情欲文饰"能在相当程度上规约与指导人们的言行，使得人们的举止合于道德，故而人们可经由对礼乐制度的遵行而在道德与人格层面不断接近"君子"理想。然而，当人们以"情欲文饰"作为自身言行举止的外在指导时，这意味着道德观念和行为本身充满着客观性与理性。礼乐制度的规约功能使得人们不得不时刻提醒自己客观、理性的遵行制度，否则便有可能陷于"越礼"的"不道德"境遇。于是，人们不断增加"情欲文饰"的过程也是人们不断理性探索、把握与运用制度规范的过程。倘说在不知或不甚知"情欲文饰"的情况下，人们的道德实践主要体现为照搬照抄"情欲文饰"的相关内容，那么一旦人们熟知并可熟练运用各种"情欲文饰"时，人们则可反身成为制度规范的主宰者。当然，人们一旦凌驾于制度之上，也意味着制度有效性的弱化甚或消逝。于是，一种极有可能发生的情况是，不道德的人使本来具有道德属性的制度转而变成不道德的制度，并进而对人们的道德产生破坏作用。"为学日益"虽然倡导人们不断增进学问，但其仅指向人们的知识获得与理论实践层面。只有当"为学日益"仅限于知识层面而无关乎道德时，不断增长的学问才能与知识量的增加、经验的积累、能力的提升直接对应。一旦涉及道德，"为学日益"则并不必然促成道德发展。比如，在对"情欲文饰"采取"日益"行动的过程中，有些人会成为中规中矩的"上礼"者，而一些人则成为投机取巧的"非礼"者。毕竟范畴各种礼节仪式的"情欲文饰"是属人的，面对礼乐制度规定的各种礼节，人们既可以从内心深处真正尊崇之并外化于行为，也可以只是表面上看起来如此。由此意义上，无论在理论抑或实践层面，"为学日益"皆非促使人们道德养成的保险良方。

"为学日益"有助于人们知识与见识的增长和提升，但不断增长的知识与见识既有可能促使人们成为运用知识造福他人的道德者，也有可能成为人们投机取巧、谋取私利的工具与"帮凶"。鉴于"为学日益"在道德养成功效上的不确定性，为确保人们道德的获得与提升，老子决然不会采用这种带有冒险性质的"为学日益"。加之西周时期以"为学日益"为特点的礼乐制度已然被现实证明不合理，这使得老子需要找寻一种更能确保人们道德获得与养成的方式。"为道日损"即是老子肯定与倡导的用以促成人们道德的根本办法。何以《老子》的道德实践方式是"日损"的？究其根本原因在于《老子》的道德是不加矫饰与文饰的自然之德。在《老子》中，道德最怕"机心"，最怕刻意作为。"上德不德，是以有德；下德不失德，是以无德"（通行本《老子》第三十八章），有道德的人从来不会将道德作为自我标榜的工具，反而是那些不道德的人整日煞有其事地宣扬自我德性。可以说，"上德不德，是以有德；下德不失德，是以无德"明确表明老子力主"减损"的道德观念。结合《老子》的道德实践方法，"涤除玄览"正以"减损"为主要特征。既然是"减损"，那么减损的对象是什么？在《老子》中，人们在道德养成过程中需要不断减损的是"情欲文饰"。虽然情欲文饰对人们日常生活的有序开展具有积极意义，但是情欲文饰本质上外在于人，过多的情欲文饰遮蔽人的自然本性。人们极有可能被各种各样的情欲裹挟，而成为情欲文饰的附庸与奴隶。历史地看，情欲文饰在任何时期都会裹挟自然人性，"非淡泊无以明志，非宁静无以致远"，往往正是致力于满足与享受情欲文饰的人最不具有的道德涵养与境界。可见，情欲文饰之于道德养成更多具有反作用，其使人们耽于享乐、沉于奢靡，忽略与忘却自身的道德修为。鉴于代表智识的"情欲文饰"对道德养成的负面作用，老子主张人们"损"之，且是"损之又损"。"损情欲，又损之，所以渐去"①，不断减损情欲以及矫饰自我的遮蔽物，人之本来的自

① （汉）河上公，（三国）王弼，（汉）严遵：《老子》，刘思禾校点，上海古籍出版社 2013年版，第 115 页。

然情感、天然情愫、内在天性会获得"澄明"与显现，人便能够"复归"于"含德之厚"的婴儿之德，成为恬淡自然、顺乎本性、应乎人情、身心不离的符道合德之人。

由于道德与人的身心发展融为一体，道德在人的身心之内，道德关乎人的生存发展，道德是人们生活不可割舍的部分，故而人们需要不断减损"智识"之于道德养成的负面影响。"大人之学，由修养以几于见道，唯保任固有智性，而无以染习障之，无以私意乱之，使真宰恒时昭然于中，不昏不昧，只此是万化根源……此种境地，其可由量智入手得来？然到此地却又不可废量智。"① 通过减损外在情欲而不断直面内在自我，通过不断减少"机心"而不断回归自然本我的"为道日损"蕴含着强烈的现代德育旨趣。在现代德育生活中，人们对于道德的外求明显远大于内求。试问有多少人能够静下心来进行道德反思？"为学日益，为道日损"，道德从来不是外求的结果，而只能内求于己。当人们静心反观并直面自我时，那个原初的自我一定是简单而纯净的。相反，现实中的自我则被各种外物裹挟以至于在道德的进路中寸步难行。既然如此，何不尽快减损与剥落掉那些压制人性、压抑自我的"余食赘行"（通行本《老子》第二十四章），尽快让自己的身心归位，让本真的自我复显！

概言之，《老子》"为道日损"的道德实践思路与方式直指当前德育弊端。虽然不可否认当前诸多德育理论与实践的确看重并强调"减损"的方式与途径，但遗憾的是，注重实效与功用的道德教育目标导致"为道日损"的方式既缺乏关注和认同，也缺少与之相应的教育环境和氛围。《老子》中"日损"的道德实践思路和方式对应的道德目标是自然之德，反观当前的道德教育，道德教育方法的多样性自不必多说，但道德到底是什么？这一基本问题并非确定与清晰。在这种情况下，方法越精密往往越发加重和强化"道德"的不确定性。由是，任凭讲授、讨论、谈话、陶冶轮番上阵，道德的养成、扩充和保持仍然是现代教育面临的一大难题。也就是说，即便当前德育肯定与

---

① 熊十力：《新唯识论》，中华书局 1985 年版，第 677 页。

运用"损"的德育方式，但只要人们对道德的理解与认识停留在"不自然"的状态和水平，主张"减损"人们的"不自然"不可不谓"难于上青天"。可以说，《老子》"为道日损"的道德实践方式，从另一个侧面直接揭示出当前德育目标与德育方法不对应的问题。

五、价值取向的契合度

《老子》道德思想中的宇宙意识、自然精神与人文情怀可与当前德育目标形成鲜明对照，可映衬出当前诸多道德问题以及德育问题。针对传统儒、道思想，很多学者持有儒家"入世"而道家"出世"的观点。公允地说，儒家思想具备强烈的现实指向性，无论是政治理论、道德理论抑或教育思想均表现出浓厚的现实关怀。相比之下，以"道"作为理论核心的道家思想首属哲学理论，在哲学思想的开创方面，道家《老子》具有不可替代的地位。"老子生活于春秋时代，他是登上中国哲学舞台的第一个大哲学家，他著的《上下篇》是中国古代哲学史上最杰出的著作。他的'道论'是光彩夺目的无唯物论的哲学体系，而他的'人法自然'——遵循自然规律以行之、以治国——自有其光辉的一面。"[①]《老子》思想浓厚的哲学旨趣确乎在相当程度上具有"出世"特点。然而，结合《老子》文本，一个极容易发现的事实是，《老子》思想以社会人世为落脚点，其哲学、伦理学、政治学、社会学等理论皆面向与指向人世社会。"儒、道早期原典文本的思想比较接近，都是为解决社会动荡所引起的人与社会、人与人、人与国家、君与臣、父与子之间的现实冲突提出的不同方案。因此，老子与孔子一样，具有入世的情怀。"[②]此种对《老子》思想特点的评价可谓十分中肯，《老子》思想的"入世"特点极普遍又极深刻地体现在其五千言中。甚至可以说，面对社会问题，老子抱持一种极度"入世"的心态与观

---

① 詹剑峰：《老子其人其书及其道论》，湖北人民出版社 1982 年版，第 16 页。
② 陈雪良：《春秋史》，上海人民出版社 2015 年版，第 185 页。

念。《老子》五千言中蕴含的迫切、无奈、失望、期待等的思想情感，无一不为世人展现出一个心系社会、心怀民众、胸怀天下的士人形象，无一不是老子"入世"的体现。

《老子》是"入世"的，但"入世"的老子并不将眼光局限于人世社会。在老子看来，宇宙自然是一个有机联系与相互作用的整体，作为万物之灵的人之于构建和维系宇宙自然的和谐状态具有不可推卸的职责与使命。也是基于这种考量，老子从未将人独立于万物之外，而是认为人本是万物之一类，人应该发挥主观能动性促成宇宙自然的和谐。在《老子》中，"道人合一"理想状态的达成应当依靠"人"。对于"人"，老子从未放弃，而是始终寄予厚望。作为"域中四大"之一，人应当主动自觉地担负化育天地万物的职责，应当积极能动地构想与建设美丽和谐的人类家园，应当主动肩负创建和谐宇宙的最高使命。然而，《老子》中描述的诸多宇宙、自然以及人世社会的不合理现象无一例外均是"人为"的结果。在老子看来，人——这类本应主动化育和造福万物的使者，却成了道德人世、道德宇宙的破坏者。何以理想与现实之间的差距如此巨大？老子带着"救时之弊"的情怀与目的，以理论结合彼时的社会现实，得出了"道德"的结论。在《老子》中，不是别的，正是"道德"的沦丧使人世社会如此不堪。以现实的"不道德"为起点，老子围绕"道""德"集中开论。

宇宙自然的不和谐与人世社会的混乱无序，全在"道德"的沦丧。道德沦丧集中体现为人们对自身本性的违背与践踏，只有回归自然本性才有可能自我救赎，进而促成人世社会的稳定与和谐，再进而构成和谐完满的自然宇宙，此当是老子建构道德思想的整体思路。依靠个体道德而实现群体道德，进而以群体道德促成更大群体的道德，以至于实现宇宙自然的完满和合，这体现出《老子》自下而上、自人而天的道德进路。此种道德逻辑与道德结构极大地突破了《老子》之前的道德理论。无论是殷商抑或西周时期的道德均以高高在上的"帝""天"作为最高的道德理想，基于现实统治的需求，人只需也只能被动接受来自"帝""天"的道德指令。至《老子》，"人"转而成为肩负道德使命的主体，人应当也必须通过提升自身道德而担负造福与润泽宇宙万物的使命。"人"在《老子》中隆重出场，成为道德主体，成为依靠自身道德促成外物生发的施动者。《老子》以"人"作为主体的道德思想与今日道德理论和德育思想不谋而合，当前的道德理论与实践均建基于"人本"的前提与基础之上。人们在确立与确定人的主体能动性的基础上构建道德，道德理论与实践能且只能"属人"，且"属人"的道德理论更多只是为了人。然而，倘若仅局限于人的角度与领域看待道德，往往容易产生各种问题。其一，道德仅属人，则人反而容易忽视道德，道德的意义和价值反而容易被消解。其二，道德目标仅限于人，则道德的功效大打折扣，人作为主体存在的意义也在相当程度上被否定。何以道德仅为人拥有，反而使得人们不重视道德？对这一问题的思考，可借助于逻辑推演与现实事例相结合的方式展开。道德仅属于人，这意味着在人之外不存在更有道德的事物；即便有，人世社会之外的道德力量也不对人世社会产生任何作用。在这种情况下，人世道德极易助长和催生人们的嚣张气焰、自大自骄品性和破坏性行为。换句话说，人对道德的绝对拥有权与主宰权反而促成了不道德的产生。现实地看，一个自认为有道德并被他人奉于道德高位的人，极有可能运用道德权威自我标榜、压制他人，运用道德的力量达成各种目的。当道德只属于人时，道德的自然价值极易被工具价值取代，人们重视道德并非因于道德本身而是道德的外在功用。同样，当道德仅属于人时，道德目标的设定也仅局限于人，此种定位道德目标的狭隘视角意味着对人超越性的怀疑与否定。自古以来，人都是立于天地之间的"域中四大"，是文明史的创造者和书写者。人作为万物之灵，其灵性正体现为能够参天地之化育，知宇宙之大化流变，能够"仰则观象于天，俯则观法于地，观鸟兽之文与地之宜"（《周易·系辞》）。人天然具备与天地沟通和交流的能力，每一个人都当对头顶之天与脚下之地充满感恩、敬畏与崇拜。即便到了文明高度发达的现代社会，即便自然天地被林立的高楼与乌黑油亮的柏油路遮盖，人们内心最深处也都居住着一个权威与神圣的天地，且此天地是人的最终归宿。可以说，泱泱数千年的华夏文明，形上天地哪怕一瞬间也从未曾消失过，天地之于人们的最初印象与情感早已成为中华民族的文化基因，被代代传承到每一个华夏子孙的血脉之中。人与天地之间的密切关联不仅昭示着天地的强大影响力，亦彰显出人之主体性的可贵与光辉。"主体性是一切道德活动的原动力。"① 人本能而天然地具备不断向外与向上求索的渴望与机能，能够运用感官、情感、心理、思维等力量主动与天地发生关联。倘将道德发展的目标仅设定为促成个体与群体之人的发展，等同于限定了人之道德作用的对象，约束了人之道德发展的可能性，束缚了人之道德的强大效力，而这从根本上意味着对人之主体性的质疑与否定。

结合当前社会和教育生活中频发的道德问题，道德理论的立意视角是否过于狭隘？人们对道德的把握是否有失妥当？人们对道德是否过分宰制？诸此疑惑实则可归结为一问：道德是否仅属人？不可否认的是，道德的确是属人的，因为人有思想、有意识，能够主动而有目的做事情。然而，古代中西文化也呈现出一个共识：从起源处而言，人们敬畏与崇拜的道德并非属人，为人类不知或不能全知的"终极"才是道德的"母体"。由此而言，面对现实中复杂多样的道德问题，人们是时候重视古人智慧了。当人类依靠科技力量越来越强大时，当人们愈发认为自身是道德的主宰时，经由借鉴古人的思维与做法，通过抓住人们内心深处留存的对天地自然的敬畏之心而找寻到用以震慑人之狂妄、傲慢心性与行为的办法，这是传统文化提供给现世之人的强力启发。

概言之，在《老子》中，道德是属人的、为人的，但人之道德有来源与依据，此即"道"。凭借"道"，人即便可以突破自身乃至人世的道德底线，但永远突破不了道德本身，也永远逃避不了来自道德的恩赏与惩戒。就如同人可以走很远，但永远走不出地平线；人可以任意妄为地做不道德的事，但是"天网恢恢，疏而不失"（通行本《老子》第七十三章），人总会承受来自不道德行为的恶果。"人不畏死，奈何以死惧之"（通行本《老子》第七十四章），一旦人们失却心中的道德律，哪怕再高明的德育方法也是徒

---

① 肖雪慧：《人的主体性是一切道德活动的原动力》，《光明日报》1986 年 2 月 3 日。

劳。有鉴于此，道德虽属人，但道德同属于生发、养育、纳藏、包容人的"天""地"。这种"有根"的道德观，更能与人们内心深处对天地的敬畏与感恩相呼应，并可在更大程度上促成人们道德的养成与提升。

第五章 《老子》道德理论的现代德育要旨

运用"以今观古"的思路和方式深度挖掘《老子》道德理论中的现代德育思想，从中找寻道德教育的对策与方法，是当前德育传承、创新与运用传统文化的重要环节，也是治疗与解决当前教育中德育问题的重要方案。

第一节 《老子》对"道德是否可教"的诘问与解答

"道德是否可教"是古已有之的教育命题，解读这一命题需以对道德与教育关系的理解为前提。在理解和把握教育与道德各自属性、特征以及二者关系的基础上探寻道德是否可教，实会发现答案的非确定性。在现代道德教育理论与实践中，道德的可教性已然被德育生活证实，德育工作秉持与运用的正是"道德可教"的理念。然而，道德可教并不意味着道德在任何意义和情况下都可教。换句话说，道德可教不具备绝对性，在有些情况下道德可教，在有些情况下则不可教。道德可教的非绝对性蕴含与呈现出"道德不可教"观点。何以道德是否可教的命题如此难以形成共识？从命题的两个关键概念入手，可将原因归结为"道德"与"教"之间非完全对应的关系。也就是说，"道德是否可教"中蕴含"道德"与"教"的关系，二者之关系中蕴藏着答案。当二者的关系对应时"道德可教"，当二者之间不相关甚至矛盾与冲突时则"道德不可教"。进而言之，由于"道德可教"说明道德可以通过"教"的方式获得，"道德不可教"指道德不可以通过"教"的方式获得，是故"道德是否可教"的问题又指向道德内容与道德方法之间的适切性问题。当"教"的方式适应道德内容时，道德可教；反之亦然。可以说，道德是否可以通过教的方式获得，究其根本在于方法是否适用于道德内容，此是理解"道德是否可教"的根本之所在。

在中国先秦时期，"道德是否可教"的德育命题已获得普遍关注。中西方历史上最早关注"道德是否可教"并给出权威解答的是道家老子。《老子》作为中西方历史上第一部专论"道德"的著作，开篇首句便毫不含糊地揭示出"道德是否可教"的命题与结论。"道可道，非常道"（通行本《老子》第一章）是集中体现与揭示"道德是否可教"命题的千古名句。众所周知，"道"在《老子》中首先是哲学概念，指的是终极原理与权威法则。在哲学概念之外，"道"还是一个形上伦理学概念，指的是价值、道德的起源。作为价值起源，"道"是"道德"产生的前提，是一切人世价值与道德之"母"。离开"道"的范畴而谈"德"，道德无有本根和实质。除"道"之外，"德"是《老子》的另一重要概念。正是基于"道""德"的密切关系，老子被人们称为"道德家"。由于"道""德"之间体用一体的密切关系，二者之间可以相互化约与替代，道即德、德即道。在《老子》中，"道"时刻以"德"的形式彰显自身。形上之道赋予万物成其自身的属性与价值，这就是万物之"德"。同样，作为"道"的表现形式，"德"以"自然"的形式彰显"道"。依靠"德"，"道"得以显现其之于自然宇宙的全部意义与价值。在《老子》中，有"德"的事物一定有"道"；运用"道"之规律和原理的主体一定有"德"。比如，自然万物、圣人、婴儿融"道""德"于一体，是"符道合德"者。"道""德"合而为一、彼此互通。"道即德，包括道体的'玄德'，以及一切人物所得于道体之'德'。道亦可以指事物的一种状态，也可以指一种人之心境或人格状态。"[1]事实上，在《老子》中，"道可道，非常道"中的第一个与第三个"道"字均可被理解为"德"。倘以"德"解"道"，"道可道，非常道"变为"德可道，非常德"，"可以言说的德，不是永恒的德"。何以可

---

[1]　唐君毅:《中国哲学原论》, 台湾学生书局 1993 年版, 第 370—381 页。

以言说的德不是永恒的德？因于"上德不德，是以有德"（通行本《老子》第三十八章）。如前所述，价值起源意义上的"道"与"德"完全重合，"玄德"既是"道"又是"德"。"玄德"是真正而永恒的"德"，人们道德实践不断逼近的道德理想也是作为善理念的"玄德"。作为终极之"德"，"玄德"不可尽"道"。"道可道，非常道"，现实中人普遍言说与实践的往往是片面的、被切割的"道德"，而由"言"的特性和功能着眼，"言说"是"教"的突出特点。通过言说的方式，道德内容得以由人们口中说出并为人们接受与领会。然而，当局限性的"言"遇上不可尽言的"玄德"或"道"时，其必然结果是道德内容只能在某种程度上被"言说"。"道可道，非常道"明确指出"言教"之于道德养成的局限性，其中明显蕴含"道德不可教"的意旨。

既然"言教"并非最好的道德养成方法，是否"道德不可教"就是对"道德是否可教"的定论呢？或者说，既然"道德不可教"，是否可以全然摒弃"教"的方式？诚然，无论结合古今教育思想还是《老子》思想，全然摒弃"教"既不现实也不可取。如同《老子》的"无为"并非"什么都不做"，"道德不可教"也并非"道德与教无关"，而是指道德不可完全依赖教的方式获得。又如同《老子》的"无为"倡导的是"适度""适当""适时"的"为"，"道德不可教"在认可"言教"的方式之余，更加看重"不言之教"（通行本《老子》第二章），即"言说"以外的道德教育方法。还如同老子一面说着"道可道，非常道"，另一面却又直述五千言；"教"的方法虽不是最佳的德育方式，但不教则不知道，道德仍然要"教"。可以说，《老子》之于"道德可教又不可教"的回答，实则与其关于"道不可道，又不得不道"的观点一致，均旨在以否定和批判的方式促使人们思维和观念的"转向"，以寻得更为妥当长远与普适的方法。

作为对"道德是否可教"命题的陈述与解答，"道可道，非常道"中蕴含诸多现代德育要旨。首先，"道可道，非常道"明确指出言说的片面性与损伤性。在当前德育生活中，以言说为主要形式的教育方法的局限性已获得普遍认知，过度与过分运用言说的教育往往与"灌输"或"填鸭"相关联，于此人们早已颇为反感并严厉批判。鉴于人们对言教弊端的切己体认，诸多"补救"性的德育方法也已经被充分而广泛地运用到德育活动之中。此可谓"道可道，非常道"真正意旨在德育工作中的实现。其次，"道可道，非常道"指明道德内涵、内容、目的等的复杂性与深远性。道德之所以不能被言说穷尽，除却言说本身割裂与片面的特性外，道德的丰富性与深远性是决定其不能被尽说的另一原因。在《老子》中，作为"善理念"的"玄德"意义深远而价值重大，其之于人的发展具有全面而根本的指导作用，全然不是语言可以描述与臆测的。"玄德"的不可尽言性在相当程度上成就了道德的权威地位，使得道德成为人们生活与发展的根本依据。概或考虑到人们的道德境况，老子不得不通过重塑与构建道德权威的方式促使人们的道德发展。在当前德育生活中，道德同样具有深远而丰富的意旨。人们常将道德、价值、精神、境界等相互关联，表明道德空灵、崇高、超越等的特点与价值。然而遗憾的是，道德之于现实中人而言更多处于"器"的层面，更多发挥的是工具作用。抑或说，道德更多被作为满足需求的外在工具，而非使人内心充盈、精神自在的内在依据。在这种情境下，人们成为道德的绝对主宰，道德之于人们发展的指导与引领作用微乎其微。针对这种道德式微的德育现实，有识之士也致力于重塑道德的尊严与地位，提升道德的辐射力与影响力。此种依于道德、诉诸道德、为了道德的德育诉求，正与作为道德专著的《老子》之间形成"古今互通"，也确证了《老子》道德思想的现代意旨。最后，"道可道，非常道"中关于"道德是否可教"的答案有其鲜明的现代性内涵与特点。鉴于道德的复杂性与言说的局限性，"言教"并非道德教育的最佳方式。然而，道德认知与实践离不开"教"，否则人们便不知"道德"为何以及如何实践之。为防止与规避言说之于道德养成的负面影响，"道可道，非常道"蕴含批判"言教"的主旨。与此相应，在当前德育工作中，相比言教，人们更倾向于运用"非语言"的教育方法促进人们的道德发展。比如，情境法、陶冶法、感化法、榜样示范法等皆为非语言的德育方法。这些方法能够有效克服和弥补言说的弊端，有助于发挥和促成德育的育人价值。

概而言之，《老子》"道可道，非常道"寥寥数字淋漓尽致地描绘与揭露出"道德是否可教"命题的诸多面向。《老子》有关"道德是否可教"的观点彰显出古今德育命题的一致性和互通性，可为当前德育工作提供源头处的理论滋养。

第二节 《老子》对"道德教育内容"的选择与确定

德育内容具有历史性和时代性，不同历史时期的德育内容不同。然而，那些代表中华民族道德内核的德育内容却不受时空地域的限制，贯穿于各个历史阶段。比如，在德育理论与实践中，以民族精神养成、理想信念教育为核心的德育内容具有鲜明的跨时代特点，它们与时俱心、从未过时。从表现形式看，德育内容有文本与非文本两种形式。文本性的德育内容主要指以文字、图片、教材、书籍等为载体的道德知识；非文本性的德育内容指道德知识以外的德育形式和活动，如社会实践、生活体验、个人感悟等。我国德育曾在一段时间内颇为重视文本性的德育内容，将道德知识、道德规则等作为培养与促成道德的重要内容，并通过各种方式促使人们理解、掌握、内化与践行道德知识、道德规则。这种曾在德育工作中普遍存在的"文本性态度"虽有利于人们道德认识的形成和深化，但也不得不说对人们的道德发展造成了割裂与损伤。事实上，过分重视道德知识的德育作用是知识社会的普遍现象。造成人们无法较好地利用道德知识开展德育工作的主要原因，在于人们将道德知识与科学知识相对等，认为道德知识与科学知识具有相同的属性与功用。在这种观念的影响下，人们普遍认为：学习科学知识能够提升智力与能力，学习道德知识也能促进道德发展。

显而易见，这种曾经广泛流行的思维存在明显误区。道德知识与科学知识存在显著差异，用科学态度对待道德不免忽视了二者的本质差别。哈罗德·普利查德（Harold A.Privhard）在《道德哲学建基在错误之上吗》一文中指出："如果我们将道德知识理解为一种类似于知识理论的东西，那么任何人想达到这种知识的企图都注定会失败。因为它错误地认为仅仅通过道德思维的活动就能证明什么东西，就可以对这种道德知识得到一种直接理解。我们对道德知识的这种要求尽管是不可避免的，但是本身又是不合法的。"①科学知识可教，道德知识却并不必然可教。科学知识的增益于人们的理智、理性和能力的发展往往发挥促进作用。相反，道德知识的增益则并不必然促成道德情感、道德意志、道德行为的发展。"道德规则就好比一本幽默手册里的规则一般，不是说得太多，就是说得太少。说得太多，是因为规则缺乏弹性，而忽略了道德和幽默一样，必须针对不同的情境做出适当的反应。说得太少，是因为清净的复杂性不是简单的道德原则可以掌握的。"②知识与道德之间并不存在直接相关性，文本化的道德知识与真实、灵动、内在的品性或德性之间存有不可调和以及难以逾越的差别与矛盾。以威廉姆斯为首的"反理论"（anti-theory）道德伦理学家认为："伦理学中我们的直觉在系统地准确表达道德知识方面，和我们的观察在系统、确切表达科学知识方面所起着一样的作用。但是许多对科学知识而言是恰当的目标——普遍性、一致性、完全性、简单性——对道德知识而言却是不恰当的。道德知识的获得涉及情感的训练，而在这一方面科学知识的获得却不涉及。"③由此意义上，审慎地对待与运用文本性的道德知识，避免文本知识对于道德形成的负面作用理当成为现代德育改革的"深水区"。

审慎对待道德知识是《老子》道德思想的核心论点。在老子看来，具备人为性、外在性、机械性的道德知识与自然、内在、灵动的德性不相匹配，人们理当尽力摒弃文本性的道德内容，尤其需要摒弃那些制约与框定道德的规范、条约与制度。以规范、条约形式而存在的道德知识之于人们道德发展的影响具备外在性、硬性和短时性。为了人们道德稳定而长久的发展，老子

---

① ［英］H.A.普利查德：《道德哲学建基在错误之上吗?》，杨玉成译，《伦理学研究》2003年第 6 期。

② Martha Nussbaum：*Love's Knowledge*, New York：Oxford University Press,1990, pp.71-72.

③ Bernard Williams：*Ethics and the limits of philosophy*, Taylor & Francis Routledge, 2011, p.12.

对道德知识整体采取批判与否定的态度。"天下皆知美之为美，斯恶已；皆知善之为善，斯不善已"（通行本《老子》第二章）。何以天下知"善"却恶？老子关注的正是知识增长与道德养成之间的非直接相关性。知识的获得与掌握能够促使人们智识、见识的增长与提升，但智识、见识却并不必然促成美德。更有甚者，智识反倒促成"不道德"。比如，多有人通过各种方式掩盖、美化、推诿自身的不道德，或者通过各种形式宣传、标榜、"售卖"自认为的"道德"。概或正是看到道德知识对道德形成的负面作用，老子主张"为学日益，为道日损"（通行本《老子》第四十八章），认为道德养成需要不断减损智识。从老子之时影响较为广泛的礼乐制度来看，老子之所以主张"夫礼者，忠信之薄而乱之首"（通行本《老子》第三十八章）并呼吁人们"攘臂而扔之"（通行本《老子》第三十八章），正在于其察觉到礼乐的制度本质以及以制度作为道德规约的弊端与危害。然而，需要再次说明的是，老子虽对道德知识持批判态度，但其并非主张绝对不要道德知识。如同老子明知"道可道，非常道"（通行本《老子》第一章）却仍旧竭力地"道"，道德知识虽不必然促成道德甚至对人们的道德发展造成阻碍与危害，但人们道德生活的展开的确需要道德知识的指导与约束。老子批判道德知识的根本目的在于扭转人们过分重视制度、规定等的态度和思想，呼吁人们理性看待道德知识。

相比人为、强硬的外在制度，老子更加肯定内在、灵动的自然人性。抑或说，老子更加强调人们通过体认道德而自动生成一种内在于人的、隐性的道德约束力，而非将道德发展诉诸外在于人的、强势规定的道德制度。"对于规范性种类，学界有着以下几种划分。按照规范性的来源，规范性可分为外在规范性与内在规范性，即规范性力量得以确证是来自客观世界还是道德主体自身；按照规范性起作用的方式，规范性可以分为显规范性与隐规范性，即一种规范性是以直接还是间接的方式发挥作用，这种区分存在于语言实践哲学中；按照对道德主体的约束力量来说，规范性可以分为强规范性与弱规范性。"[1] 老子肯定与重视的显然是内在的、隐性的、"弱规范"的"知

---

① 郭贵春、赵晓聃：《规范性问题的语义转向与语用进路》，《中国社会科学》2014 年第 8 期。

识"与"规则"。抑或说，老子也重视道德知识，只是其并非看重以语言、文本等以外在形式呈现的道德知识，而是重点关注存于人们思想与意识中的内隐而深刻的道德认知。

基于对道德知识与道德养成关系的理解和把握，当前德育已然不再将文本性的道德知识作为德育工作的关键内容，而是同样重视非文本性的道德内容。非文本性的德育内容包括现实生活、教育活动、社会环境等，其涵盖面十分广泛。在德育工作中运用非文本性的德育内容，表现为将德育工作的开展与现实生活、社会环境、主体心理等密切关联，力图将蕴含德育价值的物质、环境、人员、资源等统筹为德育内容。现实地看，关注非文本性的德育内容已然成为德育理论与实践的共识。以非文本性的德育内容促成人们的道德发展，可以有效弥补知识性德育内容的不足，而其有效性业已被德育工作证实。作为古已有之的道德理论，《老子》在主张审慎对待道德知识之外，也明确肯定非文本性德育内容的德育价值。在《老子》中，自然事物与环境、社会生活、人际交往、生活器物等无不蕴含并彰显德育内容，各者皆是人们学习的对象。"天地不仁，以万物为刍狗"，"天地之间，其犹橐籥乎？"（通行本《老子》第五章），自然天地的公正、公平、包容等是重要的德育内容。"天长地久。天地所以能长且久者，以其不自生"（通行本《老子》第七章），自然天地安静、淡泊、无为的道德品质是重要的德育内容。其他诸如"上善"之水的奉献、纯净、谦卑、无私，以及草木、溪谷、江海的柔脆、不争、豁达、谦卑、包容皆是重要的德育内容。在呼吁人们学习自然事物的道德品质之外，老子亦重视人世生活中的德育内容。比如，车、房屋、饮食器具彰显的空虚、包容的道德品质，身心发展中知足、静心、淡泊的道德宗旨，人际交往中谦卑、不争的道德原则，邦国交流中处下、谦虚的道德准则，政治统治中"不折腾""以百姓为心"的德政主张等。

可以说，《老子》道德思想中蕴含丰富的德育内容，与当前德育内容存有较大程度的重合。《老子》之于文本性德育内容的审慎态度与今日德育理论和实践可谓全然相合，而其对非文本性德育内容的重视也与当前的德育实际相符。以此，可明确得见《老子》道德理论的合理性与前瞻性。

第三节 《老子》对"道德教育方法"的分类与分等

恰当与合理地运用方法是实现目标的重要环节。在当前德育工作中，借助于多样化的德育方法，德育工作成效显著。以指导程度作为分类标准，复杂多样的德育方法可被统分为两类："指导性"与"非指导性"的德育方法。按照罗杰斯"非指导性"教学模式的内涵和特点，非指导性的德育方法带有明显的暗示性、间接性、非命令性特征。相比之下，指导性的德育方法则具备直接的、明示的、命令性的特点。就当前的道德教育方法而言，说教法、奖惩法带有明显的外部指导性，而榜样法、情境法、反思法则更多有赖于受教育者的内在自觉。老子对人们的道德寄予厚望，主张人们运用多种方式促成道德的发展与提升。在《老子》中，观察、榜样示范、反思、说理等皆为重要的德育方法。倡导"自然"的老子虽明确主张发挥道德主体的自觉能动性，但也并未绝对否定指导性的德育方式。事实上，《老子》五千言本身对于人们的道德养成便发挥着语言说教的外部指导作用。"人之所教，我亦教之。强梁者不得其死，吾将以为教父"（通行本《老子》第四十二章），老子虽未完全否认言说之于道德养成的价值，但其对带有指导、规约、命令等特性的"言教"持谨慎的批判态度。甚或说，只有在不得已的情况下，老子才主张将言说作为德育方法。

在《老子》中，非指导性的德育方法被充分肯定与提倡。如，观察法、榜样示范法、反思法、实践法等。相比之下，"言说"作为指导性的德育方法并未获得高度重视。"知识如果不合于这个或那个学生的心灵，它就是不合适的，因为人心的不同和植物、树木或动物之各不相同一样大，这个必须这样去对付，那个又必须那样去对付，同样的方法是不能够用在所有人身上的。教师是自然的仆人，不是自然的主人；他的使命是培植，不是改变，所以，加入他发现了某门学科与某个学生的天性不合，他绝不应该强迫他去学习。"① 在当前德育理论与实践中，谨慎而合理地运用指导性的德育方法，目的既在于避免指导性方法对于道德养成的不利影响，又在于切实发挥指导性方法规约、矫正、完善的功效。鉴于指导性德育方法外在、硬性等弊端，非指导性的德育方法受到人们的普遍关注。人们看重非指导性德育方法"润物无声"的功效，认为受教育者可在潜移默化中成为有道德的人。在非指导性德育方法中，榜样示范法一直颇受推崇。依靠榜样示范的力量，道德教育成为一种感染、渲染、感化、同化、内化的过程。"所谓榜样或道德榜样，就是具有崇高的道德理想和道德境界、高尚的道德人格和道德品质、富有道德魅力和道德吸引力而令社会大众景仰、学习和模仿，从而对提升社会大众的道德素质和整个社会的道德水平产生重大影响的先进人物。然而，从另一方面来看，道德榜样又不是高不可攀的，道德榜样常常就在我们身边。正因为如此，道德榜样才是可亲、可敬和可学的。"② 当前德育注重榜样的真实性与生活化，让榜样走进课堂、走入学生生活，看重的正是人之道德的相似性、鲜活性、灵动性与情境性。"道德榜样之所以具有强大的道德感召力和影响力，并不在于或主要不在于对他们的倡导和宣传，而在于他们的个人德性与公众的日常生活之间存在着内在而密切的联系。"③ 这种被广泛运用的现代德育方法，早在几千年前便被道家老子率先提出。

在《老子》中，以榜样示范为主要方式的教育活动被称为"不言之教"。"是以圣人处无为之事，行不言之教"（通行本《老子》第二章）。在"不言之教"中，"圣人"是道德的榜样与典范，是人们学习与效仿的对象。河上公注解"不言之教"曰"以身率导之也"④，可作为老子明确提出榜样示范法的重要依据。在《老子》中，作为道德榜样，有道德的"圣人"不是"去生活"化的，而是完全融入现实生活。圣人与众人生活在一起，做着与众人相

---

① ［捷克］夸美纽斯:《大教学论》，傅任敢译，教育科学出版社 1999 年版，第 137 页。
② 廖小平:《论道德榜样——对现代社会道德榜样的检视》，《道德与文明》2007 年第 2 期。
③ 冯庆旭:《论道德榜样》，《齐鲁学刊》2016 年第 3 期。
④ （汉）河上公，（三国）王弼注，（汉）严遵:《老子》，刘思禾校点，上海古籍出版社 2013 年版，第 4 页。

似的事情。圣人对日常生活有着真实而切己的感受与体验，他或他们作为道德榜样常与众人产生同理心、同情心，能够由衷而深度地体会生活，走进人们的视野和内心。由"圣人"生活化的道德形象中，可见《老子》道德思想中浓厚的生活德育意旨。老子以生活在众人之中的"圣人"为榜样，告诉人们，于平凡中发现伟大、于世俗中追求崇高、以普通人作为榜样的道理。

作为以"非指导性"为主要特点的德育方法，榜样示范法从某种意义上仍旧具有一定的指导性。由于榜样是外在的道德主体和学习对象，其之于受教育者而言仍是"指导者"，只不过这种指导是间接的、内隐的、非命令的而已。相比榜样示范法，更符合"非指导"的德育方法是道德反思法。道德反思即道德主体对自身以及与自身相关的道德认知、情感、意志和实践等的反思与省察。由于道德反思更多是一种求之于己的活动，故其最接近与符合"非指导"的特性。从根本上讲，人人都具备道德反省与道德反思能力，个体反思与反省的思维活动为道德反省提供可能。从这种意义上讲，道德反省是人们的省察、反思活动在道德层面的具体化。"个人的内在道德生活，这种生活包含有自我反省和自我反思的能力。"①道德实践是实践的本义，道德反省则是人之思维活动的必要组成，是人之为人的基础而根本的心理、思维、情感和思想活动。"真正地说，不是个人性的道德生活包含着反思能力，而是，反思乃是个人道德生活的存在本质和基本标志。"②道德的本质在于自律，"意志自律是一切道德法则以及合乎这些法则的职责的独一无二的原则"。③道德反思能够充分调动受教育者的意识、思想和情感，德育主体可自觉通过反思活动促成自身道德的发展。当前德育理论与实践较为重视道德主体的反思活动，如，给予受教育者的反思提供时间、空间和条件；通过再现各种各样的道德情景、模拟各种道德事件引发受教育者的道德反思。可以说，道德反思的内在性与隐蔽性使得经由道德反思而获得的道德教育往往是深刻而持久的；通过反思得来的"真知灼见"对于个体的道德发展具有深

---

① ［美］史华兹：《古代中国的思想世界》，江苏人民出版社 2004 年版，第 75 页。
② 杨晓伟：《仁礼关系与仁的形而上学结构及其思想史意义》，《东岳论丛》2017 年第 2 期。
③ ［德］康德：《实践理性批判》，韩水法译，商务印书馆 1999 年版，第 34 页。

远价值；道德反思也是促成人们"道德自律"的根本途径。

老子高度重视道德反思，多次肯定和呼吁反思性的道德养成方法。"涤除玄览，能无疵乎"（通行本《老子》第十章）；"为道日损，损之又损，以至于无为"（通行本《老子》第四十八章）；"致虚极，守静笃，万物并作，吾以观复"（通行本《老子》第十六章）皆认同与倡导通过反思的方式促成道德发展。在老子看来，依靠反观、省思的思维活动，人们能够体会与感悟道德真谛，能够理性认识自我，能够有的放矢地促成道德的养成与提升。可以说，主动、自觉、内在、深刻的道德反思，一方面能够促使道德主体真正将道德视为关乎重大的事情，另一方面则能促使人们将道德与自我发展融为一体。由此，人们方能贯通道德自我与家国社会、宇宙自然的天然关系，道德方能真正成为人们发展不可或缺的因素。

概而言之，《老子》道德理论蕴含并揭示出诸多现代德育方法，其中既有以言说为途径的指导性的德育方法，也有包括榜样示范、道德反思在内的非指导性的德育方法。相比之下，老子更加看重非指导性德育方法的积极效用，而主张以谨小慎微的态度理性对待指导性的德育方法。有鉴于此，当前的德育方法论与《老子》有关德育方法的观点之间可谓高度符合。

第四节 《老子》对"道德教育评价标准"的厘定与确立

道德评价之于个体道德发展具有重要意义，其不仅事关个体道德发展的目标与方向，也对德育改革与创新发挥引领与调控的重要作用。毋庸置疑，在当前德育工作中，道德评价的种类与方式多样而复杂。基于对道德的不同理解，德育评价的理念、策略与方式也各不相同。"有的学校对学生品德的评价采用积分制，罗列一系列具体的行为，学生出现了相应的行为或达到要求，就能予以加分，并且作为评优的重要依据……有的地方采用考试的形式……为了取得好成绩，学生努力识记相关知识、行为标准与规范，但并未将这些识记的内容运用于实际生活中，指导自己的行为，出现了明显的知行分离。有的学校采用档案袋的方式，由教师对学生进行品德评价。由于关乎学生的毕业与升学，教师给予'良'的评价也会引发学生与家长的不满，家长甚至为此找老师要求更改评语等级。"① 在当前多样化的德育评价方式中，一个明显而同质性的倾向是"科学化"，科学化是现代教育评价的内在标准和重要准则。科学化评价以精准、精确、真实、客观、理性为主要特征，体现为工具、内容、过程、结果等的科学性。毋庸置疑，科学化的评价手段与评价方式的有效性已被普遍证实，以数字、数据、表格等呈现的评价结果对比描述性的文字而言确有不可比拟的客观性与精确性。

然而，倘说科学化的评价方式可被自然与人文学科的诸多领域充分运用的话，用科学化的方式评价人的道德则显然不妥。"当前道德评价不同程度存在着'理性人'的人性假设、注重'合乎道德'的外在行为。评价方法上追求'科学性'等认识误区，从根本上制约了道德评价的改革与创新。"② 道德是否以及在多大程度上能够通过科学的手段加以量化，这本身就是一个关乎重大的问题。"像教育这样的一种事业，必须谨慎地和谦虚地使用'科学'这个词，没有一门自称严格符合科学的学科会比教育更可能遭到假冒科学的损害。"③ 道德显然是不可量化的，道德的复杂性从来不是客观数字能够准确与全面描述的，人的道德发展的内在性和隐蔽性也不允许被数据划分与切割。诚然，当前道德评价之所以采用量化手段的原因既在于其"易用"，又在于没有其他更合理的方式替代量化评价。基于此，走出科学化的德育评价误区是当前德育工作的重中之重。

从人性与制度的关系看，"不同的人性假设就会有不同的制度设计，而不同的制度设计又会使生活在其中的人产生不同的行为结果，并塑造着不同的人性"④。道德理论建基于人性论，人性假设是构建道德理论和开展道德实践的根本依据。以人性假设为前提的道德理论、制度设计和道德实践反过来

① 王烨晖、辛涛：《当前我国德育评价的困境与出路》，《中国德育》2015 年第 11 期。
② 尹伟：《道德评价的前提性反思》，《教育研究与实验》2018 年第 6 期。
③ 赵祥麟：《外国教育家评传》（第 1 卷），上海教育出版社 2003 年版，第 2 页。
④ 孙伯强：《公共管理中的人性假设与制度设计》，《云南社会科学》2008 年第 1 期。

又会影响人的道德发展。这表现为，当外部的制度、环境与人的内在道德需求相适应时，道德的发展是顺利而稳定的；当外部的制度、环境不适合主体发展需求时，人们往往会调整自己的道德发展需求与方向以适应外部制度与环境的要求，而非对外部环境采取坚决抵制的态度。然而，面对来自外部世界的各种挑战与困境，个体单方面的顺从与妥协不但不能有效改变外部因素，反而容易导致身心发展的矛盾与冲突；个体和社会的道德非但没有进益，各种道德问题反而层出不穷。从这种意义上讲，道德评价作为一种以道德为评价内容和评价对象的事务或活动，其是否以及在多大程度上与道德的内在性、隐蔽性、灵动性相匹配，便是在多大程度上具备合理性与可用性。合理妥当的道德评价方法不仅能够发挥良好的评价作用，亦可为被评价者的道德发展提供方向性指导。反之，不恰当的道德评价方式不仅不能反映人的道德发展状况，反而对人的道德发展造成阻碍与危害。

著名教育家叶澜说过："教育是人类社会所特有的更新再生系统，可能是人世间复杂问题之最。"[1] 教育主体不是可被具体量化的物，德育评价的对象和内容是人的道德，内在而隐蔽的道德绝非科学手段能够测量与评定。在当前教育改革的时代背景下，德育评价方式科学化的误区和倾向应当得到纠偏与矫治。在德育评价中更少运用量化方式、更多采用贴近道德属性和特点的评价方式是发挥德育评价正面功效的重要着力点。针对道德评价的科学化取向，学者们提出诸多改良策略。"教育者首先应直面作为鲜活生命个体的学生，做到'目中有人'而不应任性选择或创造一种道德评价方法，更不应漠视道德评价应有的伦理精神而使学生沦为缺失主体性的工具理性存在。"[2] 教育者是道德评价的主体，教育者既应对科学评价手段采取理性而审慎的态度，也应在深入体认与把握道德本质的前提下避免工具理性之于学生道德发展的戕害。"教育者对于'道德'特征的认识和把握，潜在地决定了学校道

---

① 叶澜：《世纪初中国教育理论发展的断想》，《华东师范大学学报》（教育科学版）2001年第 1 期。

② 尹伟：《道德评价的前提性反思》，《教育研究与实验》2018 年第 6 期。

德教育特殊的性质以及活动的效果。"①教育者对道德的深入理解是选取和运用恰当方式对受教育者道德发展予以评价的根本前提。换句话说，评价者明晰"道德是什么"才能有的放矢地发挥道德评价的教育作用。

关于道德是什么，有道德的人是什么样子，理想的道德教育该当如何等问题，道家《老子》中皆有直接而明确的答案。道德就是人的自然本性，人合乎天性的发展就是有道德的人，促使人成为自己就是理想的道德教育。在《老子》中，道德并非难以捉摸与把握，而是与人的生存发展密切相关。在生活中，人们遵从内心善念、对人对己施以善行，就是道德不断发展的表现，"善者，吾善之；不善者，吾亦善之，德善"（通行本《老子》第四十九章）。与之相应，道德评价也以善念、善行的"自然性"——人的道德在多大程度上出于本意为内在标准。这意味着，当道德行为是由心而发的道德观念的自然流露时，人的道德是真实而高尚的；当人们为了某种目的刻意"为德"时，即便道德行为本身值得称赞，其道德仍是短暂、虚假、低劣的。

"人法地，地法天，天法道，道法自然"（通行本《老子》第二十五章），"自然"是老子衡量与评价道德的一贯标准和统一原则。自然而然、由乎本心的道德行为表征着真实而高尚的道德，人为造作、虚伪矫饰、外在刻意的道德行为则表明道德的虚假与短暂性。可见，老子对于道德评价标准的设定全然建基于"道法自然"的理念之上，道德之于人们而言必须是由乎内心的自然观念和自然行为，评价道德必须秉持和运用"自然"的标准和原则。围绕"自然"这一道德评价准则，老子构建其道德评级体系。"上德不德，是以有德；下德不失德，是以无德。上德无为而无以为，下德为之而有以为。上仁为之而无以为，上义为之而有以为，上礼为之而莫之应，则攘臂而扔之。故失道而后德，失德而后仁，失仁而后义，失义而后礼。夫礼者，忠信之薄而乱之首"（通行本《老子》第三十八章）。针对"上德""下德""上仁""上义""上礼"的道德层次，严遵给出详细而具体的界定。"上德之君，性受道之纤妙，命得一之精微，性命同于自然，情意体于神明，动作伦于太

---

① 陆有铨：《"道德"是道德教育有效性的依据》，《中国德育》2008 年第 10 期。

和，取舍合乎天心……下德之君，性受道之正气，命得一之下中，性命比于自然，情意几于神明，动作近于太和，取舍体于至德……上仁之君，性醇粹而清明，皓白而博通……上义之君，性和平正，而达通情，察究利害，辨智聪明……上礼之君，性和而情柔，心踈而志欲，举事则阴阳，发号顺四时……"①在《老子》中，不同的道德观念与行为对应着不同的道德层次与境界，评价人们的道德水平以言行举止在多大程度上合乎"自然"为标准。老子之所以以"自然"作为道德评判的标准，原因在于只有发自内心、出自真情的道德才合乎"人性"，才是真正而稳定的内在品质。相比之下，那些具备外在目的的道德观念与行为，因背离本心，指向自身发展之外，故而终归是虚假而短暂的。

诚然，不得不说《老子》的道德评价标准有其不现实的一面。以《老子》道德评价的标准对照现实德育，可得见《老子》的道德评价标准带有较强烈的理想色彩，尤其与那些客观、方便、易用的道德评价标准相比，《老子》的道德评价标准较难把握与运用。然而，《老子》厘定与确立的道德评价标准中却蕴含与揭示出诸多现代德育要旨，且直指与揭露当前德育评价和道德评价的"弊病"和"顽疾"。可以说，《老子》的道德评价标准守住了道德发展的底线，抓住了道德发展的根本，指向了道德评价的"靶心"，其在相当程度上有助于当前德育评价困境的矫治与突破。

第五节　《老子》对"道德教育制度"的思索与批判

合伦理性是制度存在与发挥功效的重要前提，只有合乎伦理的制度才是好制度。作为人为的产物，制度必须关乎道德。亚里士多德说："一切技术、一切研究以及一切实践和选择，都以某种善为目标。所以人们说得好，万物

---

① （汉）严遵著，王德有译注：《老子指归译注》，商务印书馆 2004 年版，第 10 页。

都是向善的。"①"万物向善"无疑具有浓厚的哲学意味，理想的言行总是源自"善"的引导，指向"善"的目的。"天下皆知美之为美，斯恶已，皆知善之为善，斯不善已。故有无相生，难易相成，长短相形，高下相倾，音声相和，前后相随"（通行本《老子》第二章）。无论是为人抑或为己，"善"总是被蕴含在人的实践、生活、行动、观念、思维之中。诚然，制度本身是中立与客观的，但制度的人为性决定制度不可能纯粹中立，而是蕴含与体现着某种或某些价值观念。更具体地说，制度制定者将主观目的、意图、观念、思想等赋予制度，寄希望于制度的推行而实现主观预期，这决定了制度的"非价值中立"实质。由此意义上，因制度的"人为"特性、"非价值中立"实质，受意志决定的制度并非一定合于伦理和道德要求。历史上，通过推行制度而满足与实现私利与己愿的情况从未间断。

在人类发展的漫长历程中，制度从未缺席。由一开始约定俗成的规则到法典化的规章仪制，制度以各种形式作用于人类文明的发展与演进。从制度本身看，"制度是一个社会的游戏规则，更规范地说，它们是为决定人们的相互关系而人为设定的一些制约。"②作为外在"制约"，制度能够减少与消除阻碍个体良性发展的不当思想与言行，能够为人们的发展营造良好的环境和条件。可见，制度制约的内容与对象是人们不恰当、不道德、不合理的观念和行为。鉴于制度的积极效用，人们道德生活的开展实则离不开制度的规定、管辖、指导和约束。然而，肯定制度的合理性并非意味着绝对接受制度。历史与现实无数次地向人们昭示背离伦理的制度之害。客观地说，制度主体、制度内容、制度推行过程、制度评价以及其他相关环节中的任何一者不道德，都直接造成制度恶果。比如，利用制度任意凌辱与践踏人性与尊严，通过制度彰显"淫威"，试图以制度震慑与威吓人……诸此因制度主体不道德而导致的制度不道德现象广泛存在于现实生活中。诚然，不道德的制

---

① ［古希腊］亚里士多德：《尼各马可伦理学》，廖申白译，中国人民大学出版社 2003 年版，第 37 页。

② ［美］道格拉斯·C.诺斯：《制度、制度变迁与经济绩效》，上海三联书店出版社 1994年版，第 3 页。

度也直接导致人们道德的扭曲与沦丧。"任何通过语言或肢体行动试图来改变当事人作为其自我认同性标志的内在信念的做法，都是对人的尊严的重大侵犯，而且很有可能根本不会获得成功。即便是通过酷刑强迫当事人做出了违背自己意愿的事情，他在内心也仍然不会屈从。他是在不情愿中做出了让步，但这并不意味着他的意志自由发生了真正的改变。从这个意义上讲，对人的内心意志是无从强制的。如果某个人在强制下变了心，那么这个人也就失去了自身的同一性，他生活在一种外在恐吓的震慑之下，从而丧失了原本真实的自主性，被装备了一种强制性前提下的新的认同性。他不再是他自己，而是受控于外力的'人形机器'。这样一种否定人的真实自我与内在本性、使人异化为外在强力之工具的做法，为任何奉行现代文明价值准则的社会所绝对禁止。"① 个体之于道德的认同与实践，一方面需要个体发自内心、出乎真情，另一方面需要外在规范的约束与指导。依靠自我的能动性，人们可因道德之美善而心生向往；依靠制度之约束，人们的道德发展得以获得纠偏与矫正。然而，从某种意义上说，制度最直接的功效在于规范与约束人们的不道德行为，而非与人们道德的形成直接关联。更进一步说，没有哪种真正的德性可通过外力强迫的方式获得。不断地接近道德与不断地避免做出不道德的事情看似是一件事，实则是两种完全不同的道德养成方法。强调制度之于人们不道德观念与言行的约束作用，也意味着制度促成道德养成功效的有限性。毕竟，一旦制度被人们作为道德养成的必要支持，则制度对于人们道德养成的负面作用也会立马显现。当然，这种分类并非意在割裂"个体主动自觉的行动"与"在外部约束力下被动行动"的密切关联，毕竟人们也对外部约束力进行判断与选择。只是相比之下，制度之"大功"不在于促成道德，而在于矫治道德弊病。《老子》"大制不割"（通行本《老子》第二十八章）不仅意在告诉人们现实制度的本质，亦在于提醒人们审慎选用制度，主动规避制度之于道德发展的消极影响。

现代德育工作的开展离不开制度支持，在制度的"保驾护航"下，德育

① 甘绍平：《伦理规范的价值依归》，《哲学动态》2018 年第 9 期。

工作得以稳步有序地推进。在德育工作中，包括规范、法则、规定等在内的道德制度，对于人们道德的发展无疑具有积极的监督与约束作用。在制度的规定与调控下，人们对于是非曲直能够做出明确判断，为人处世能够秉持合理的依据与准绳，道德发展得以沿着正确的道路前行。然而，道德制度之于道德发展的作用是有限的。现代德育理论与实践也在不断揭示出道德制度与道德发展之间的不适于冲突，甚至表明道德制度的无力。"规范教育在一定程度上忽视了个体的感受，从这一层面来说必将导致无法实现道德教育的旨趣。规范的稳定性和确定性如何很好地应对个体价值观念的变化性和多元性以及现实环境的复杂性和多变性，规范教育还容易造成受教者和施教者之间的情感藩篱，使道德教育无法保留其本真价值，这些都是开展规范教育的实际过程中所面临的不足和困境。"[1] 鉴于道德制度效用的有限性，在理性认可制度合理性的前提下着力构建与推行"非制度"或"远制度"的德育模式是当前德育工作的重要内容。由此意义上，挣脱硬性制度的藩篱，从道德本身的特点出发而找寻契合受教育者道德发展内在特性的德育方式，是《老子》提供给当前德育工作者的重要思路。在诸多现代德育理论中，"德性教育"倡导"德育关注与回归道德本身"。"德性教育视人们为主体性的存在，引导人们主动思考和积极参与，并认同内化和自主建构。"[2] 与以道德制度规范、约束和指导人们的道德发展不同，德性教育重视受教育者的主体意识、主动精神、自主行动、自我建构，强调道德发展是个体自身的事情，关注主体的自主权力与主动行为。以"德性教育"在现实德育中的综合运用情况而言，当前人们对于德育制度已然形成比较合理与妥当的认识。这种对于道德制度的理性认识，与人们在不间断的德育理论与实践中体认、反省与批判既有德育制度进而构建新的德育制度密不可分。这一结果既是现代的也是古代的，确切地讲，是在传承与创新、借鉴与运用"古代智慧"的基础上构建与

---

① 方熹、杨绍霞:《论规范教育与德性教育的互补整合》,《湖北大学学报》(哲学社会科学版) 2018 年第 2 期。

② 龙静云、熊富标:《现代道德嬗变略论》,《华中师范大学学报》(人文社会科学版) 2010 年第 5 期。

形成的"现代智慧"。

作为传统道德理论的代表，道家《老子》对道德制度早有"先见"。老子有关道德制度的观念非但不落后于当前，反而提供给人们新颖而独特的视角和切入点。公允地说，《老子》的道德制度观与当前有关道德制度、德育制度的新理论、新观点之间多有重合。与人们对待制度的接受乃至全盘接受不同，老子始终对制度抱持谨慎而小心的态度。"不得已而用之，恬淡为上"（通行本《老子》第三十一章），为避免制度割裂与损伤人性，老子主张只有在不得已的时候方可使用制度。"爱民治国，能无为乎"（通行本《老子》第十章），从政治统治的角度揭示制度损伤人性的事实，主张统治者不要"任术以求成"[1]，不能过度或过分地依赖制度。"太上，不知有之。其次亲而誉之，其次畏之，其次侮之"（通行本《老子》第十七章），以对制度的依赖程度为标准划分统治的优劣与统治境界的高低。人们之所以对待统治者抱持"畏""侮"的态度，正是因为"设刑法以治之""禁多令烦，不可归诚"[2]"赖权威也"[3]，过分发挥制度的规约作用并不是有德者为政与为人的方式。在老子看来，制度之于人性的负面作用致使人距离道德越来越远，也是基于对制度功效有限性的体认，发乎、关乎人之内在本性的"处无为之事，行不言之教"（通行本《老子》第二章）被老子认为是更合乎人性、顺乎德性的道德发展理念。

可以说，老子对制度的体认是深刻的，对制度的认识是正确的，对制度的态度是批判的，对制度的运用是谨慎的。"体现荆楚文化特点的莫过于《楚辞》《老子》以及受《老子》影响的庄周。……荆楚文化很少受这种传统思想的羁绊，并以它特有的尖锐性，对中原文化展开勇敢的批判，在打破旧传统、解放思想中起了巨大的作用。"[4] 比之于当前反思与批判制度的各种

---

[1] （魏）王弼注，楼宇烈校释：《老子道德经注校释》，中华书局 2008 年版，第 23 页。

[2] （汉）河上公，（三国）王弼，（汉）严遵：《老子》，刘思禾校点，上海古籍出版社 2013 年版，第 37 页。

[3] （魏）王弼注，楼宇烈校释：《老子道德经注校释》，中华书局 2008 年版，第 40 页。

[4] 任继愈：《中国古代哲学发展的地区性》，《中华学术论文集》，中华书局 1981 年版，第 465 页。

观点，《老子》道德思想非但毫不逊色，反而开制度批判的理论先河，可为人们在德育工作中理性与合理地认识和运用道德制度提供源头处的启发与指导。

第六节 《老子》对"道德教育困境"的揭露与反思

道德的问题从来不是仅出于和仅属于道德领域，一个具体的道德问题往往有着极为广大的问题域，一个小的道德问题也往往牵涉出极大、极复杂的社会问题。教育是一项复杂的活动，与社会生活的各个层面密切相关。作为社会事业或社会活动，教育活动开展的时空与社会生活高度贴合，教育活动致力于达成的目标正是社会发展的目标，教育活动中的教与学的内容无一不是人们生活之必需。概或从这种意义上，教育是生活的"准备""教育即生活"的观点具有极强的理论与现实价值。由于教育与社会生活密切相关，加之教育能够促进社会良性发展，诸多学者主张教育发挥"引领"社会的作用，将个体、社会、国家的稳定和长久发展视为教育之职责与使命。教育之所以被赋予"引领者"的角色与职责，究其根本原因还是在于教育与社会生活之间同宗同根、荣辱与共、不可分离的密切关系。教育与社会生活从来都是合于一体的，从古代社会的"政教合一"到近代以来的教育相对独立，教育的发展历程正是社会发展进程的缩影和具体表现。人们往往既能够于一时一地之教育推论其社会状况，也能够由社会状况反推而得教育之情形。

由于教育活动与社会生活相依相生的密切关联，社会问题与教育问题之间往往也难以划清界限。尤其教育领域中的道德问题与社会生活中的道德问题更是牵扯不清。作为一种社会活动，由于教育主体本质上是社会人，是故教育中的道德问题往往是社会道德问题的反映和投射。或者说，社会道德问题在先，教育领域产生道德问题在后。诚然，教育领域中的道德问题也有"独立性"，比如，教育目标、方式、内容、环境等的不恰当、不适用、不合理，会直接导致教育主体的道德问题。在这种情况下，教育领域中的道德问题也会弥散到社会生活中。由于教育活动本是社会活动，教育环境是社会环境，教育是社会事业，教育中人是社会人，故而针对教育中的道德问题不可轻视和放任，必须抱持防患未然的态度。教育与社会生活中道德问题的同质性以及难分彼此的关系，提醒人们应当从小处着手、大处着眼，尽可能地避免道德问题的产生与扩散。

"大处着眼，小处着手"和"防患于未然"是道家老子处理道德问题的一贯原则。"其安易持，其未兆易谋。其脆易泮，其微易散。为之于未有，治之于未乱。合抱之木，生于毫末；九层之台，起于累土；千里之行，始于足下"（通行本《老子》第六十四章）。"情欲祸患未有形兆时，易谋正也。祸乱未动于朝，情欲未见于色，如脆弱易破除。欲有所为，当于未萌芽之时，塞其端也。治身治国，于未乱之时，当豫闭其门也从小成大。"①何以与以何"为之于未有，治之于为未乱"，其根本在于人的长远眼光与宏大格局。拥有长期而深远的目标以及高远而广阔的志向，人们能够及时发现阻碍目标的障碍物继而肃清之；倘若只是走一步看一步，只顾眼前而罔顾将来，那么不仅隐藏的障碍物不可得见，就连近在咫尺的障碍物也不能明辨。为人处事当从小处着手，时时持重谨慎，将祸患消灭于萌芽之时，这是国人皆知的智慧"法宝"。然而，"吾言甚易知，甚易行。天下莫能知，莫能行"（通行本《老子》第七十章），人们总是抱持"短见"而拒绝"笃行"，总是只顾眼见而不管将来。

教育中人从未因身处学校教育场域而脱离社会，阶段性的学校教育也不过是社会生活的"缩小版"。学校中的人时刻与社会生活发生关联，也终将走出学校、融入社会。马克思在《关于费尔巴哈的提纲》中指出："人的本质不是单个人所固有的抽象物，在其现实性上，它是一切社会关系的总和……因此，本质只能理解为类，理解为一种内在的、无声的、把许多个人自然地联系起来的普遍性。"②人是群居动物，每个人都具"类"本性，人在

———————
① （汉）河上公，（三国）王弼，（汉）严遵：《老子》，刘思禾校点，上海古籍出版社2013年版，第165页。
② 《马克思恩格斯选集》第1卷，人民出版社1995年版，第56页。

群体中能够获得安全感和归属感。在社会生活中，人们之于道德的理解因着相同或相似的生活环境、身心需求、人生目标和内在愿望等较容易达成共识。基于这种道德共识，道德也自然地成为人们自我约束与互相约束的依据和准则。然而，并非所有的道德规则都是人们基于"公德"而形成的共识。"社会公共的善是个人漠视任何善而只顾自己的结果。一个不幸的巧合是：对享乐和奢侈的追求促进了经济实业，经济实业的发展提高了一般繁荣水平。"①当多数人将奢靡、享乐、挥霍、放纵等作为道德时，基于此种道德共识产生的结果是颠覆道德的、反道德的。饱受美与善浸润的受教育者，较少知道和得见丑与恶的真面目，一旦遇到丑恶，何以应对？道德发展将去向何方？这些问题都关乎重大。由此意义上，当前德育应当也本就应该将道德的反面呈现给学生，毕竟只有知道恶的危害，才能更加珍惜善；只有知晓不道德的危害，才能更加珍视道德。"反者道之动"（通行本《老子》第四十章），道德教育需要运用"反"的方法，经由揭露与呈现道德的"反面"，促使教育中人朝着美善之德"返回"。

老子正是经由揭示社会生活中的道德乱象及其危害，"反推"人们的道德发展，从而既对不道德者发出警示和劝诫，又有助于人们珍视与践行道德。"持而盈之，不如其已；揣而锐之，不可长保。金玉满堂，莫之能守。富贵而骄，自遗其咎"（通行本《老子》第九章），通过呈现人们不知足、强势、贪心、嗜欲、喜财、爱物、骄横、自满的不道德心态和言行，以及由此"不道德"导致的累身、伤心、劳神、祸患丛生等不良后果，充分发挥道德警示的德育作用。"大道甚夷，而人好径。朝甚除，田甚芜，仓甚虚"（通行本《老子》第五十三章），经由直接揭露人们喜好捷径、善用伪诈巧智的道德境地，以及粮仓空虚、田地荒芜的不堪社会现实，揭示道德之于社会良性发展的重要价值，提醒与警示人们莫失、莫忘道德。"民之饥，以其上食税之多，是以饥。民之难治，以其上之有为，是以难治。民之轻死，以其上求生之厚，是以轻死"（通行本《老子》第七十五章），经由揭露民众食不

---

① ［美］阿拉斯代尔·麦金泰尔，《伦理学简史》，龚群译，商务印书馆2003年版，第22页。

果腹、不重性命以及统治者横征暴敛、过度重生的社会现实，呼吁社会中人基于改变生存现状和生存环境而遵道行德。"人之道则不然，损不足以奉有余"（通行本《老子》第七十七章），经由揭露不公平、不平等、贫富分化严重的社会现实，激发人们以道德改造之的决心和行为。在《老子》中，经由揭示不道德的社会现实以激励和指导人们道德发展的内容颇常见，在此不多赘言。

《老子》道德思想由社会与教育的密切关系出发，主张人们运用大处着眼和小处着手的原则对待道德问题；呼吁人们具备防患于未然的意识，积极避免道德问题的扩大并及时解决之。老子将道德问题放置于社会范畴，而鉴于社会生活中道德问题的复杂性，其并不主张"回避现实的丑恶"，而是客观揭露与昭示"不道德"的人世境况和社会现实，希冀通过发挥道德"阴暗"面的警示、警戒、劝诫作用，促使人们基于对美好生活的期待而"勤行"道德。

第六章 《老子》道德理论的德育镜鉴

在华夏文明的历史长河中，以《老子》为代表的道家文化一直或隐或显地对人们的生存发展产生重要而不可替代的影响。以当前的德育理论为参照，道家《老子》道德理论之于现代德育的意义与价值俯拾皆是。著名德育理论工作者檀传宝教授曾说："在道德教育与信仰教育中，让教师和学生有条件基于朴素的传统文化和哲学思考，坚定对道德修养的信心，树立对道德的信仰，这一点对于身处价值多元背景下的中国德育来说非常重要。"[①]通过上文有关《老子》道德思想的论述，不难发现"哲学""信仰""修养""道德"等字眼无一例外皆是《老子》道德思想的关键词。现代德育关注与运用的核心概念和主流理论可直接在《老子》道德思想中寻得。著名德育专家鲁洁先生对《老子》道德思想的评价一语中的地说明其中蕴含的现代德育主旨："道德教育的根本使命就是要引导人走上'成人之道'。中国古代道家经典中的'道'意味着一种本然性的存在方式。在《道德经》中，'道'就是天地万物的本体，它是有所积聚而形成的，是积万物之理而成就的。'德'则是道所体现的人之内在本性。"[②]以人之内在自然之德作为起始与指引，人的发展自始至终都与道德密切相关。在《老子》中，遵循人之为人的自然本性才能成为自己，只有成为自己的人才能避免身心矛盾与冲突，而个体身心的内在和谐是道德发展的根本前提与条件。道家《老子》作为中国历史上首部"道德"论著，其中丰富的道德思想应当也值得为人们重视与珍视。

---

① 檀传宝：《信仰教育与道德教育》，教育科学出版社 1999 年版，第 197—205 页。
② 鲁洁：《道德教育的根本作为：引导生活的建构》，《教育研究》2010 年第 6 期。

第一节　回归朴素的德育目标

在《老子》道德目标体系中，个体道德是社会道德的基础。这种以个体之人为起点和根本的道德目标体现出鲜明的个体本位观。个体本位的道德目标，集中关注道德之于个体发展的意义与价值，主张个体道德发展的基础性与核心性，将个体道德的发展视为首要目的和其他领域道德产生与发展的前提和依据。为促成个体道德的获得与提升，老子从人性论、圣人观、道德实践方式、道德内容等诸多方面入手，力倡道德之价值，呼吁人们成为有道德的人。老子对个体道德的重视明确体现为"道大、天大、地大、人亦大。域中有四大，而人居其一焉"（通行本《老子》第二十五章）。将"人"作为宇宙主体，通过"域中有四大，而人居其一焉"强调人的主体地位，人之于道德的主体能动性以及道德之于人的不可或缺性昭然可见。分析"人法地，地法天，天法道，道法自然"蕴含的"人—地—道—天"的道德进路，则既可见人之于道德的主体作用，又能得出"人德"的基础地位及其之于宇宙自然的根本意义。诚然，"人法地，地法天，天法道，道法自然"从另一角度揭示出"道""天""地"具备高于人的地位与权威、人应当效仿各者之德的主旨与内涵。"道""天""地"之德早于与高于"人"之德既是约定俗成的共识，也是现实中人生存发展的精神砥柱和思想依托。高远深邃的"道""天""地"之德，非但不会消解人之德的作用与价值，反而赋予人德以合理性并为人德提供理想参照。然而，"道""天""地"本为有德者，真正主动体认与实践道德的只有"人"。在《老子》中，虽然"万物有德"，但道德实践只能以人为起点，只有通过人德才能真正促成宇宙自然的和谐圆满。

《老子》由个体而群体的道德进路，明确彰显出个体之人的伟大与尊贵：每个人都是独特与独立的，都是社会的一分子，都肩负社会职责与使命；每个人都是道德主体，都应自觉担负道德主体的责任与使命；每个人对道德世界的形成都具有不可推卸的责任与义务；每个人都应经由扩充与提升道德而让世界变得更美好。《老子》个体本位的道德目标，充分肯定与高扬人的主体性，其将有道德的人与天地齐同，将有道德的人作为拯救时弊的唯一力量，赋予有道德的人以尊贵而崇高的身份与地位。在《老子》中，道德是真正成就自我、他人、家国、社会乃至宇宙自然的根本方法。基于对道德价值的深刻体认，老子认为道德理当成为人们生活的主旋律，道德的获得与提升是人之为人的分内之事。这种将道德作为个体自然本性与生活本身的观点，为人们的道德实践提供最为直接而根本的内在依据和力量源泉。也是基于对道德价值的深度认同，老子主张人人都曾是"含德之厚"的"婴儿""赤子"（通行本《老子》第五十五章），只要心向道德并"勤而行之"（通信本《老子》第四十一章），则"同于道者，道亦乐得之；同于德者，德亦乐得之"（通行本《老子》第二十三章），一定能够成为"符道合德"者。由于对"人德"抱持期待和信心，即便面对"不道早已"（通行本《老子》第三十章）的社会现实，老子仍从"道德"处着手，力倡"自然人性—自然之德"，主张依靠人之自然德性成就理想的个体人生、家国社会和自然宇宙。

"学术之多歧，由性说之不一。"①《老子》道德理论高扬道德人性的内在主旨可与当前德育形成直接对照。当前德育理论与实践重视人之道德主体的身份与角色，高扬人的主体性既是时代也是教育的主旋律。在德育生活中，为促成个体道德，德育理论与实践工作者不可不谓用心与艰辛。然而，理想与现实之间的鸿沟，在道德教育中体现得尤为明显。比如，德育工作中，社会、学校、教育者、家长之间的矛盾与冲突层出不穷；德育问题与现象难以用理论进行合理解释甚至背离德育理论。由德育问题的性质而言，"人"一定是造成德育问题频发的重要因素。由此，一个较容易引出的诘问是：现代德育理论与实践高扬的人，是否真正是人。换句话说，德育要培养的人到底是谁？是理当如是的社会人，还是自带天赋的本我之人？不可否认，在重视收益、讲求效率、看重功利的现代社会，德育目标的"社会本位"倾向已

---

① 刘鉴泉：《推十书（增补全本·甲辑二）》，上海科学技术文献出版社 2009 年版，第 676 页。

然十分明显。比如，学生们在他人面前是积极乐观、张弛有度的好孩子，但自处时却无所适从；学生们擅长以自我意愿和意志为代价，满足来自成人和社会的期待与愿望。毫不讳言，现在的孩子太"老道"了，已然远离和脱离了孩子本该有的心态与状态。面对这种社会现象或教育现象，德育自然难逃其责。人们不禁要问，"以人为本"的德育到底是以"什么人"为本，难道不应以"每一个自己"为本吗？为什么人都是一个样子？诚如韩云忠教授所说，"从我国德育现状来看，由于片面强调德育对于政治、经济、文化等发展的意义与作用，从而忽视德育之于个人这一道德主体的意义和价值。"[①]当前社会本位的德育工作在密切关注与高度重视德育社会价值的过程中，将人的德育主体性抛诸脑后，以至于"以人为本"的德育明显表现出以"群体之人"为本的倾向，个体作为道德主体的鲜活生命力、旺盛精力、丰富想象力、坚强意志力、强大思维力被这种社会本位的德育目标损伤。本应各具道德性格、道德情感、道德意志，各行道德实践的教育中人，变成了他人预期和计划中的样子。诚然，无数的事实也在无数次地告诉人们，不是发乎本心的道德从来不可靠。当人的道德发展伴随太多外力作用和外在目的时，其危害性远非人力能够挽救。道德被太多外在目的裹挟，人会逐渐变得虚假与矫饰，其较常见的结果是，发自本心的良善言行在各种外在目的面前微不足道、卑微不已，道德和道德者的处境变得尴尬与难堪。更有甚者，由于本真德性的消沉与隐匿，人主动适应以道德为工具的社会潮流，为避免来自同类的异样眼光而以"顺应潮流"的方式"自保"，之后再将同样的眼光投向他人。

"吾所谓臧者，非所谓仁义之谓也，任其性命之情而已矣；吾所谓聪者，非谓其闻彼也，自闻而已矣；吾所谓明者，非谓其见彼也，自见而已矣。夫不自见而见彼，不自得而得彼者，是得人之得而不自得其得者也，适人之适而不自适其适者也"《庄子·骈拇》。"以人为本"首当以"个体之人"而非"群体之人"为本，首当发挥"个体之人"之于道德的主体性而非发挥"群

[①] 韩云忠：《先秦儒家礼乐文化的德育价值研究》，人民出版社 2017 年版，第 244 页。

体之人"承担的道德功用。与此相应,德育"以人为本"理念与宗旨的落实需以个体之人为起点,"以人为本"的德育需回归个体本位的德育目标。作为担负重要文化职责和教育使命的社会事业,德育无论对个体抑或社会发展都具有重大意义与重要影响。就德育目标而言,宏大而高远、现实而可用的目标自不可少,这类目标指明德育工作的方向和目的,引领和指导德育事业的发展。然而,"合抱之木,生于毫末;九层之台,起于累土;千里之行,始于足下"(通行本《老子》第六十四章),成就大事必然从小处做起,大目标的实现建基于小目标的达成。"诚意、正心、格物、致知、修身、齐家、治国、平天下"(《大学》),做事总需有先后顺序,立一个合理次序,未"修身"之人无论如何也不能"治国""平天下"。以个体作为道德教育的起点与目标,是中国传统文化给予现代德育的重要启示。"教育的原则,是通过现存世界的全部文化导向人的灵魂觉醒之本源和根基,而不是导向有原初派生出来的东西和平庸的知识……教育活动关注的是,人的潜力如何最大限度地调动起来并加以实现,以及人的内部灵性与可能性如何充分生成……在学习中,只有被灵魂所接受的东西才会成为精神瑰宝,而其他含混晦暗的东西则根本不能进入灵魂中而被理解……"[1]雅思贝尔斯认为全部文化首先应当为人的成长服务,社会中的物质与精神均应最大程度地发挥成就人的意义与价值。教育活动以人的发展为第一要务,教育为了实现人的发展目标必须关注人之为人的内在与根本。以此,德育的社会目标以个体目标为基础,德育生活中的"以人文本"首在以"个体之人"为本。

在德育生活中倡导个体本位的德育目标并非否定与反对德育的社会目标,而是主张回归"人本"德育的朴素内涵和原初意旨。同样,主张回归与重视个人本位的德育目标,也并非否定德育社会目标的重要性,而是旨在结合道德实质促使德育工作者真正实践"个体—社会"的目标体系。这种"个体—社会"的德育目标结构以"个体的人"为"本",以个体之人道德的真

---

① [德]卡尔·西奥多·雅斯贝尔斯:《什么是教育》,生活·读书·新知三联书店1991年版,第3—5页。

正获得为本，以个体良善心性的养成、坚强意志力的获得、良好人格的形成、整体素质的提升、高尚情操的具备、美好品质的拥有作为关键与核心要务。在这种德育目标的指导下，教育中人的主动性首先也最集中地体现为对自己主动，即他们首先要认识与了解、接纳与喜爱自己，做自己想做与喜欢做的事情，而非服从他人的意愿被动发展，甚至按照别人的指令做那些不明所以的道德之事。诚然，为促进个体道德的获得与提升，个体本位的德育目标同样要求教育者、家长、社会"还"孩子以真面目，让孩子成为他们自己，而不是成为你、他、你们和他们。在这种意义上，教育者能否不用或少用成人世界的法则、规矩、标准约束与评判受教育者，这直接关乎"以人为本"德育目标与理念的实现程度。诚然，个体本位的德育目标并非一切按照学生的意志，也并非否定教育者的主体地位与主导作用。毕竟学生虽是道德主体，但其道德人格的养成、道德判断与反思能力的形成、道德实践能力的提升等均离不开教师的引导与指导。德育"个体本位"的目标定位旨在表达的是：教师不是学生道德的"塑造者"，学生道德不是德育工作的"产品"，学校和课堂不是产出道德人的"工厂"和"车间"。

关注个人本位的道德目标，经由个体道德的养成促成群体之人的道德，体现出"个体—社会"的道德进路。诚然，这种以"个体"为起始与基础的德育目标也并非一无是处，其同样与当前快速发展的社会生活之间存在着"不协调"。这集中而突出地表现为，以"个体"为起点与基础的德育过程与目标，其时效性似乎难以与高速发展的社会相匹配。道德养成是一个长期而复杂的过程，其与当前人们急功近利的心态以及时不我待的社会节奏明显不符。然而，"十年树木，百年树人"，教育事业从来不是也不能与社会发展同速，德育更是一个长期而艰巨的社会事业。倘将人的道德发展与快速变化的经济社会直接关联，则从根本上违背了文明发展的内在规律，是背离人性、将人视为器物的表现，从底子上便存有误区。有鉴于此，关注德育目标的最底端，通过基础目标的实现而渐次达成更高的德育目标，这既符合"以人为本"的本义和原义，又能确保人们道德的稳定性与长效性。

第二节 理性而敏感地对待道德知识

道家老、庄曾普遍被认为是"反知"主义者。《老子》的"天下皆知美之为美，斯恶已；皆知善之为善，斯不善已"（通行本《老子》第二章）；"常使民无知无欲，使夫智者不敢为"（通行本《老子》第三章）；"爱民治国，能无为乎"（通行本《老子》第十章）；"智慧出，有大伪"（通行本《老子》第十八章）被认为表现出明显的"反知"倾向。尤其"绝学无尤"（通行本《老子》第十九章）更是人们认为老子反对知识的重要依据。冯友兰先生曾说："为欲寡欲，故老子反对知识"[1]。近年来，随着对《老子》研究的不断深入，很多学者指出《老子》有一套独特的知识分类标准，其并非"反对一切知识"。古代"知"与"智"互通，"老子全书共 62 个'知'字，除去 10 个读去声作'智'外，其余 52 个皆依木字作'知性'和'知识'解。"[2]根据《老子》文本，"智慧出，有大伪"（通行本《老子》第十八章）；"绝圣弃智，民利百倍"（通行本《老子》第十九章）明确否定和批判的是"智"。以此，《老子》反对的是虚伪、矫饰的俗知、巧智。如同《老子》的"无为"并非"什么都不做"，"绝学无忧"（通行本《老子》第十九章）亦非"什么都不学"，否则老子不会提出"为学日益"的做学问的原则与方法。由老子之于巧智、俗知的态度中，可见其主张弃绝的"学"是以俗知、巧智为内容和对象的"俗学"。"俗学则尊辩贵知，群居党议，吉人得之以益，凶人得之以损。天地之内吉人寡而凶人众，故学之为利也浅，而为害也深。"[3]俗学、俗知之于人的发展弊远甚于利，人们理应主动弃绝之。由《老子》反对俗学、俗知以及"为学日益"的主张中，可见真知、德知是老子肯定的对象。相比俗知、俗学之于身心发展的负面影响，真知、德

---

[1] 冯友兰:《中国哲学史》(上)，华东师范大学出版社 2011 年版，第 143 页。

[2] 严灵峰:《老庄的认识论》，《台湾哲学集》，1983 年，第 26—29 页。转引自：刘介民、郑振伟:《道家与现代教育》，广东高等教育出版社 2013 年版，第 91 页。

[3] (汉)严遵著，王德有译注:《老子指归译注》，商务印书馆 2004 年版，第 413 页。

知之于人的道德发展、安身立命具有积极作用。可以说，从个体道德发展的角度着眼，老子将知识分为两类，即"伪知"和"真知"，其判定知识的根本标准是"道"与"德"。"真知"是"道知""德知"，"伪知"是"不道之知""不德之知"。

"道可道，非常道"（通行本《老子》第一章）明确表明"道不可道"的主旨。既然"道不可道"，何以《老子》五千言围绕"道"展开？究其根本原因在于"道"之于人世社会的积极价值。更进一步说，促使人们知"道"，进而运用有关"道"的知识促成身心发展，是《老子》竭力"说道"的最终目的。也是基于此，老子明知"道不可道"，却不得不尽力地"道"。《老子》的"道知"可与古希腊柏拉图的知识观互为参照。在柏拉图看来，真正的善是有关善的理念，不断地接近最高善是道德养成与提升的根本方式。与之相似，"道"是道德的起源，是《老子》的"善理念"；人们只有通过体认与践行"道"才能真正成为有道德的人。作为认识与实践的对象，"道"关乎人的思维、意识、精神，可为人们感知与接受。这种意义上的"道"显然具备知识属性。在《老子》中，道德的养成和提升需要借助于"道知""德知""善知"，不具备德性或善性的知识无益于道德的获得与提升，阻碍与危害人们的道德发展。面对世俗之伪知、恶知，"圣人欲不欲，不贵难得之货，学不学，复众人之所过，以辅万物之自然，而不敢为"（通行本《老子》第六十四章）。"圣人学人所不能学。人学智诈，圣人学自然；人学治国，圣人学治身，守道真也"，"众人学问反，过本为末，过实为华。"①有道德的人能够敏感意识到恶俗之知的危害，自觉否定和远离之，只"学"那些有助于道德进益的美善之知。"老子对世俗所重视的知识有天然的反感，因为他认为人的知识越多，人失去的淳朴天性就越多，由而引起的欲望也就越大；欲望越大，社会就会越发动乱，从而形成一种恶性循环。在老子看来，随着人的成长，现实生活中的仁义道德、政教礼乐、知识智能等会使人变得贪婪多

---

① （汉）河上公，（三国）王弼，（汉）严遵：《老子》，刘思禾校点，上海古籍出版社2013年版，第166页。

欲。为了物质利益徇私舞弊，无恶不作，使人异化，使婴儿般朴实无华的美好天性丧失殆尽。"①以《老子》知识观的现代性乃至超现代性意旨为参照，古希腊苏格拉底与柏拉图"知识即美德"的道德命题仍然有其熠熠生辉的时代价值。知识并不必然带来道德，只有"德知"与道德的形成直接相关。老子对知识与道德关系的论述以及对待知识的谨慎态度，在当前仍旧具有独特而超前的理论价值。

在知识多元的现代社会，人们极大程度地摆脱了来自自然界的威胁。即使面对极端自然现象，人们也能够精准预测与防范，甚至可以逆自然规律而行。现代人似乎看起来更有力量了，由复杂知识促成的高精尖科技为人们生活带来极大的便利，甚至将人类推上万物主宰的高位。知识与道德的关系问题，一直为德育理论与实践工作者关注，教育中人始终致力于实现知识与道德之间的良性互动，探寻"知识如何促成道德"的有效办法。"道可道，非常道"（通行本《老子》第一章），知识之于道德养成确有重要意义与价值。任何时代的德育均不可能离开知识，在德育中传播、继承与创新知识是教育发展的历史规律与现实要求。有鉴于此，在当前德育生活中，理性而审慎地对待道德知识是预防和规避知识负面作用的重要途径。

知识不限于口头与书面两种表达形式，德育中知识的形态与载体多样而复杂，德育目标、德育内容、德育方法、德育环境等无一例外地以知识的形式呈现，而成为人们感知、认识与体验的对象。这种知识广存于德育的事实，对德育工作者理性而审慎的对待知识提出两方面要求。其一，对道德知识的选择要抱持敏感而小心的态度。德育理论集中体现为德育知识，知识的辨别与选择是构成德育理论、课程、教学等的基础工作。"知识即美德"，只有合乎道德的真美之知才能促成道德。在道德知识的选择过程中，选择者应当敏感而谨慎，这种源于内心的谨小慎微态度能够在一定程度上确保道德知识的"真""善"特性，从而避免恶知、伪知之于受教育身心的侵害。知识选择者抱持敏感而小心的态度和原则的另一重要原因，在于德育知

---

① 刘介民、郑振伟:《道家与现代教育》,广东高等教育出版社 2013 年版，第 92 页。

识服务的对象是青少年。这要求在知识选择过程中，选择者要有敏锐的眼光、知冷知热的心灵；要抱持一颗赤子之心做到感同身受；要以受教育者母亲、长辈、亲人、老师的身份，满怀敬畏的选择道德知识，而非仅以专家、学者、权威的身份与视角进行理智与客观选择。其二，德育知识要契合受教育者的内在自然性。法国教育家卢梭说："出自自然之手的东西，都是好的，而一到了人的手里，就全变坏了。他要强使一种土地滋生另一种土地上的东西……"① 道家《老子》认为人人生而自然、生而有德，其"婴儿观"或"赤子观"表现出明显的"性善论"意旨。青少年尚未过多受到社会生活的浸染，其更多在家庭、学校创设的安全而道德的环境内成长，其心地良善，对于恶知、俗知知之不多。青少年儿童这种身心发展的纯洁与质朴性，为学校德育工作的开展提供良好的道德前提。在德育活动中，运用德育知识促成受教育者的道德，必须以受教育者已有的道德认知为前提。道德知识能否引起受教育者的认识和情感共鸣，是道德知识发挥德育作用的关键。只有能够引起受教育者内在认同的道德知识才能发挥德育功效，那些不能及时引起受教育者心理共情和情感共鸣的知识，有时反而成为受教育道德发展的累赘与阻碍。从这种层面上讲，道德知识的运用，离不开充满教育智慧的教育者。他们能够敏锐地捕捉和觉察学生的内心体验；能够根据学生反应，及时调整与灵活运用道德知识；能够从学生的道德实际出发，有的放矢、灵活恰当地运用知识。这种教育智慧，从小处说是对道德知识的正确选择与合理运用，从大处讲则涉及道德教育的全部领域。比如，在德育方法的选择与运用、德育环境的布置与创设、德育资源的开发与利用中处处皆知识、处处皆学问。在德育生活中，理性而合理的看待与运用道德知识，既指向对不道德之知的否定与弃绝，同时也包括因人、因时、创造性地运用美善之知促成受教育者的道德发展。

在当前德育理论与实践中，借鉴与运用《老子》"绝学无忧""为道日损"的知识观和学习观，要求德育工作者审慎而理性的对待和运用一切道德

---

① ［法］卢梭：《爱弥儿》（上卷），李平沤译，商务印书馆 2016 年版，第 6 页。

知识，具有分辨善恶之知的敏锐双眼，具有洞察学生道德认知状况的敏感内心，具有能与学生同理共情的赤子之心，具有灵活机动运用道德知识的教育智慧。

第三节 充分运用弱规范性的德育方法

《老子》道德思想的核心概念是"道""德"，二者的属性与特征是"自然""无为"。合乎本性的发展是有道德的体现，虚伪的机心、虚假的巧智、矫揉的方式与造作的行为对道德发展造成极大的破坏与危害。诸种背离人性的观念与行为，是老子批判与否定的对象。"万物以自然为性，故可因而不可为也，可通而不可执也。物有常性，而造为之，故必败也。物有往来，而执之，故必失矣。"①在《老子》中，制度作为人为制造的产物，是助长虚假矫饰观念与行为的外在力量。老子之所以对制度抱持谨慎和批判态度，原因在于制度规范外在于人、制约人之本性、规约人之自然性，人对制度的遵行往往以约束甚或扭曲本性为代价。从本质上说，人为的制度与天然的人性之间具有不可调和的矛盾，这种矛盾的不可调和性使得制度能否以及在多大程度上有助于人们的道德发展，始终是一个难以确定的疑点。倘说制度一定促成人的道德，则言说者不免妄言与不负责。在老子生活的春秋末年，制度已经成为巩固统治、约束民众的重要力量。更有甚者，制度也早已成为不道德者达成目的的工具。"人之道则不然，损不足以奉有余"（通行本《老子》第七十七章），部分人依靠制度强力不断地谋取私利、满足私欲，而更多人则生活在水深火热的制度牢笼中，被制度束缚住了身心和手脚，在他人精心编制的制度之网中苦苦挣扎。"爱民治国，能无为乎"（通行本《老子》第十章），老子反对智识，主张统治者切勿以"智"治国，"故以智治国，国之贼；不以智治国，国之福"（通行本《老子》第六十五章）。老子以政治统治

---

① （魏）王弼注，楼宇烈校释：《老子道德经注校释》，中华书局2008年版，第76页。

为例，说明智识与道德之间的关系，表明虚伪、狡诈之机心、智识之于道德养成的危害性。"使智慧之人治国之政事，必远道德，妄作威福，为国之贼。不使智慧之人知国之政事，则民守正直，不为邪饰，上下相亲，君臣同力，故为国之福也。"①何以智识不能促进人的道德发展，原因在于智识具有人为性，其与人的自然本心、天然本性相背离。"智慧出，有大伪"（通行本《老子》第十八章），人为的智识直接导致虚伪、虚假、矫饰的态度、观念、心理与行为，阻碍与危害人的道德发展。也正是在这种意义上，老子主张统治者不要妄图通过推行制度实现道德民众和道德社会。"绝圣弃智，民利百倍；绝仁弃义，民复孝慈；绝巧弃利，盗贼无有"（通行本《老子》第十九章）中的"圣""智""仁""义""巧""利"皆属"智识"，人们对此类观念、言行的标榜、宣扬、追随与实践均伴随着对自然人性的背离和损害，由于老子之时不堪的道德境况业已证实这些之于道德养成的负面作用，故而老子坚决主张"弃绝"之。

从根本上说，《老子》的"绝圣弃智""绝仁弃义""绝巧弃利"有助于从观念与行为层面肃清道德进路中的障碍物。制度作为人为的标志性产物，其与自然德性之间的矛盾和冲突，使得老子定然谨慎对待之。老子之时，严密的礼乐制度在维系"郁郁乎文哉"的西周后逐渐式微。在关于何以礼乐制度失效的原因分析中，《老子》给出明确答案。"绝圣弃智""绝仁弃义""绝巧弃利"（通行本《老子》第十九章），礼乐制度之于道德发展并非具备长久而深刻的积极作用，道德沦丧既以礼乐制度为原因，也是礼乐制度的必然结局。面对制度的非道德结果，"是以圣人抱一为天下式"（通行本《老子》第二十二章）指明"救道德"的根本方法，即摒弃人为制度，持守"不言之教"与"无为之治"。王弼注解"鱼不可脱于渊，国之利器不可示于人"（通行本《老子》第三十六章）曰："利器，利国之器也。唯因物之性，不假刑以理物。器不可睹，而物各得其所，则国之利器也。示人者，任刑也。刑

---

① （汉）河上公，（三国）王弼，（汉）严遵：《老子》，刘思禾校点，上海古籍出版社 2013 年版，第 169 页。

以利国，则失矣！鱼脱于渊必见失矣，利国器而立刑以示人，亦必失也。"①
在老子看来，不以制度作为统治与教化民众的方式和途径，反而有助于人
的道德养成与社会秩序的形成。"太上，不知有之。其次亲而誉之，其次畏
之，其次侮之"（通行本《老子》第十七章）。最高的统治境界是统治者以
自然应民心，为民众的自然发展创造条件与空间，以至于人们感觉不到统治
而自觉构建和谐身心以及安定有序的社会；统治境界稍低的统治者则会运用
智识统治民众，但由于制度运用处于道德范畴，在其统治下民众仍可安定过
活，是故人们对统治者爱戴、称颂有加；随着统治者对制度依赖程度的不断
加深，在制度约束与禁锢下的民众对统治怨声载道，不得已时便会揭竿而
起，试图通过推翻统治而摆脱来自制度的束缚与戕害。正所谓"上有所好，
下必甚焉"（《礼记·缁衣》），"其政察察，其民缺缺"（通行本《老子》第
五十八章），充满智识与机心的政治统治必然对应狡诈与虚伪的民众。面对
在上者的"智"，被制度约束之人也会以"智"回应。结合《老子》"法自然"
的核心思想，诉诸制度的政治统治的内在机制及其作用可被描述为：由于制
度的人为性与人的天性之间存有无法逾越的沟壑，是故统治者对于制度的依
赖与运用必然以对人们本性的忽视与压制为条件，久而久之制度与人性之间
的矛盾越积越深，以至于最终导致制度的失效乃至政治统治的失败。"所有
实践认识，其最终形态和目的是道德行为。"② 人们的道德样态是评判制度优
劣的关键依据，制度与人性的关系问题是决定制度合理与否的根本标准。诚
然，在《老子》中，就人的道德发展而言不存在所谓的"好制度"，这根本
上因缘于制度的"非自然"和人性"自然"的不对应关系。

　　那么制度到底能否促进人的道德发展？虽然老子对制度持有明显的否
定和批判态度，但其对"大制"仍保有理想期待。基于对制度引导、约束效
用的深度体认，老子承认"合道"或"合德"制度对于人之道德发展的促进
作用。从制度作用的结果看，促成人们身心和谐、社会安定有序的制度可被

---

① （魏）王弼注，楼宇烈校释：《老子道德经注校释》，中华书局 2008 年版，第 89 页。
② 李泽厚：《伦理学纲要》，人民日报出版社 2010 年版，第 76 页。

称为良性制度，"其次亲而誉之"（通行本《老子》第十七章），这表明良制可以促成人们道德发展。"不能以无为居事，不言为教，立善行施，使下得亲而誉之也"①；"其德可见，恩惠可称，故亲爱而誉之。"②有道德的统治者经由制定和推行良性制度，能够教化出道德民众并促成道德社会。老子虽着力批判制度之于道德养成的负面效应，却又在一定程度上对制度的道德发展价值予以保留。这种不彻底的批判实则可促使人们生发深刻省思：对待制度必须慎之又慎。

从现实德育出发，教育中人理当深层次地理解《老子》的用意。老子对于制度较多批判而较少肯定的态度，无疑传递出"谨慎使用制度"的意旨。毕竟，"制度是把双刃剑"，只有对制度抱持理性与谨慎态度，才能有效规避制度之害。当前德育工作之于制度的运用程度甚深，有关道德的规则、条例、法规、规范、规定等不可不谓繁复与多样；制度拟定、制度实施、制度复制、制度创新也始终被人们视为提升德育效果的重要途径。可以说，制度范畴与规定着教育中人的道德发展。"太上，不知有之；其次亲而誉之，其次畏之，其次侮之"（通行本《老子》第十七章）。面对制度可能带来的道德结果，当前德育如何理性而谨慎的运用制度是一个需要深度思考的议题。就制度与道德的关系而言，制度的强权性、外在性，与道德的内在性、自觉性、主动性、灵活性之间存在本质上的差异。这种差异既决定制度与道德矛盾关系的必然性，也决定制度环境中人们道德发展的艰难与逼仄。"个人内在德性和精神空间被规约化的社会伦理限制在日趋狭小的领域，以至于人们往往因生活的过度社会化而渐渐失却了对自我德性精神的敏感与自觉。"③这种被"社会化"裹挟的现实生活之所以阻碍人的道德发展，部分原因正在于制度规定、约束和禁锢人的道德观念与道德行为。制度之于道德发展的弊端是制度负面效应的具体呈现。然而，任何制度都具"两面性"，现实中人的

---

① （魏）王弼注，楼宇烈校释：《老子道德经注校释》，中华书局 2008 年版，第 40 页

② （汉）河上公，（三国）王弼，（汉）严遵：《老子》，刘思禾校点，上海古籍出版社 2013 年版，第 37 页。

③ 万俊人：《寻求普世伦理》，北京大学出版社 2009 年版，第 132 页。

道德发展也的确需要制度的指导与规约。"道德生活秩序的完善重点在于制度的完善……只有在制度设计和制度运行中进行合乎伦理的考虑，才能够使制度有效的规范和引导道德生活秩序，从而为现代社会提供合理的道德理念和道德规范。"①有鉴于此，当前德育需要跳出制度与道德关系的藩篱，寻求制度与道德的契合点，寻找一种具有折中与调和功效的德育途径，以期避免制度之于道德发展的消极影响，最大程度地发挥制度促成道德发展的积极功效。

以对制度的理性认识为前提，以规避制度弱点为宗旨，当前较流行的"德性伦理学"可为当前德育转化与利用《老子》道德理论提供一定的启发与借鉴。德性伦理学主张人们不能仅仅关注道德规则，而是应该反思规则之于道德发展的作用，并经由认同与拥有道德品质而非诉诸制度强力的方式促成道德发展。德性伦理学之于制度、规则的观点在相当程度上与《老子》道德思想互通，老子正是通过制度批判的方式多次阐述与重申道德人性的意义和价值。在制度批判背后，《老子》道德思想的落脚点从来不是否定与推翻制度，而是旨在寻求促成个体道德与社会道德的最优方法。"大制不割"（通行本《老子》第二十八章），老子始终希冀理想制度与道德之间互促关系的形成。"美德伦理代表了传统社会，表达了传统社会的基本道德要求。"②从相当意义上讲，《老子》道德理论正是我国古代德性伦理学的代表。在现代德育中关注德性伦理学并非否定制度之于道德发展的积极效用，而是意欲强调另一种形式的"制度"，抑或说在另外一个层面上发挥制度的道德养成功效。这就是关注"弱规范性"的制度。弱规范性制度的约束力和制约作用是"自生"和"内生"的，以弱规范性的制度与人们的道德发展相关联，能够有效避免硬性制度对道德的割裂与损害。孰能"自生"权威和约束力？德性伦理学认为，德性本身包含制度特性。"德性与规则是相容的，不但如此，德性需要（entail）规则——对德性的哲学反思可以引导出一个比现代

① 朱霁、朱登武：《论道德生活的现代建构》，《求索》2011年第4期。
② 万俊人：《美的伦理如何复兴？》，《求是学刊》2011年第1期。

道德哲学原来所持有的规则和概念，更丰富的道德规则概念。"① 比如，"诚实"既是美德亦是要求人们不能"不诚实"的道德规定；友善既是美德，又是要求人们不能"不友善"的道德规定。任何一种德性自身都蕴含着实现这种德性的制度性规定。相比当前德育生活中人为制定和施行的制度，由德性本身衍生出的道德规定明显体现出"弱规范"的特点。"强规范性是一种强制性的外在制约，它强调一种类似于法律律令性质的、强制性的规范。而弱规范性主要指的是一种引导性的、示范性的、规劝性的、偏向于教化的、非强制性的规范。"② 在德育生活中，"德育主体可以选择这种规范，前提是认可这一规范蕴含的道德理念"。③ 通观当前德育生活实际，弱规范性的制度实则普遍存在。比如，人本化的德育理念，自省、陶冶、感化、榜样示范的德育方法，生活化的德育环境，民主化的师生关系和教育管理机制等。由于弱规范性制度并非新产物，而是伴随道德发展始终，故而教育中人尤其德育工作者能否以及在多大程度上利用"德性"的内在力量，能否妥当与深度甚至不着痕迹地运用弱规范性制度，能否从根本上意识到弱规范性制度的意义等，成为关乎重大的问题。当"弱规范"只是"强规范"的"替补"时，这些源自德性本身的规则的效用将大打折扣，这也意味着教育者并非意识到某种具体德性的内涵、实质及其之于受教育者发展的重要意义。这种"浅尝辄止"的德育活动的直接后果是，受教育者一旦摆脱特定的德育情景，便不再拥有与践行之前获得的道德品质。由此意义上，只有深入而切己地理解源自德性本身的规则，某种道德以及关于这种道德的教育才有生动、鲜活而长久的生命力。

道德发展需要制度的指导与约束，相比于人为制定与推行的制度，源于"德性"的"弱"规则更应成为人们道德发展的动因和保障。在德育生活中，积极倡导、挖掘和运用弱规范性制度，在此基础上辅以相关的强规范性制

---

① Robert C.Robert : Virtues and Tules, *Philosophy and Phenomenological Research*, Vol.51, No.2，1991，pp.325-343.

② 韩燕丽:《论德性伦理学实践性证成的两条路径》，山东大学博士论文，2016 年，第 54 页。

③ 韩燕丽:《论德性伦理学实践性证成的两条路径》，山东大学博士论文，2016 年，第 54 页。

度，有助于从根本上确保受教育者道德发展的真实性与长久性。

第四节　拔高道德教育的立意和指向

价值取向即目的与方向，高远的价值取向引领人们走向高远的目标与方向，功利化的价值取向则导致人们拘泥于眼前利益止步不前。人类社会文明发展的进程一再表明，人是在思想和精神层面不断追求超越的类群，人作为万物之灵的根本依据在于精神、思想、德性、品质等的超越取向。在数千年的中华文明长河中，代代中华儿女勇往直前、奋力向上的足迹与身影构成了国人自强不息、进取不断的人格特征。中国传统文化中的"圣人"从来不是天生的，而是不断"勤行"和超越的结果。道家《老子》从未否认"为"的价值，只是主张换一种"为"的思路和方式，以自然的"为"达成"无不为"的理想结果。虽然《老子》的"婴儿观"倡导人生而具备自然之德，但道德发展不是自然而然的过程，对自然德性的持守与扩充时刻离不开主动、自发的观念与行为。人的主观意识、主体精神、主动行为之于道德发展具有决定性的作用。由主体性的角度而言，人们对待道德抱持何种观点？为何以及如何开展道德活动？诸此问题皆由人而定，而人之所以如此的最高"指导者"正是价值取向。抑或说，价值取向引导人们采取这样而不是那样的方式，做出这样而不是那样的选择，过这样而不是那样的生活，拥有这样而不是那样的人生。不同的价值取向带给人们之于道德的不同理解，形成人们对待道德的不同方式，并最终促成人们不同的精神修养和人生境界。由此意义上，价值取向实则与常说的人生观、世界观、价值观密切关联，具有理想、信念、信仰的属性、特征和功用。管理心理学把价值取向定义为在多种工作情境中指导人们行动和决策判断的总体信念。以此而论，道德与德育的价值取向是指导人们行动和决策判断的道德与德育信念。

在《老子》道德思想中，"道"是人们生活的最高指导，是人们应当持守与践行的人生信念。"老庄思想将'自然'等同于'道'，所以当我们对'道'有感通时，就同时是对于'自然'的证成。然而，'道'在老子思想中，本是指人生实践的最高目的，亦即德行的最后依归，'道'决定了存在，也给了价值……"①将"道"解作"自然"已成为学界共识，而由于"德者，得也……何以得德，由乎道也"②，道德养成与提升需要人们持守与扩充自身本性，是故老子以"道"作为人世社会的最高指导等同于确立了"德"的最高信念。在《老子》中，人们理当以"道"或"德"作为人生的最高指导，人的生活实践最终要以"道"或"德"作为评判的根本依据和标准。将"道""德"作为生活的最高指导与人生的最终目标，实则与"道""德"本身以及二者之间的关系密切相关。然而，在《老子》中，相比于后发性的"道"，与人世关联更为密切的是"德"。"德"既具有形上"道"义，亦有"德行""德性""美德"等的"道德"义。前者是人世道德和价值的"本宗"和"根荄"，后者是人世道德和价值的形式与内容。"道是宇宙的法则，德是个人的修养。换句话说，道是宇宙的精神，德是个人的精神，所以就个人来说，我们的精神是以德行为内容，为基础的。"③"道有存有论第一因之意义，德则偏重人格修养的价值论意义。"④世俗道德从来不是凭空的，而是有起源和归宿。道家思想中作为形上存在的"道"虽然需落实于"德"处，以"德"作为关联人世社会的理论与实践"中介"，但"道""德"作为道德之本根的"上善"角色和身份，不因道德的世俗化而弱化或消失。

老子将"道""德"作为信念与理想实则与儒家相似，在倡导礼乐文化的儒家思想体系中，"德"居于价值顶端。关于道德在"礼乐文化"中的重要地位，常金仓先生曾指出："礼的内容经过不断抽象概括大体可以分出三个层次。它的第一个层次，也是最低的层次，就是每项仪式分别具有各自特定的涵义……尽管仪式节文很多，其内容的表达方式也变换不定，但所有仪

① 王邦雄、陈德和：《老庄与人生》，台北国立空中大学出版社2011年版，第199页。
② 楼宇烈：《王弼集校释》，台北华正书局2006年版，第93页。
③ 吴怡：《生命的哲学》，台北三民书局2004年版，第224—225页。
④ 陈德和：《从老庄思想诠诂庄书外杂篇的生命哲学》，台北文史哲出版社1993年版，第9页。

式所表达的内容不外乎君臣、父子、兄弟、夫妇、朋友五种关系，古代叫做'五伦'或'五常'……处理'五伦'关系的准则就是仁、义、忠、孝、慈、悌、信这样一些伦理道德范畴……。如果把这些伦理道德观念进一步概括，就剩一个'德'字，它是礼'义'的最高境界，所以《利器》说：'天道至教，圣人至德'。"[1] 鉴于道德之于人世生活的密切关联与重要价值，儒家要求人们以道德为本，树立道德理想，在生活中孜孜以求道德。既然以道德作为生活的目标与方向，以道德作为人生的价值取向，则不同的道德层次或道德境界带来不同的生存样态。常金仓先生对儒家道德的"三分"，也可被视为三种不同的道德境界。当人们的道德认识和道德实践停留在"仪节""仪式"层面时，人的道德处于表面和肤浅的状态，具备这种道德境界的人更多获知道德的外在表现形式，而根本不知道德为何；积极体认与践行"五伦"及其相关准则的人则因切身体会道德的实质与内涵，而具备较高的道德境界；道德境界最高的人是在生活中不断向"善理念"靠近的人，这也是常金仓先生所论"德"的境界。公允地说，现实生活中以"仪式""仪节"指导道德发展的人占多数，以"仁""义""礼""孝"等道德条目引导道德发展的人亦为多数，以"善理念"引领人生的则少之又少。不同的价值取向成就不同的道德人生，以仪式、仪节和道德条目指导生活的人是道德庸俗的大多数，而持守与践行最高价值取向的则为人世中的"圣人"。"作为理想人格极致之圣人，凭借高尚精神，与对价值界之无限度追求与向往，超越一切限制与弱点，故能慷慨无私，淑世济人，而赢得举世之尊敬与爱戴。"[2] 可见，即便在"入世"的儒家思想中，"道德"亦有"超越"和"出世"特性。儒道之"圣人"作为理想人格的典范，是古今公认的道德楷模，是古今道德教化的最高理想。圣人之所以为圣，究其根本原因在于其"至德"的人生目标与方向。"上士闻道，勤而行之；中士闻道，若存若亡；下士闻道，大笑之"（通行本《老子》第四十一章）。不同的价值取向造就不同的人生旨趣、生

---

[1]　常金仓：《周代礼俗研究》，黑龙江人民出版社2004年版，第4—5页。
[2]　方东美：《原始儒家与道家哲学》，台北黎明文化事业公司1985年版，第170页。

存样态和道德境界，只有将道德作为理想、信仰和信念，道德之于人们而言才有内在而深刻的意义和永恒而深远的价值。

基于道德与人之间的本质性关联，促成教育中人的道德发展是学校德育核心而关键的目标。"德性不仅仅是实现幸福的手段，本身也是目的，即德性或体现德性的生活本身就是幸福或幸福生活的一部分。"①"德性并不仅仅表现为正义、节制等特定的德目，它在本质上融合于人的整个存在，并展现于生活实践的各个方面。"②德育工作的各个环节无一不以促成受教育者的道德为目的。比如，教育"育人"职责的实现以德育作为主要途径；促使受教育者成为有道德的人是德育的价值取向，德育工作以此作为根本依据与基本目的。然而，即使德育在教育中处于至关重要的位置，教育活动始终秉持与践行"育人"目标，层出不穷的道德问题却时常昭示德育功效逐渐式微。面对多样而复杂的德育问题，人们往往会从德育目标处找原因，而一旦找到"促成人道德的养成和提升"处便又很快确信德育目标的合理性。由是，针对德育内容、方法、形式等的改良或改革始终是德育改革的重点内容。然而，诸此改革似乎非但没有解决已有的德育问题，反而致使旧问题的"变异"或"变种"，导致新问题不断涌现。结合道家《老子》的"道"和"德"，当对德育目标进行追溯和追问时，一个很容易引发的思考是：有没有更高层次的价值取向？或者说，德育在促成人们道德之外，能否有其更为高远的指向？德育除以促成人的道德为目标外，还必须确立道德的至高地位与无上价值，这是解决德育问题和道德问题的根本方式与途径。

在学校和社会生活中，无人不知道德的存在，复杂多样的道德条目、无数感人至深的道德事例、学校德育工作的开展、社区道德活动的推行、媒体对道德的宣传等充斥着社会生活的各个领域。然而，道德并未真正内化于人们意识与思想中，道德的价值并未为人们深刻体认与领悟。对此，学校教育应在促成道德发展的价值取向之外，另将促成教育中人的道德信念和道德理

---

① 陈真：《凡是现实的就是合理的么？——麦金泰尔的美的伦理学批判》，《哲学研究》2015 年第 3 期。

② 杨国荣：《孟子的哲学思想》，华东师范大学出版社 2009 年版，第 196 页。

想作为德育工作的重中之重。公允地说，作用于个体道德发展的力量主要有三种，即家庭、学校和社会，一旦人们形成道德理想和道德信念，家庭德育、学校德育、社会德育之间便有了连接彼此的坚固纽带。道德养成之前及之后，德育能做什么？人们具备道德之后能否以道德作为生活的引领？如何确保人们道德的真实性与稳定性？这些问题的答案都蕴含在道德信念和道德理想之中。换句话说，只有建立道德信念和道德理想，人们的道德观念和道德行为才能够根植于内心而外化于行动，道德之于人而言才具有坚实的根基与长久的价值。对此，学校德育工作可从以下两个层面着力展开。

一方面，指导学生确立属于自我的道德目标。教育中人是独立的个体，有着不同的人格、气质、性格等。这种个体的独特性与差异性表明教育中的每一个人与生活世界都有独特的联系，每一个人都有鲜活而不同于他人的精神世界。德育应当建立在这种独特性与差异性之上，并以此为基础促成多样化的个体道德，德育培养的应是各具特点的道德人。为着德育个体目标的实现，德育工作者首先要引导受教育者意识到自身的独特性，指导受教育者认同自身存在的价值与意义。只有拥有独立道德人格的人，才能在道德养成过程中真正有主见、有追求，才能较少受外界的影响而专心笃行道德，才更有可能成为道德者。当受教育者确立自我道德目标时，德育目标实则与个体的道德信念与理想融为一体。由是，个体的道德发展是关乎自我的分内之事，而非迎合与顺从外界的被动行为。另一方面，引导学生拓宽看待道德的视角，打破对道德的狭隘理解。在《老子》中，道德关乎人却不局限于人，而是为宇宙万物共有与共享。因天人道德的同质性，人与自然天地之间具有内在而直接的关联，人的道德不仅对自身和他人具有积极价值，亦对人类生活的全部领域甚至未知领域产生重要影响。"人作为自由主体克服外在世界顽强的疏远性，把异己的外在世界变为人的本质的对象化的世界，并在其中欣赏自己的外在现实，所以审美活动是人的一种解放。"[①]这种审美活动的意义和价值，同样适用于道德活动。有鉴于此，参照《老子》的"道德观"，形

---

① 高尔泰：《论美》，甘肃人民出版社 1982 年版，第 9 页。

成全面、深厚和持久的道德理解、道德情感和道德行为，将道德由自身扩展出去，扩展到花鸟鱼虫、山川河流、天地自然、苍茫宇宙，道德之于人生的意义与价值必然得到沉淀与升华。在德育生活中，促使学生将自身道德与外在事物发生联系，一则可以通过扩大学生道德生活范围的方式实现，比如将学生的活动领域扩展到课堂之外的社区、野外，指导学生经由主动实施道德行为作用于社会生活，促使学生体认道德价值从而确立与坚定道德信念等。二则可以经由"反面案例"实现。比如，以各种反面事例与现象展现不道德的危害，通过具有警示性的图片、视频和真实案例，促使学生认识到不道德的负面作用，激发学生批判和抵制不道德行为的意识与心理，激励学生树立道德理想。

概而言之，以受教育者的道德发展作为德育工作的方向和理念，有助于德育工作的切实开展和有序推进。相比之下，"培养人的道德信念与道德理想"则赋予德育更高的指向与追求，其不仅有助于人们的道德发展亦为德育价值的实现提供根本指导。现代德育在促成受教育者道德发展的目标之外，还应树立促成受教育者道德信念和道德理想的价值取向。德育不仅要培养有道德的人，还应促使人形成稳定与长久的道德理想，以确保人们在漫长的人生历程中始终坚守道德，以道德为人生的指路灯。

第五节　重视信仰德育

信仰植根于人的心灵和思想中，对人的发展具有内在而根本、长久而深远的价值。从漫长的人类发展史看，促使人类文明产生与演进的根本力量是"信仰"。从殷商时期的"帝"，到西周时期的"天""道"，到汉代以至晚清的"天""道""理"，再到当前具有引领与指导作用的现代信念与价值，国人始终在寻找和追随信仰。

历史地看，人的信仰从未消失，信仰在不同时代有不同的表现形式。先秦时期的"天"或"道"的信仰，随着文明的发展不仅未曾失落，反而获得多样化的存在和表现形式。那个具有强大权威的人格之"天"与终极之"道"从未在国人心中消失,人们困顿于迷惑之际会呐喊"天哪",人们相信"天网恢恢,疏而不失"的效力,秉持"善有善报,恶有恶报,不是不报,时候未到"的道德律令,常说"天生""天性""天命""天道"。诸此皆表明现代人对先秦信仰之"天""道"权威性的传承与认同。可以说,古已有之的信仰与追求,从未在国人脑海中消失过,其始终与华夏文明的发展相伴相随。"中国文化、东方文化都从主体这里起点,开主体并不是不要天,你不能把天割掉。主体和天可以通在一起,这是东方文化的一个最特殊、最特别的地方。东方文化和西方文化不同最重要的关键就是这个地方。"①对作为道德权威和至上原理的"天"的敬畏和追随,在根本上促成了国人独特的道德人格。古人之于"天""道"的信仰,确保了道德的核心地位,树立了道德在人们意识与思想中的重要地位,并促使人们由内心深处体悟来自道德的感召从而专心体行道德。"道德本是维系群体人际关系的原则、准绳,它是一种逐渐形成并不断演化、微调以适应不断变化着的生存环境的产物,成为一种非人为设计的长久习俗。"②道德之所以能够成为人们约定俗成的"习俗",究其根本在于相同或相似的人生态度、人生追求、生活理念等促使人们共同认可与遵守道德这一"习俗",而相同与相似的生活理念和人生观则来源于共同的信仰。

在科技文明高度发达的现代社会,"上帝死了",形上终极在一轮又一轮的"祛魅"中再也不复古时的色彩。几千年来人们对人格之"天"的道德信仰,早已使"天"成为人们内心的道德律,成为人们自我省察、自我反思、自我实现、自我超越的内在权威参照。在任何时代,人们都将"问心无愧""良心"作为道德评判的根本标准。在迷茫和困顿之际,"良心"成为重要的"知己"与法度,此正是将对伦理之"天"的信仰内化于心的结果。事实上,在道德形成与发展的进程中,被内化的伦理信仰也摆脱了原初状态,

① 牟宗三:《中国哲学十九讲》,吉林出版集团有限责任公司2010年版,第70页。
② 李泽厚:《伦理学纲要》,人民日报出版社2010年版,第24页。

其不再是无法认知或只能感性认知的对象，而是已经转变为人们可以依靠理性思索加以判断、选择和取舍的对象。现代人赖以凭借的"良心"并非模糊不清、玄之又玄的感觉或感受，而是开化与开蒙的文明律。抑或说，经历文明与文化冲刷与洗礼的现代人，早已认清蒙昧与文明的界限、自然与社会的差别、身体与心灵的关系。在历经"启蒙""祛魅""解蔽"的现代人的思想与意识里，他们愿意相信与坚守的信仰不再是外在强加的，而更多是人综合感情、理智、意志、精神等主动作用的结果。"天有显道，故人类有法天之义务，是为不容辩证之信仰，即所谓顺帝之则也"；"天之于万物，发之收之，整理之，调摄之，皆非无意识之动作，而密合于道德，观其利益人类之厚而知也。人类利用厚生之道，悉本于天，故不可不为天命而顺天道。"① 既然这个由古至今兴而不衰的"天"被世代奉为最高的道德律令，那么，它是否可以在现代生活中重新隆重出场，成为引领与指导人们道德发展的重要力量？这一问题不仅需要德育中人回答，也需要每一个肩负文化传承与创新使命的现代人作答。

在对"天"观念的传承与创新方面，道家老子无疑是先行者。《老子》道德理论的突出特点，是在前有之"天"的基础上创建"道"，使"道"替代"天"成为最高道德权威与道德法则。徐复观先生曾指出："老庄所建立的最高概念是'道'，他们的目的，是要在精神上与道一体，亦即所谓的'体道'，因而形成'道的人生观'，抱着'道'的生活态度，以安顿现实的生活。"② 将信仰与生活融为一体，在生活中体悟与践行信仰，以信仰作为道德发展的最高指导与根本动力，正是老子构建至高与至德之"道"的现实旨归。不过，老子仍在相当程度上保留"天"之道德代表、道德权威的地位与作用；在《老子》中，"道"与"天"常同义。这或许是出于理论构建的需要，也或许是基于人们理解与接受的需要，但最重要的在于《老子》紧扣人的内在心理以及人们道德发展的根本需求。"这种'绝对命令'对人的行

---

① 蔡元培:《中国伦理学史》，广西师范大学出版社 2010 年版，第 4 页。
② 徐复观:《中国艺术精神》，台湾学生书局 1996 年版，第 48 页。

为具有不可抗拒、无可争议的规定性和规范作用。它是超验或先验的理性的命令，却要求经验性的情感、信仰、爱敬、畏惧来支持和实现。"①"物之生也，若骤若驰。无动而不变，无时而不移。何为乎，何不为乎。夫固将自化"（《庄子·秋水》）。真正能促成和约束自我的只有自我，真正的教育是自我教育，这是道家"自化""自正""自富""自朴"的"无为"观（通行本《老子》第三十七章）之于现代生活的重要启示。外在的制度规范之于道德发展虽有约束效力，但"民不畏死，奈何以死惧之？"（通行本《老子》第七十四章）身心以外的约束力量之所以不能从根本上解决道德问题，原因在于其无法真正关涉人的内心需求、情感、理性等。相比之下，高于人性而发自人性的理想和信念，则能与人之心理、精神、思想的发展相契合。就道德发展而言，人们生成、内化、敬畏、持守、遵从、实践道德信仰的过程与道德认识、道德情感、道德意志、道德行为的形成、发展、深化、内化、展现、提升等相伴相随。在信仰的指引下，人们较易形成明确而高远的道德发展目标与方向；依靠来自信仰的权威，人们能够适时适当地约束自身的思想与行为；在追求与践行信仰的过程中，人们自然而自觉地向道德迈进。

在德育生活中，以受教育者信仰、信念、理想等的养成作为德育目标，将信仰的培养与实践贯穿于个体生活，通过个体的道德信仰促成和确保道德的真实性与长久性，此为信仰德育的主要意旨。"德育系统中的信仰是一个包容性比较强的概念，它不仅限于对道德的信仰，还包括对某种人生哲学的信仰，对人生目标和方向的设问、探索与回答，对终极人生价值、人生意义的诉求与追问。"②然而，不得不说，在当前的德育理论与实践中，信仰德育处于式微的处境。檀传宝教授认为："从 20 世纪 70 年代末至今，我国德育的一个大的进步是所谓从'天国'（极左状态）到'人间'（强调现实性）的转变。如在德育内容的制定上仅仅着眼于日常生活行为规范的建立，德育价值和理念上又往往回避信仰领域，导致终极价值关怀的

---

① 李泽厚：《伦理学纲要》，人民日报出版社 2010 年版，第 23 页。

② 秦红岭：《认知式德育与信仰式德育的失衡——兼论我国高等教育德育的困境与出路》，《高教探索》2006 年第 6 期。

缺失。"① 信仰德育的缺失是德育困境的重要成因。人们缺乏对道德信仰的认同，则道德的权威性与重要性大打折扣；人们不以道德信仰作为道德发展的指导，则道德养成往往半途而废甚至与道德目标背道而驰；人们没有道德信仰，则对于天地自然、宇宙万物、父母亲友、领导同事的敬畏、爱戴与亲近缺乏坚固底线；人们不接受信仰的指导与监督，则较容易自我中心、自我放任、随波逐流，并易受不道德势力的影响与左右。由于信仰德育关乎生命意义与自我价值、人生信念与社会理想、精神生活与道德人格等诸多高大而深远的命题，道德信仰的缺失势必导致德育一方面难以在短时间内收获成效，另一方面较难构建出有说服力且行之有效的德育理论与实践体系。诚然，不可否认的是，信仰德育理论因"信仰"的特性而往往成为"空中楼阁"，成为德育"远观"的对象。相比之下，认知德育、生活德育以知识与道德、生活与道德之间的关系作为理论基点，这使德育工作具有明确的现实落脚点，是故较易实践与推行。然而，当前德育面临的道德人格的失落、道德理想的失守、道德方向的迷失、道德与价值无根等困境，时刻在昭示着信仰之于个体、群体、国家、社会的不可或缺性，时刻在呼吁人们经由"重拾"道德信仰促成理想的道德自我、道德人生、道德社会乃至道德宇宙。

在当前德育生活中，重视信仰德育一方面表现为重视人们道德信念与道德理想的确立，另一方面则需要构建和形成道德信仰体系。德育重视人们的道德信仰，并非"拿来"一个信念与理想，也不是制造一个信念与理想，而是促使人们由自身需要出发主动生成切己的道德信念或道德理想。这种道德信念并非一定是至高无上的，但必须正面、积极、超越现有道德水平且指向道德的长远发展。"九层高台，起于累土"（通行本《老子》第六十四章），道德信仰不可轻易获取，而是需要人们在道德生活中渐次形成。在德育生活中，教育者引导受教育者首先确立一个小的、具体的道德目标，比如"诚信""守时""节制"等，并指导受教育反复认识与

---

① 檀传宝：《信仰教育与道德教育》，教育科学出版社1999年版，第197页。

实践之，直至对其形成深度认同并可自主践行。之后，教育者引导受教育者确立更具涵盖力的道德目标，比如"不做坏人"或"做一个好人"，并在德育活动中促使受教育者将其内化于心、外化于行。之后，教育者引导受教育者思考"想成为什么样的人""想过怎样的生活"等问题，激发受教育者确立自身的人生观和价值观，以其作为道德发展的最高指导。公允地说，在德育生活中，通过这种螺旋上升的方式不断促使受教育者道德信仰的确立，既符合青少年的年龄特点和思维方式，也是实践信仰德育的可行之方。至于确立人们道德信仰的体系，则可以古时道德理论为借鉴。比如，儒家的"仁—义—礼"是道德信仰的价值体系，"格物—致知—诚意—正心—修身—齐家—治国—平天下"是道德实践的体系；道家的"道—德—仁—义—礼"是道德信仰的价值体系，道德实践则全在"无为"与"自然"。

在这种"周全"的信仰体系中，人的道德有来处也有归处，道德既有个体和社会价值也对自然宇宙的发展具有绝对意义。人的道德成为沟通、联系人与自我、人与他人、人与社会、人与自然的一贯线索与同一中介。这种意义上的道德不再局限于人世的"器用"范畴而是蕴含与承担自然乃至宇宙的情怀与使命。

人人有信仰而人人有道德，人人依靠道德而成为人的样子。"人类参与社会生活的最终根源，是对意义和尊严的渴望，而非表面上所看到的游戏带来的利益。"[1]信仰德育有助于人们踏实笃行、立志高远、安身立命、造福社会、拥抱自然、感恩他者、胸怀天下、心系苍生，能够在更大意义上促成人之"域中四大"（通行本《老子》第二十五章）和"参天地之化育"（《孟子·尽心上》）的角色与身份。

---

① ［法］P. 皮埃尔·布尔迪厄:《科学的社会用途——写给科学场的临床社会学》，刘成富等译，南京大学出版社 2005 年版，第 4 页。

第六节　注重忧患意识的养成

理论的产生和发展与时代背景及社会环境密不可分，思想和观点以社会现实为土壤和问题源，对社会现实的思索、追问与求证促成思想和理论的形成。"事实上每一位哲学家，都置身在特定的时空坐标中，从横面而言，他的时代背景对他形成一种驱迫力，决定了他的哲学问题；从纵面而言，他的思想渊源，则来自传统的递衍，将形成他的哲学的特质；更加以个人独特的才慧，于是构成了一代为大的哲学思想。"[1]王邦雄先生所论"时代背景的驱迫力"是一种外在于人却对人产生极大激励、引导、调控、促动等综合作用的环境、氛围、格局、情势、局面等。身处"时代背景"中的人在"驱迫力"的驱动下承受来自社会环境的"刺激"，而积极找寻适应或改善环境的方法与途径。

然而，外在的力量并非促成理论与思想的必然动力，哲学家、思想家、仁人志士之所以能够基于社会现实生发宏略大论，究其根本原因在于具备责任与担当意识，对于人类社会发展具有强烈的忧患意识。在人类文明发展的进程中，往往越是动荡年代，人们对于道德的重视程度越甚。古代先贤怀抱忧国忧民的思想情感以道德"救时弊"的事实，早已说明忧患意识与道德形成之间的密切关联。在忧患意识的引导下，人们对于社会现实的认识会更加理性，人们道德主体的尊严与地位因忧患意识的具备而熠熠生辉。忧患意识之于个体发展的积极价值体现为促使个体主体意识的增强，促进个体责任与担当意识的提升，促进个体跳出自身范畴考虑社会问题，促使个体密切自身与社会之间的关系，促使个体理性认识与对待社会问题，促使个体形成独立的批判性思维等。个体忧患意识的具备是个体、社会、国家进步的重要动力。当前，关注人们忧患意识的培养，促使人们经由理性认识社会问题而主动承担爱己、爱人、爱国、爱社会的责任与担当，是端正人们道德态度、夯

---

① 王邦雄：《韩非子的哲学》，台北东大图书公司 1977 年版，第 25 页。

实人们道德实践以及从根本上确保与彰显道德价值的重要途径。"我们有个错误的观点，认为一旦从阴暗面去解释的话，那么明亮面已不复存在……其时，阴暗是光明的一部分……我愿不顾众人的惊愕，毫不迟疑地暴露我们西方思想的错幻和渺小……这便是一项东方人的真理。"①"有无相生，难易相成，长短相形，高下相倾，音声相和，前后相随"（通行本《老子》第二章），任何事物都有两面性，社会与时代发展的"阴暗面"恰恰是调动和激发世人完善与优化社会环境的重要动力。只有勇敢而坦然地将"阴暗面"公之于众，才能够在根本上对人们形成一种外在的"驱迫力"，促使人们弥补不足、矫正错误，自觉担负变黑暗为光明的责任与使命。荣格的"这便是东方人的真理"的说法恰能与我国道德理论与实践发展的历程，尤其先秦时期的道德理论发展轨迹和特点相对应。

按照蔡元培先生的观点，"伦理界之通则，非先有学说以为实行道德之标准，实伦理之现象，早流行于社会，而后有学者观察之、组织之，以成为学说也"。② 道德行为早于道德学说或思想而出现，在我国，"道德"正式成为社会生活的统一法则起于西周时期。西周统治者重视道德的根本原因在于殷商无德的历史教训。换句话说，殷商灭亡而引发的周朝统治者的忧患意识使得道德首次被置于重要位置并被赋予现实效用。"王敬所作，不可不敬德。我不可不监于有夏，亦不可不监于有殷。……惟不敬厥德，乃早坠厥命"（《尚书·诏告》）。西周的"以德配天"以及对"政德"的强调与重视，正是总结殷商灭亡教训的结果。"惟王其疾敬德，王其德之用，祈天永命"（《尚书·诏告》）。在西周时人强烈的忧患意识下，"疾敬德"被作为避免重蹈殷商之覆辙、巩固统治和安定民心的不二之法。统治者高度重视道德，"德政"和"政德"是西周政治统治和社会发展的关键词。事实上，也正是借由西周统治阶层深刻的忧患意识才成就了三百年"礼兴乐盛""郁郁乎文哉"的西周社会。

---

① ［瑞士］荣格：《现代灵魂的自我救赎》，人民出版社 1987 年版，第 74—75 页。
② 蔡元培，《中国伦理学史》，广西师范大学出版社 2010 年版，第 1 页。

西周末年社会动荡,造成社会动荡的深层原因在于道德的沦丧。先秦典籍中广泛存在的时人对于"天德"、政德及社会道德的怀疑与斥责,表明道德衰败与社会动荡之间相因相生的密切关联。"动乱的形式是多样的,而春秋时期动乱的基本形态是战争。从公元前 770 年的平王东迁,到公元前 453 年的三家分晋,凡三百一十八年,其间大小战争千余次,平均每年有三四次之多。"①史书所论的"春秋无义战"在表明战争性质之余,也明确表达出彼时社会生活普遍背离道德的事实。面对这种紧迫而不堪的局势,对社会民生抱持高度责任感的有识之士深感忧思,纷纷找寻"救时弊"的良方,且无一例外地于"道德"处落脚。比如,先秦儒、墨、道三家显学的学说内容虽较为殊异,但各者皆内含以道德救世的圭旨。儒家孔子面对不堪的社会境况倡导"克己复礼",身体力行地构建道德理论与开展道德实践,为几千年来的社会发展与时代进步奠定了坚实的道德基础,深刻影响着国人道德人格的发展。针对儒家道德思想中的"仁",徐复观先生指出儒家仁学的内核是忧患意识。"忧患心理的形成,乃是从当事者对吉凶成败的深思熟虑而来的远见,在这种远见中,主要发现了吉凶成败与当事者行为的密切关系,及当事者在行为上所应负的责任。"②道德现实价值的发挥从来都与人们的忧患意识休戚相关。忧患意识对个体与社会道德的发展具有内在而深刻的激励作用,能为人们的道德实践提供根本而深层的动因以及现实而长远的目标。

以道家《老子》的道德理论为分析对象,亦可以明确得见其中蕴含的忧患意识。从《老子》的成书背景和过程看,"五千言"就是在"周衰"(《史记·老子列传》)的时代背景和社会环境下阐发的集无奈、失望、希望、期待情绪和情感于一体的政治、伦理、道德学说。老子对彼时社会现实的反思性批判,对统治阶层不道德行为的不满与斥责,对硬性制度尤其战争、刑罚等的否定与摒弃,皆表达出忧国忧民的内心情愫与强烈情感。事实上,由《老子》全书围绕"道""德"二论铺陈叙述,竭力阐释"道""德"之用,

---

① 陈雪良:《春秋史》,上海人民出版社 2015 年版,第 1 页。
② 徐复观:《中国人性史论》(先秦篇),台湾商务印书馆 1977 年版,第 24 页。

详细阐述统治者和民众之德，也可足见其以道德弥合与消除现实忧患的理论策略和思维路径。深入解读《老子》文本，可见其正是以忧患意识促使人们的思想觉醒和道德养成，而忧患意识的激发以对社会现实的深度体认为前提。老子经由揭露现实不堪境况激发人们之于自我和社会当前与未来发展的忧患意识。"大道废，有仁义；智慧出，有大伪；六亲不和，有孝慈；国家昏乱，有忠臣"（通行本《老子》第十八章）全方位地揭示出存于精神、思想、伦理、政治等层面的不道德境况，描写与揭露出混乱无序的生存环境。"民不畏死，奈何以死惧之？若使民常畏死，而为奇者，吾得执而杀之，孰敢？常有司杀者杀，夫代司杀者杀，是谓代大匠斫。夫代大匠者斫，希有不伤其手矣！"（通行本《老子》第七十四章）表明统治阶层非但不施以"德政"，反而以制度强权束缚与威吓民众的不道德行径。"天之道，损有余而补不足。人之道则不然，损不足而奉有余"（通行本《老子》第七十七章）全面揭示出人世社会背道离德的状况。"服文采，带利剑，厌饮食，财货有余，是为盗夸，非道也哉"（通行本《老子》第五十三章）与"五色令人目盲，五音令人耳聋，五味令人口爽。驰骋畋猎，令人心发狂；难得之货，令人行妨"（通行本《老子》第十二章）通过揭露不道德行为及其不良后果向人们发出警告与警示，促使人们在体认不道德之于现实生活的弊端与危害的基础上自觉以道德作为为人处世的根本法则。可以说，老子全面揭露出彼时社会各个层面的不道德境况，其擅长通过呈现"阴暗"面，促使人们理性而客观地认识社会现实。诚然，将社会"阴暗面"公之于众并非《老子》的目的之所在。经由呈现道德阴暗面，促成人们之于现实的理性认识，进而促成人们对自身生存和社会发展的担忧，最后转而促成人们以道德改良生存境况的内在动力与现实诉求，此才是《老子》道德思想的真正旨归。抑或说，老子之所以将现实道德问题作为理论建构的依据，目的在于以人们普遍而切实的忧患意识作为道德发展的感性和理性基础。

在当前文化多元、价值观多样的社会环境中，人们时常面临来自自我与外界的压力，也时常感受到身心发展、物我关系、人际关系等的矛盾与冲突。倘若德育规避与忽略诸种压力与冲突，仅将美好和道德的社会现实呈现给受教育者，其实际上创设的是一种虚假的、表面性、经不起推敲、没有生命力的德育环境。在这种环境中培养出的道德者可能是"见光死"。他们更多只能在设计好的、没有矛盾与冲突的环境中获得发展，一旦身处的道德环境有变，其道德的脆弱性立马显现。这种刻意培养的"道德人"，其道德的韧性、弹性、灵活性都相当有限。这表现为，当道德认识与实践的环境"不道德"时，他们往往难以坚守道德底线，极易受到不道德者的影响，容易为不道德势力左右，容易怀疑道德的意义与价值。不得不说，现实德育作用的有限性，在相当程度上与过度重视受教育者的"快乐"体验密切相关。在充满矛盾与冲突的时代背景下，培养坚强、笃定、有责任、有担当的道德者，非重视忧患意识的培养不可。"全球化的时代已经到来，全球化的过程方兴未艾……全球化进程中带来的绝不仅仅是愉快欢乐，而且还会带来许多的烦恼痛苦，因为它不但会带来融合与和谐，还会带来摩擦与冲突，在许多情况下，甚至是血与火的斗争，是生与死的抉择，虽然世界大战的惨祸也许可以避免。"① 现实德育中的每一个人都是现代化进程的亲历者，在这种文化、政治、教育"朝向现代化迈进"的整体氛围中，德育承担着前所未有的责任与使命。实现德育教育与社会价值的最大化需要教育中人抱持忧患意识，受教育者的忧患意识之于自身与社会发展的意义极为重大和深远。"一切道德思辨的目的都是教给我们以我们的义务，并通过对于恶行的丑和德性的美的适当描绘而培养我们相应的习惯，使我们规避前者、接受后者。"② 德育生活中对于受教育者心理的过度保护并非有助于其道德的全面发展，适当选取历史以及当前社会生活中的负面事例，比如，国际交往、社会生活、人际沟通、学校教育中的不道德案例，是促成受教育者道德全面而健康发展的重要方式。诸此不道德的社会现实，能够直接激发受教育者的忧患意识，从而既能对受教育者的道德发展产生即时的警醒与劝诫作用，也有助于预防和解决当前受教育者道德心理防线不牢固、道德情感脆弱、道德意志不坚定等问题，

---

① 叶继奋：《文学人文视域中的鲁迅经典》，浙江大学出版社 2011 年版，第 5 页。
② ［英］大卫·休谟：《道德原则研究》，曾晓平译，商务印书馆 2001 年版，第 23—24 页。

还有助于养成受教育者坚定的道德责任感和道德决心。

概而言之，在德育生活中，重视受教育者忧患意识的培养有助于受教育者全面而理性的认识社会现实，有助于受教育者反思性与批判性思维的形成与发展，有助于受教育者个体责任、社会担当及家国情怀的养成。在复杂而多变的现代社会中，教育中人能否以及在多大程度上以"道德"应人应物，在相当程度上取决于人们之于自我、他人、社会乃至宇宙自然发展的深沉忧思和长远忧惧。

第七节　审慎运用道德榜样

个体道德的发展既有赖于自我之于道德的积极体认与践行，又需要外界道德力量的指导与激励。重视榜样之于受教育者道德发展的作用，运用榜样的力量促使受教育者形成关于道德的正确态度、体认道德的价值与意义并自觉开展道德实践是当前德育工作的重要内容和方式。注重发挥榜样效应，是我国德育理论与实践的重要传统，我国任何时期的道德理论均对榜样形象、榜样作用等内容加以描述与阐发。古代思想家无一例外地将有道德的人推至道德高位，使其成为人们学习的榜样。通过塑造道德榜样促成现实中人的道德发展，是古代思想家的共识。先秦儒家的榜样人格是"君子""圣人"；道家《老子》的榜样人格是"圣人"，庄子的榜样人格是"真人""神人"；墨家墨子的榜样人格为"兼相爱"的道德者。道德榜样之所以为古今人们重视的根本原因，在于榜样可为现实中人提供启发和借鉴，是现实中人学习与模仿的对象。以道德榜样为参照，在儒家思想中，与"君子""圣人"相对应的是"小人"，道德层面上的"小人"应努力学习"君子"之德。与之相似，在道家《老子》中，与"抱一"（通行本《老子》第二十二章）的"圣人"相对应的是俗人或众人，人们应通过持守与践行道德的方式不断地向"圣人"靠拢。

在《老子》中，道德榜样具备如下特征。首先，《老子》的道德榜样具有浓厚的生活化特点。"众人熙熙，如享太牢，如春登台。我独泊兮，其未兆，沌沌兮。如婴儿之未孩，儽儽兮，若无所归。众人皆有余，而我独若遗，我愚人之心也哉！俗人昭昭，我独昏昏；俗人察察，我独闷闷。澹兮其若海，飂兮若无止。众人皆有以，而我独顽且鄙。我独异于人，而贵食母"（通行本《老子》第二十章）。作为榜样的"圣人"生活在人们中间，经历着与人们相同或相似的生活环境和生活事件。然而，圣人的生存样态与生活追求却与众人迥然相异，究其原因在于圣人拥有高深的道德境界。"众人"看重物质享受，追求功名利禄，常被眼前五彩斑斓的物质迷惑，常失却内心的道德坚守而放任自我为外物奴役。相比之下，"圣人"则始终抱持初心，不为外界诱惑所动，始终坚守道德。老子对比"圣人"与"众人"或"俗人"的生活样态的深层目的，在于揭露二者道德层次或道德境界的差别。诚然，"圣人"与"众人"能够进行比较的前提在于二者之间具有可比性，社会背景、生活领域、生活环境的相同与相似、重叠与交织，为圣人与众人的互相比较提供合理支撑。《老子》的圣人与众人生活在相同的场域中，圣人不是脱离凡尘的、不食人间烟火的道德者，而是生活在你我之间的、表面看起来与你我没有差别的人。从这种意义上说，《老子》的"圣人"并不像其他先秦典籍中的"圣人"那般虚幻与神秘，亦不是那个高坐在"道德宝座"上的道德者。《老子》的"圣人"走下神坛，走进人们生活，是世俗生活的亲历者。

其次，《老了》中的道德榜样具备同质性。《老子》的道德榜样类型多样，不仅"圣人"是人们道德发展的学习典范，"婴儿"或"赤子"也被作为道德榜样，是人们道德发展的理想学习对象。"道法自然"（通行本《老子》第二十五章），"道"的本质属性是"自然"，作为榜样的"婴儿""赤子"与"圣人"共同具备自然之德。作为人们道德发展的最初状态，"含德之厚"（通行本《老子》第五十五章）的婴儿是人人都曾经历过的阶段，这意味着每个人都至少曾经有道德。老子肯定婴儿之德，反问人们"专气致柔，能如婴儿乎？"（通行本《老子》第十章），呼吁人们在道德上"复归于婴儿"（通行本《老子》第二十八章）。在老子看来，人人都曾经是有道德的"婴儿"，人们之于道德并不陌生，只要人们积极体认与践行道德，就能够成为有德之人。作为道德榜样的"婴儿""赤子"与贪图荣华、争名逐利的不道德者形成鲜明对照。与自然的婴儿相比，成人世界充满机心、巧智、阴谋，人们往往为达成目的而置身心发展于不顾，即使面对矛盾与冲突不断的自我身心，仍旧不顾一切地追求外物，根本无暇也不在乎身心修养。与自在的婴儿相比，成人很容易不快乐，他们郁郁寡欢、患得患失、宠辱皆惊，内在的心灵为外物奴役，思想与情绪受外在环境、他人的牵制与主导，失却自我本心。与身心自得的婴儿相比，成人身心的和谐发展不可不谓难之又难，他们要么过度追求"五色""五音""五味"等耳目口舌之欲而身心俱损，要么过于贪图"难得之货"而身心疲惫，要么过度争名逐利而使身心陷于困境。"是故建身为国，诚以赤子为容，则是天下尊道贵德，各重其身。"①婴儿纯真、自在、自得的生存样态是人们良性生存与发展的"样式"和"模板"，老子呼吁人们回望作为"婴儿"的自己，像原初自我那般依从本性与初心生活。

再次，《老子》的道德榜样具有"遍在"性。按照一般的道德理论，道德榜样只限定为"人"。《老子》的"圣人""婴儿"作为道德榜样，二者皆是人。然而，除以人作为道德典范外，老子也为人们的道德发展提供非常特殊的道德榜样——自然事物。在《老子》中，可为人们提供道德启发与道德示范的自然事物广泛而普遍地存在于人们的生活场域之中。此类道德榜样于人而言具有无处不在、俯拾皆是的特点。依靠"遍在"的道德榜样，老子营造出一种"全道德"的社会环境。按照《老子》道德思想，由于自然事物遵循自然本性而生发，是故自然事物可为人们自然道德的养成提供正面启发。为切实发挥榜样之于人们道德发展的指导作用，自然世界中的"草木""溪谷""江海""水""天地"是为《老子》明确肯定与赞扬的道德榜样，诸此道德榜样集中具备公正、平等、无私、诚信、正直、柔弱、包容、谦卑、居后、处下、不争、奉献等道德品质。诚然，这些德性也该当为现实中人必备。老子多次描述自然事物，意在以自然事物对照社会现象，以自然世界启

---

① （汉）严遵著，王德有译注：《老子指归译注》，商务印书馆2004年版，第161页。

迪人世社会，以自然事物的生存发展样态为人们提供借鉴。由于自然事物构成人们生活的外部环境，以自然事物作为人们观察与学习的对象，老子也意在为人们的道德养成创设道德环境。抑或说，以蕴含与彰显自然德性的自然事物作为人们道德学习的榜样，等同于为人们提供了一个榜样无处不在的道德环境。由是，人们在自然道德环境与氛围的烘托与感染下生存与发展，人们生活与道德之间的关系因物理距离的"亲近"而变得"不可分割"。可以说，老子为人们的道德发展创设了浓厚而真实的道德环境和道德氛围。

最后，《老子》的道德榜样具体而鲜活。以"圣人""婴儿"及自然事物作为道德榜样，表明《老子》道德榜样的多样化、广泛性和生活化特征。在《老子》中，生活在人们之中的、人人都有印象的、随处可见的道德榜样，无疑具备形象性、生动性和鲜活性。"豫兮若冬涉川，犹兮若畏四邻，俨兮其若客，涣兮其若凌释，敦兮其若朴，旷兮其若谷，混兮其若浊"（通行本《老子》第十五章）明确呈现出一个谨慎、持重、安稳、踏实、包容、质朴、宁静、淡泊的道德形象。作为道德榜样的"圣人"或"得道之人"不造作、不虚伪、不矫揉、不冒进、不浮躁、不偏执、不掩饰真性情、不掩盖真自我，无论在人前抑或人后始终抱持和践行自然之德。"上善若水，水善利万物而不争，处众人之所恶，故几于道。居善地，心善渊，与善仁，言善信，政善治，事善能，动善时"（通行本《老子》第八章）。老子以水喻道、以水喻圣人。"居善地，心善渊，与善仁，言善信，政善治，事善能，动善时"的"水"具备沉静大度、仁慈爱物、无私公正、顺时而为的鲜活品质。"含德之厚，比于赤子。毒虫不螫，猛兽不据，攫鸟不搏。骨弱筋柔而握固，未知牝牡之合而朘作，精之至也。终日号而不嗄，和之至也"（通行本《老子》第五十五章）。"含德之厚"的"赤子"坚强有力、精力旺盛、思想专一、纯真质朴，他们不损害他物、不侵犯他者、不为一己私利损伤任何一者，亦不为他者所伤害。可以说，《老子》的道德榜样自然而然地向人们显示与传递美好品质，他们以鲜活生动的形象示人，不畏惧、不胆怯、不吝啬为人们提供真实可供效仿的道德品质，慷慨而大方、坦诚而谦虚地影响着人们的道德养成。

以《老子》的道德榜样为现代德育之借鉴，进而转化与利用其中有价值的内容，需要人们重新审视当前德育中的道德榜样，并在此基础上确定道德榜样的形象与特质，以期更有效地发挥榜样的德育作用。在现实生活中寻找真实榜样而非提供虚设的榜样形象，已然成为当前德育理论与实践重点关注的内容。"道德榜样可以让原本抽象、空洞的道德法则规定，通过具体形象进行展示，进而使得个体或者处于学习道德规范初期的儿童更直观和深刻地感受到道德法则的可行性或实践性。"① 用康德的话来说，道德榜样真实、生动、形象、鲜活的特性使得"所规定的东西变成可行的、无可怀疑的。他们把实践规则以较一般的方式表示出来的东西，变成看得见、摸得着的"②。全面挖掘与有效运用榜样的示范、引领、指导作用，是当前德育实现"育人"价值的重要途径。然而，真实、生动、鲜活的榜样在生活中，但生活中的榜样并不一定都适合德育。"美德者与其他人之间的关系，不是一种简单的教与学的关系，而是一种感染与被感染的互动关系，亚当·斯密将之称为'道德同感'或'道德同情'。"③ 能够引发"道德同感"或"道德同情"的榜样一定要与榜样作用对象间具有必然而内在的联系。德育工作者应当选择那些能够在某个或某些层面与受教育者产生"同感"与"同情"的榜样，而非随意选择一个道德高尚却无法或难以与受教育者生成关联的榜样。

诚然，道德榜样既可以是生活中的"他人"，也可以是"自己"。老子以"婴儿"作为人们道德养成的榜样，表明榜样不必非得"外求"的意旨。事实上，每个人都可以成为自己的榜样。每个人曾经的道德实践都可为日后类似行为的实施提供指导；每个人曾经有过的道德情感都可以成为促使人们道德情感不断丰富与深化的源头与指引；每个人之前具备的道德意志都可以为个体道德意志的养成提供回顾性的帮助。甚至可以说，每个曾经"不道德"的人也可永久性地作为自身道德发展的负面榜样，指引人们始终朝着道

---

① 赵国栋：《论道德虚构的价值向度及其功能》，《山西大学学报》（哲学社会科学版）2017年第4期。

② ［德］康德：《道德形而上学原理》，苗力田译，上海人民出版社1986年版，第59页。

③ 万俊人：《美德伦理如何复兴？》，《求是学刊》2011年第1期。

德的方向前进。结合《老子》的"婴儿"观，受教育者以自身作为道德发展的参照，一则有助于自信心的确立，二则可使得榜样与受教育者之间具有直接而内在的关联。更重要的是，这种方式在相当程度上能够避免外在榜样强制与束缚受教育道德发展的负面效应。"个体的道德行为不是道德规则的自动结果，而是面对不同道德情境时的实践意识，现有的道德规则可能有助于个体为其行为寻找理由和赋予意义，却不能单独为社会提供一套令人满意的道德框架，也不一定必然导致即时的道德行为。"① 道德榜样是"非文字""非制度"的另一种形式的道德规则，其以真实、鲜活、形象、生动为根本特征。当受教育者不能内在而深入地体认道德榜样的品质与行为时，往往意味着道德榜样教育意义的弱化和消解。更有甚者，一旦道德环境发生变化，道德榜样的教育作用可能荡然无存。现实中的道德榜样往往以权威的、居于道德高位的身份示人，而只要是外在榜样就一定会与受教育者形成身份和地位上的对照。这种由对照产生的压迫力并非必然转变成受教育者道德发展的动力，而是时常成为消解与隔断榜样教育影响力的重要介质。"哪怕是最简单的语言交流也不是纯粹的沟通行为，总是涉及被授予特定社会权威的言说者与在不同程度上认可这一权威的听众之间复杂、枝节蔓生的历史性权力关系网。"② 道德榜样在相当程度上是语言与权力的象征，即使道德榜样闭口不言也往往会带给受众一定的道德威慑力或压迫力，而一旦亲身示范、亲口说教，道德榜样选择、言说、规定和范畴道德的角色和行为便会加深与加重这种道德压迫力。"道德意味着不受他人的束缚与强暴。"③ 洛克的道德观与《老子》道德思想的精髓正相吻合，真正的道德从来不是"外发"的，而只能"内生"。

有鉴于此，在明确外在道德榜样可能具有的德育副作用的前提下，当前德育有必要从受教育者出发，以受教育者身上那些珍贵的道德闪光点为基

---

① 唐爱民：《布迪厄道德教育思想撷论》，《华东师范大学出版社》（哲学社会科学版）2016 年第 2 期。

② 杨善华：《当代西方社会学理论》，北京大学出版社 1999 年版，第 287 页。

③ ［英］约翰·洛克：《政府论》，杨思派译，中国社会科学出版社 2009 年版，第 63 页。

础,将受教育本人作为自身道德发展的"榜样",以此促使受教育者道德自信心的确立,弱化外在道德榜样之于受教育者道德发展的压迫力和消极影响。此外,运用与发挥榜样的教育作用,还需要构建与之相符的道德环境,以避免不道德环境对榜样功效的减损与抵制。

第八节　提升师者道德涵养

教师之所以为人们爱戴与尊敬的关键在于"师者,人之模范也"(《法言·学行》)。"信不足焉,有不信焉"(通行本《老子》第十七章),有道德的教师才能培养出有道德的学生,道德全面发展的教师才能培养出道德全面发展的学生。教师职业的特点、师生关系的特点、学生的年龄及心理特点,共同促成了教师道德的重要意义。道家重视教师职业道德,在《老子》中,统治者因具备"教化"职能而自然担负起教师的角色。古时"政教合一"的文化特性,使得统治者集统治与教育职责于一体,依靠统治实施教化,运用教化推行与巩固统治,政治的教育功效与教育的政治价值紧密联系在一起。统治者承担教育民众之职责,但有资格成为众人之师的统治者必须具备道德。倘统治者不具备道德,则其既不是理想的统治者也不是理想的教育者。以道德与否作为衡量统治者身份的标准,符合《老子》重道德的一贯主张。从教育的角度看,老子也以道德作为教师身份认定的核心指标,"故善人者,不善人之师"(通行本《老子》第二十七章),只有具备道德的人才有资格被赋予教师身份,承担教书育人的职责。以《老子》中的"圣人"为例,由于圣人有道德,是故其无论何时何地都是教师,都可发挥道德榜样的作用。"是以圣人抱一为天下式"(通行本《老子》第二十二章),有道德的"圣人"自觉承担师者的教育职责,运用道德感化和影响他人。可以说,老子选拔或评价教师的根本标准是"道德"。教师具备高尚的人格,则不至于陷入不道德的洪流而失却与遗忘自身职责与使命;教师具备良好的素质,才能够在外界的道德规定中充分彰显主体性,活出自我也促使别人活出自我;教师具备高尚的道德情操，才能够稳定而长久地为学生尊重与爱戴；教师具备高上的道德境界，才能够拥有自我魅力，吸引学生"向师"。"万物作而弗始，生而弗有，为而弗恃，功成而弗居"（《老子》第二章），有道德的人才有资格成为教师，先成为有道德的人再成为有职业道德的教师。可见，《老子》传递出"以圣人为师"的重要意旨。

在德育生活中，基于教师身份的关键性与特殊性、师生关联的密切性、学生易受他人影响的心理特征、教师职业的示范性特点以及学生的向师性，教师教书育人的首要前提与基本条件是具备高尚的道德。教师的道德往往被称为教师职业道德，指的是教师作为从业者理应具备的道德。教师职业道德划定了道德的范畴和领域，明确规定了道德作用的对象。教师职业道德的作用对象主要指教育主体，包括学生、同事、领导等。由于在学校教育中，学生是教育的主要对象，故而教师职业道德主要指的是教师为促使学生发展而应当具备和实践的道德认识、道德情感、道德意志和道德行为。教师职业道德之于学生发展的重要意义自不必多说。然而，当前教育领域中存在着这么一类从业者，他们在工作时间内从不做有违职业道德规范的事情，是一名合格的教师；但在业余时间却不顾职业身份，常做不道德之事。换句话说，职业道德只对教师职业身份产生约束力，并不必然对教师职业身份以外的领域发挥作用。诚然，在教育领域中，如下的观念和行为也似乎较为常见：一些教师按照职业道德规范规定的内容为人处世，从不否定与践踏师德的底线；工作做得不优秀但至少合格；道德不怎么高尚但好像也没什么问题。基于上述现象，一个很容易引发的诘问是：教师只有职业道德是否足以成就其师者身份？

众所周知，社会生活包含的范围非常广泛，并非所有的事务都可被制度"范畴"。严格按照制度规定开展制度化的生活程式，显然既不是生活的真实样态，也不是生活的常态。现实生活的开展虽然需要规则的指导与约束，但更离不开人们调整、适应、改善、创造等的观念与行为。这意味着，大多数事情没有统一固定的"模板"，而是需要人们灵活地协调、沟通与处理。诚然，任何一门职业也无法被制度全面描述与规定。尤其由从业者的角度，人们之于职业规范的体认、理解、把握和运用，其意义和效用往往远大于制度规定本身。倘若人们在职业生活中只是更多地忠实于制度，这不仅与制度制定的初衷不符，也定然影响从业者的身心发展。这意味一旦主体脱离制度环境，转而投身于需要个体具备高度主体性与灵活性的环境时，他们往往会表现出对于新环境的无所适从，并因这样那样的原因做出不恰当甚至不道德的事情。可以说，由于制度规范的能指与所指具备较强的局限性，故其无法与生动而复杂、灵活而即时的现实生活完全匹配。

作为从业者，教师在学校里的主要身份是师者。在教育生活中，积极遵守与践行职业道德规范的教师往往不会产生职业道德问题。然而，教师也是承担各种社会角色的人，当职业道德规定无法与其扮演的其他角色匹配时，仅有职业道德明显不够，这种道德的片面性容易导致各种道德问题的出现。比如，优秀的教师，在生活中不孝顺父母；热爱学生的教师，不爱自己的亲人；受到领导、家长和同事一致好评的教师，在日常生活中蛮横、冷漠。诚然，这些事例并非具备代表性，但其有助于得见教师职业身份与其他社会身份之间的矛盾。若进一步分析问题，则可将造成教师身份冲突的原因归结为教师职业道德与社会道德之间的冲突关系。而倘由职业道德的角度进行原因分析，则教师职业道德限定身份、划定范畴、延展性较差等弱点和不足是更为具体的原因。不可否认，任何制度规定都不完美，尤其站在"制度中立"的角度，制度从来不会自主行动而只能依靠人赋予其意义与价值。由是，导致教师道德矛盾与冲突的更关键的原因，在于教师自身。更明确地说，是教师"内在道德"的缺失与不足，致使其时常面临身份与道德冲突。此"内在道德"是指教师作为一个"人"的素质、修养、精神、气质、品行、德性、人格等，其与作为道德条规、道德规范、道德制度等的"外在道德"相对应。将自身道德发展诉诸外在道德的人，是顺从他人意愿与意旨的制度附庸；一旦外在道德有变，道德发展便迷失方向、乱了章程。在这种情况下，人们并非真正的道德主体，而更多是道德规范的被动实践者。甚至可以说，在道德制度面前，人们主动地出让自我权力乃至让渡自我。相比之下，内在道德促使人们成为自己。诉诸内在道德的人，更多关注自我的道德诉求、道德体验、道德情感、道德意志等，他们主动将生活与道德发展相结合，自觉以道德作为生活的指引，对于外在道德规定抱持清醒而理智的态度，能够基于道德发展选择性地运用道德制度。有鉴于此，关注教师道德，不仅应当关注教师的职业道德，更应该关注教师内在的人格、素质、境界、德行；提升教师道德，不仅应提升教师对于职业道德的认同与实践，亦应该全方位地提升教师的修养与素质。

人的素质或修养与被规定的职业道德之间是一种包含与被包含的关系。相比于社会生活而言，职业生活是狭窄而具体的，职业生活中的道德是具体而细化的。人在职业中的道德状态与人的素质、涵养、德行具有直接关联，后者决定前者，而前者并不一定与后者相关。显而易见，一个在生活中处处行善的老师，其往往不会在教育生活中面目狰狞。相反，教育生活中和蔼可亲的教师却不一定在生活中与人为善。可见，相比于人为制定的规定与规则，教师的修养和素质才是更加真实、可靠、稳定的德育力量。促使教师真正而长久地遵守与践行教师职业道德，需以教师的道德修养为前提、基础和保障。结合当前德育实际，一线德育工作者应时常参与各种以师德提升为主题的学习与培训活动。诸多教育活动以对职业道德规范的分析、解读、提炼、综合、内化、实践等为重点内容。然而，教师能否以及在多大程度上可以通过深化教师职业道德理论而切实提升职业道德，这本身就是一个问题。然而，相比之下，人们是否以及在多大程度上重视教师道德修养，似乎是一个更加关乎重大的问题。让有道德的人成为教师，而不是让有职业道德的人成为教师，这才是实现教师"育人"职能的根本方式。

职业道德是社会道德的具体缩影，过分看中职业道德并非必然有利于从业者健全人格的养成，加之人们的道德素养从根本上决定着人的职业道德水平和状态，是故过度关注职业道德养成而忽视个体德性培养犯了一个常识性的错误——"舍本逐末"。这种行为导致的不良后果集中体现为教师身心发展问题的产生。比如，教师内在德性的失落，教师缺乏道德自信，教师缺乏对自我道德身份的认同等。由于教师是德育主体，忽视教师素质和德行的培养亦对德育活动以及学生道德发展产生负面影响。比如，因教师在学生面前难以树立道德权威，不能长久发挥道德榜样作用，而阻碍道德教育的进程，降低学生道德发展的积极性，弱化德育效果等。

在当前德育工作中，关注教师内在素养与人格的提升既是时势之必然，也是构建德育长效机制的重要内容与核心环节。"人的真实性不是由社会的规定所决定的"①，教师的真实性也不是由那些规定教师应当如何的制度决定的，真正决定教师真实性的是教师的素质、修养和德行。教师道德修养一方面从根本上决定着教师的发展，如教师的责任与担当、对待学生的态度与方式、对教育事业的情感以及对自我价值的定位等；另一方面，教师道德修养对学生道德发展产生深远影响。相比于遵行职业道德规范的教师，具备高尚品格和道德境界的教师往往在学生眼中更具人格魅力和吸引力，他们不再或更少是道德规则的代言人，而更多是美德的拥有者和实践者，是有生命力的美德和道德的集合体与载体。"不在别处而只在自身寻找合理证明原理的要求"②，有道德的教师赋予德育活动以自然性、直观性、生动性与生活性，促使学生自主生发之于道德的尊崇、热爱与向往，促使道德环境真实而富有人文气息。

当教师既非道德规范的代言人亦非道德条目的传授者，而是一个鲜活的道德形象时，学生道德发展的积极性得以被充分调动，德育过程得以在相当程度上摆脱外在制度的规定而变成示范、陶冶、感化的"潜移默化"的过程，德育场景也因此变得生动、真实而自然。当前，德育理论和实践工作者不仅需要关注教师职业道德的养成与提升，更应从长远考虑，建立提升教师道德素养的长效机制，以发挥教师素养、人格、品性、境界的德育价值。

---

① 杜维明：《作为人性化的礼》，《仁与修身：儒家思想论集》，胡军等译，生活·读书·新知三联书店 2013 年版，第 28 页。

② ［法］T.-M. 阿莫尼克：《道德与后现代性（续）——道德哲学专论》，雨林译，《哲学译丛》1992 年第 2 期。

主要参考文献

[1]（汉）河上公，（三国）王弼，（汉）严遵著，刘思禾校点：《老子》，上海古籍出版社 2013 年版。

[2]（汉）严遵著，王德有点校：《老子指归》，中华书局 2011 年版。

[3]（魏）王弼注，楼宇烈校释：《老子道德经注校释》，中华书局 2008 年版。

[4]（清）魏源：《老子本义》，华东师范大学出版社 2010 年版。

[5] 徐复观：《中国人性论史（先秦篇）》，台湾商务印书馆 1977 年版。

[6] 唐君毅：《中国哲学原论（原道篇)》，中国社会科学出版社 2005 年版。

[7] 张岱年：《中国哲学大纲》，中国社会科学出版社 1982 年版。

[8] 牟宗三：《中国哲学十九讲》，吉林出版集团有限责任公司 2010 年版。

[9] 蔡元培：《中国伦理学史》，广西师范大学出版社 2010 年版。

[10] 常金仓：《周代礼俗研究》，黑龙江人民出版社 2004 年版。

[11] 陈鼓应：《老子注译及评介》，中华书局 1996 年版。

[12] 张松辉：《老子译注与解析》，岳麓书社 2008 年版。

[13] 詹剑峰：《老子其人其书及其道论》，湖北人民出版社 1982 年版。

[14] 公木、邵汉明：《道家哲学》，长春出版社 2007 年版。

[15] 朱晓鹏：《道家哲学精神及其价值境遇》，中国社会科学出版社 2007 年版。

[16] 司马云杰：《大道运行论——关于中国大道哲学及其最高精神的研究》，陕西人民出版社 2003 年版。

[17] 晁天义：《先秦道德与道德环境》，中国社会科学出版社 2010 年版。

[18] 李若晖：《不丧斯文——周秦之变德性政治论微》，上海人民出版社

2019 年版。

[19] 张文俊：《德性智慧的开启——〈周易〉伦理思想研究》，中国社会科学出版社 2011 年版。

[20] 杨启亮：《道家教育的现代诠释》，湖北教育出版社 1996 年版。

[21] 刘介民、郑振伟：《道家与现代教育》，广东高等教育出版社 2013 年版。

[22] 韩云忠：《先秦儒家礼乐文化的德育价值研究》，人民出版社 2017 年版。

[23] 段新明：《科技与人文耦合背景下的当代德育转型研究》，浙江大学出版社 2015 年版。

后　记

专就道家经典文本而言，将道家"道德"分而称为道家之"道"与道家之"德"当更加合乎道家老庄原义。道家的"道""德"与当前的"道德"之间虽有接洽处和重合点，但其间的差异性远大于共性。这使得对于道家道德思想的研究不可全然以当前常谓的"道德"对应之。然而，鉴于道家思想的普遍适用性和广泛迁移性，以及"以古为鉴"的理论研究诉求，本研究又确需重视道家"道""德"与当前"道德"之间的关联。有鉴于此，本书一方面阐述道家道德思想的基本内容，择取其中可与当前道德思想相应和的部分，阐明道家道德思想的"古为今用"价值，为当前德育理论溯源；另一方面，结合道家之时的社会、文化、政治、伦理观念，重点挖掘道家道德思想的独特之处，论证和阐释道家道德思想的独有光华和魅力，为现代人的道德认识和道德实践提供别样的理论参照和行为指导，为道德教育问题的解决提供具体思路和方法。考虑到研究需要、研究兴趣和研究能力，本书专以道家代表作《老子》为研究对象，通过文本解读、观念借鉴、理论创新等方式探究《老子》的道德思想，进而阐释其中的道德教育意旨和价值。

本书在行文上整体遵循"道德哲学—道德教育哲学""哲学思想—生活实践"的逻辑进路，既力求阐明理论，又致力于实现理论之于实践的指导价值。在研究内容上，"绪言"部分，可提供认识古今道德关系、道德问题、道德价值的一般性观念，旨在为理解道家道德思想及其德育价值提供观念引导。"阐释《老子》道德思想的前提"部分，提出"转化和应用"道家道德思想的必要原则，是对本书研究思路、研究方法、研究旨归的概括性论述。"《老子》道德思想阐微"部分，由不同维度入手，详述《老子》的道德观念，是对本人专著《老子"德"论》中已有观点的修正、补充、拓展和深化。"《老子》的道德者群像"部分，旨在通过描摹与刻画道家道德形象，进一步提供认识和理解道家道德思想的生动参照，为现代人之于"道德者"的判断和评价提供"道家标准"。"《老子》道德思想的德育适切性"部分，意在论证道家道德思想与现代道德教育之间"古今互通"的关系，为以道家道德思想指导道德教育发展提供理论佐证。"《老子》道德理论的现代德育要旨"部分，是以现代道德教育框架为标准，由概念、价值层级、主体、内容、方法等维度详细论证道家道德思想作用于现代道德教育理论与实践的可能性与必要性问题。"《老子》道德理论的德育镜鉴"部分，是以道德教育问题为"靶心"，以优化和提升道德教育过程与效果为目的，具体指出道家道德思想作用于道德教育的维度和方式，以及现代道德教育需要着力改进、提升与完善的领域和内容。

　　本书的撰写和成书，根本上得益于有价值的博士学位论文选题。读书期间，我的博士导师于洪波先生以"《老子》'德经'和'道经'"为主题的"家常"之语，既是我确立博士学位论文研究主题的观念依据，也是我在参加工作后一直致力于道家道德教育思想研究的宝贵精神资源。初稿交于出版社后，我的硕士导师李忠先生言谈中所说的"老子可以让人做教授"，既直指老子思想的无穷魅力，也饱含着对我的鞭策和鼓励之意。求学和工作途中志同道合的师友，他们的理解与支持，是我思考与写作的重要动力来源。本书的顺利出版一方面得益于单位的经费资助，另一方面则有赖于人民出版社武丛伟编辑的认可、支持和辛劳付出。在此，一并致以诚挚的谢意！

　　由于资历尚浅、学养不足，书中观点难免存在不当和疏漏之处，敬请方家不吝赐教！

王康宁

2022 年 3 月 31 日

书于济南

责任编辑：武丛伟
封面设计：王欢欢

图书在版编目（CIP）数据

道家道德思想及其德育价值阐释：以《老子》为中心的考察 / 王康宁 著 . —北京：
　人民出版社，2022.10
ISBN 978 - 7 - 01 - 024856 - 1

I. ①道…　II. ①王…　III. ①道家 – 研究　IV. ① B223.11

中国版本图书馆 CIP 数据核字（2022）第 112937 号

道家道德思想及其德育价值阐释
DAOJIA DAODE SIXIANG JIQI DEYU JIAZHI CHANSHI
——以《老子》为中心的考察

王康宁　著

人民出版社 出版发行
（100706　北京市东城区隆福寺街 99 号）

天津文林印务有限公司印刷　新华书店经销

2022 年 10 月第 1 版　2022 年 10 月北京第 1 次印刷
开本：710 毫米 ×1000 毫米 1/16　印张：15.25
字数：225 千字

ISBN 978 - 7 - 01 - 024856 - 1　定价：68.00 元

邮购地址 100706　北京市东城区隆福寺街 99 号
人民东方图书销售中心　电话（010）65250042　65289539